SV

Ulrich Bröckling

Postheroische Helden

Ein Zeitbild

Suhrkamp

Bibliografische Information der Deutschen Nationalbibliothek
Die Deutsche Nationalbibliothek verzeichnet diese Publikation
in der Deutschen Nationalbibliografie;
detaillierte bibliografische Daten sind im Internet
über http://dnb.d-nb.de abrufbar.

Erste Auflage 2020
© Suhrkamp Verlag Berlin 2020
Satz: Satz-Offizin Hümmer GmbH, Waldbüttelbrunn
Druck: CPI – Ebner & Spiegel, Ulm
Printed in Germany
ISBN 978-3-518-58747-8

Für Barbara

Inhalt

1. Einleitung:
Gegenstrebige Gleichzeitigkeiten

Ein soziologischer Essay über Helden, auch über postheroische Helden, bedarf der Rechtfertigung. Das gilt umso mehr, wenn dieser Essay gegenwartsdiagnostisch angelegt ist. Mit Helden assoziieren wir gemeinhin kämpferische oder auch tragische Gestalten, die Exzeptionelles leisten und sich mächtigen Feinden entgegenstellen, die Katastrophen abwehren, Widrigkeiten überwinden und sich um der guten Sache willen in Gefahr begeben, ohne sich dabei um Regeln und Konventionen zu scheren – und die für all das verehrt und bewundert werden. Ein Stoff eher für romantische Erzählungen, militärische Mobilmachungsprosa, pädagogische Erbauungsliteratur oder die Mythen der Populärkultur als für ein soziologisches Zeitbild. Die Soziologie tut sich ohnehin schwer mit Heroisierungen. Sie interessiert sich eher für die kleinen Leute als für große Männer, mehr für Häufigkeitsverteilungen als für Singularitäten und konzentriert sich auf die Ordnungen des Sozialen statt auf das Außerordentliche. Die Nachfrage nach Helden oder auch Heldinnen ist ihr nicht weniger suspekt als die Mechanismen ihrer Fabrikation. Heroismen stellt die Soziologie erst einmal unter Ideologieverdacht oder klassifiziert sie als hoffnungslos antiquierte Relikte einer vormodernen, hierarchisch gegliederten Welt. Ihre Relevanz für das Verständnis der Gegenwart scheint jedenfalls begrenzt.

Zeitdiagnosen müssen nicht nur die richtigen Antworten finden, sondern auch die richtigen Fragen stellen, und zweifellos gibt es für Beschreibungen gegenwärtiger Gesellschaften näherliegende Zugänge als die Krise und den Wandel ihrer Heldenbilder. Selbst Problematisierungen des Heroischen laufen zudem Gefahr, noch im Gestus des Entzauberns jenes vertikale Weltbild fortzuschreiben, für das Helden und Heldinnen stehen. In diesem Sinne ist Jürgen Habermas' Bemerkung, »daß sich, wo immer ›Helden‹ verehrt werden, die Frage stellt, wer das braucht – und warum«,[1] auch auf die soziologische Beschäftigung mit ihnen auszuweiten. Dasselbe gilt freilich für die These, wir lebten in postheroischen Zeiten. Sie nährt die Illusion einer befriedeten, nivellierten Gesellschaft, die keine Heroen benötigt und erschafft, weil sie individuelle Größe für Anmaßung hält, Konflikte kommunikativ kleinarbeitet und zu freiwilligem Opfer weder willens noch fähig ist. Auch hier ist zu fragen: Wer braucht das – und warum?

Dass heroische Narrative ebenso wie ihre postheroischen Brechungen politisch imprägniert sind und sich Fragen nach Intention und Nutzwert aufdrängen, begründet indes auch ihre gegenwartsaufschließende Kraft: An ihnen lässt sich exemplarisch ablesen, was soziale Ordnungen ihren Mitgliedern zumuten und was sie ihnen zutrauen, auf welche Werte, Verhaltensnormen und Gefühlsregeln sie diese ausrichten, welche Handlungsmacht sie ihnen zubilligen beziehungsweise absprechen und welche Vorstellungswelten sie eröffnen. Verhandelt werden unter anderem normative Erwartungshorizonte und Rangordnungen, Bewertungen von Konformität und Abweichung, Subjekt- und Gemeinschaftsanrufungen, die Position des Individuums in einer hochkomplexen technisierten Gesellschaft, Führungsmodelle, das Problem der Opferbereitschaft und damit die Einstellung zum Tod, aber auch Geschlechterrollen oder der Stellenwert religiöser Bindungen. Die Frage, wer Heldenfiguren braucht und warum, und wer ebendies bestreitet und warum, verweist nicht zuletzt auf Krisenwahrnehmungen und Normalisierungswünsche.

Weil alle diese Themen kontrovers sind, besteht über den Stellenwert des Heroischen in der Gegenwart kein Konsens. Ausgangspunkt der folgenden Überlegungen ist denn auch eine widersprüchliche Beobachtung: Auf der einen Seite taucht seit den 1980er-Jahren in unterschiedlichen Kontexten das Attribut »postheroisch« auf und beansprucht zeitdiagnostische Plausibilität; auf der anderen Seite vergeht kaum ein Tag, an dem nicht frische Helden und Heldinnen ausgerufen oder altbewährte wieder hervorgeholt werden. Abschwächung und Intensivierung heroischer Energien laufen parallel. Traditionelle Bewährungsfelder verblassen, während neue Heroen sich in vormals heldenfreien Zonen tummeln. Die appellative Kraft heroischer Narrative mag abnehmen, ihr Unterhaltungswert scheint ungebrochen. Was wir als verbindliches Vorbild nicht mehr ertragen, suchen wir umso leidenschaftlicher in den Sphären der Imagination.

Den Eintritt in eine postheroische Ära konstatierten zunächst politische und militärwissenschaftliche Abhandlungen über die Zukunft des Krieges. Westliche Gesellschaften seien nicht länger in der Lage, so ihre These, massenhaft Opferbereitschaft zu mobilisieren und längerfristig hohe Verluste unter den eigenen Truppen in Kauf zu nehmen. Deshalb führten sie asymmetrische Kriege mit hochtechnisierten Waffensystemen, machten sich allerdings auch verwundbar durch Gegner, die technologische Unterlegenheit durch heroische Todesverachtung kompensieren. Organisations- und Managementtheoretiker proklamieren derweil Modelle postheroischer Führung. Diese verabschieden den Gestaltungsoptimismus politischer Planung und die Steuerungsillusionen eines rationalistischen Managements zugunsten eines partizipativen, auf Stärkung von Selbststeuerungs-potenzialen ausgerichteten Führungsstils oder plädieren in realistischer Selbstbescheidung dafür, von heroischer Problemlösung auf postheroisches Coping umzustellen. Psychologische Studien wiederum identifizieren den zeitgenössischen Sozialcharakter einer postheroischen Persönlichkeit, die ihre Flexibilität mit dem Zwang zur fortwährenden Anpassung an einen beschleunigten sozialen Wandel erkauft. Selbst die Popmusik soll inzwischen in die postheroische Phase eines »Gegenkulturalismus ohne Gegenkultur« eingetreten sein.[2] Weitere Belege aus anderen Feldern ließen sich mühelos ergänzen. Auch wenn die verschiedenen Diskursstränge weitgehend unverbunden nebeneinander stehen, verdichten sie sich in der Summe zu einem Zeitbild.

Auffällig ist der nahezu ausschließlich adjektivische Gebrauch: Postheroisch wird alles Mögliche genannt, von Postheroen oder Postheroismus ist dagegen kaum die Rede. Das Attribut glänzt wie andere Epochensignaturen, die mit dem Epitheton »post-« versehen sind, auch nicht durch begriffliche Präzision. Mal bezeichnet es eine Mentalität oder einen Habitus, dann wieder eine Etappe im Modernisierungsprozess oder einen Modus der Kriegführung. »Postheroisch« kann sich aber ebenso auf ein Verständnis von Regierungskunst beziehen, das die Komplexität des Sozialen anerkennt und deshalb die Hybris technokratischer Kontrolle abgelegt hat. Darüber hinaus werden mit dem Attribut Einstellungen und Gestimmtheiten belegt, die allergisch auf Pathosformeln reagieren, für Appelle an Opferbereitschaft oder rückhaltlose Identifikationen unempfänglich sind und zur Verehrung großer Männer und ihrer Taten allenfalls ein ironisches Verhältnis pflegen. Als postheroisch werden schließlich auch Artefakte und kulturelle Praktiken charakterisiert, die mit solchen Haltungen assoziiert sind.

Wie die Rede von der Postmoderne nicht mit einem Abschied von der Moderne gleichzusetzen ist, bezeichnet auch der Topos des postheroischen Zeitalters nicht das Ende heroischer Orientierungen, sondern ihr Problematisch- und Reflexivwerden. Die Diagnosen einer postheroischen Gegenwart verweisen schon semantisch auf jene Heldennarrative, deren Brüchigkeit sie konstatieren und von denen sie sich absetzen. Das Integrationspotenzial und die Mobilisierungskraft heroischer Anrufungen sind zudem keineswegs erschöpft. Der diagnostizierten Fragwürdigkeit und Antiquiertheit von Heldenfiguren steht vielmehr ein fortdauernder Heldenhunger gegenüber, der reichlich bedient wird. Wiederbelebte und neu geschaffene Heldenfiguren bevölkern die Welten der Comics und Computerspiele, Superhelden-Blockbuster brechen Kassenrekorde, und auch der Leistungssport liefert fortlaufend heroisierbares Personal. Die Feuerwehrleute von 9/11 werden ebenso zu Helden erklärt wie Klimaaktivistinnen, Whistleblower und politische Freiheitskämpfer wie jener anonyme *tank man*, der sich 1989 auf dem Pekinger Platz des Himmlischen Friedens allein den vorrückenden Panzern in den Weg stellte. Bezeichnend ist, dass dieser Heroismus nicht länger an Pflichterfüllung und Gefolgschaftstreue gekoppelt wird, die neuen Heldinnen und Helden zeichnen sich vielmehr durch Nonkonformismus und Gehorsamsverweigerung aus. Aus Heldenmut wird Zivilcourage. Parallel dazu wird das Heroische demokratisiert und veralltäglicht. Letztlich kann jede und jeder zum Helden beziehungsweise zur Heldin werden, und sei es »*just for one day*«, wie David Bowie versprach, oder auch nur für jene »*fifteen minutes of fame*«, auf die nach Andy Warhol in der Ära der Massenmedien niemand verzichten muss.[3]

Mit dem Aufstieg populistischer Führergestalten kehrt

allerdings auch ein anderer Heldentypus auf die Bühne zurück: der großmäulige Rüpel, der antritt, dem Establishment einzuheizen, den nationalen Augiasstall auszumisten und das Land zu neuer oder alter Größe zu führen. Er ist keine Vaterfigur, welche die Autorität des Gesetzes verkörpert, sondern der Anführer einer Brüderhorde, der sich gegen die gesetzlichen Autoritäten auflehnt, weil sie ihm nicht autoritär genug sind. Er beschwört eine gewaltsame Welt, in der nur Stärke zählt und ausschließlich jene eine Chance haben, die kein Mitleid kennen. Statt Sicherheit und Wohlstand verspricht er seinen Anhängern affektive Entladung und zeigt ihnen, an wem sie ihr Mütchen ungestraft kühlen dürfen. Dass er die Unterscheidung von Wahrheit und Lüge suspendiert, unterstreicht nur seinen Machtwillen: Wer auf den Faktencheck pfeift, kann sich die Wirklichkeit nach Belieben zurechtmodeln. Zur Selbstinszenierung dieser *folk heroes* gehört nicht nur die offensive Zurschaustellung des eigenen Reichtums sowie ihr zwischen Wirtschaftstycoon, Volkstribun und Warlord schillernder Habitus, sondern auch ein aggressiver Machismo, dessen sexualisierte Männlichkeitsposen keineswegs nur den Frauen signalisieren sollen, dass der Boss sich alles herausnehmen kann. Als Anachronismen wird man diese Figuren schwerlich abtun können. Ihr dröhnendes, mit Gewaltdrohungen und Verachtung Schwächerer gepaartes Maulheldentum bildet das Gegenstück zum gerade nicht auftrumpfenden Heroismus couragierter Alltagsheldinnen.

Im Widerstreit disparater Heldenmodelle und mehr noch in der Kollision heroischer und postheroischer Leitbilder zeichnen sich Konfliktlinien der Gegenwartsgesellschaft ab. Ich werde in diesem Essay diesen gegenstrebigen Gleichzeitigkeiten nachgehen und die diskursiven Fronten und Vermischungszonen zwischen zeitgenössischen Dynamiken der Heroisierung und solchen der Deheroisierung inspizieren. Zur Diskussion stehen dabei sowohl die affektiven, moralischen, legitimatorischen und appellativen Dimensionen von Heldennarrativen (und deren Kosten) wie auch die entsprechenden Aspekte ihrer Relativierung, Kritik und Verabschiedung. Ich folge also weder dem Befund, wir lebten in einer postheroischen Gesellschaft, noch verwerfe ich ihn. Mir geht es vielmehr um eine Zeitdiagnose zweiter Ordnung, die erkundet, was es über unsere Gegenwart aussagt, welche ihrer Züge scharf gestellt und welche ausgeblendet werden, wenn sie einerseits in so unterschiedlichen Bereichen als postheroisch charakterisiert wird und andererseits die Produktion von Helden, zunehmend auch von Heldinnen in ihr weiterhin (oder neuerdings wieder?) auf Hochtouren läuft. Auf welche Herausforderungen reagieren die zeitgenössischen Heroismen? Was sind die Fragen, auf die das Attribut »postheroisch« eine Antwort geben soll?

Zeitdiagnosen stehen im Ruf, exemplarische, bisweilen auch nur anekdotische Einzelbeobachtungen zu einer allgemeinen Standortbestimmung zu überdehnen, Diskontinuitäten zu dramatisieren, dafür aber die Persistenz des Alten im Neuen auszublenden und zugespitzten Etikettierungen Vorrang gegenüber analytischer Differenzierung einzuräumen. Sie gelten »als interessant, aber doch auch als ein wenig unsolide«.[4] Die Diagnose der postheroischen Gesellschaft, die hier kritisch ausgeleuchtet und selbst wiederum zeitdiagnostisch verortet werden soll, existiert zudem nur als Parallelaktion mehr oder minder kursorischer Verwendungen desselben Labels für höchst unterschiedliche Gegenwartsphänomene. Ihre Reichweite und Erklärungskraft sind ungewiss.

Den Fallstricken soziologischer Übergeneralisierung versuche ich zu entgehen, indem ich die zeitdiagnostischen

Sondierungen einbette in analytische Überlegungen zur Sozialfigur des Helden sowie zu Triebkräften und Effekten von Heroisierungen (Kapitel 2). Sie laufen nicht auf *eine* Theorie des Heroischen hinaus (das wäre ein unmögliches Unterfangen), sondern fügen heterogene Bausteine zu einer Heuristik zusammen, die eine theoretische Durchdringung zentraler Aspekte des Heroischen anleiten kann. Daran schließt sich ein ideengeschichtlicher Abschnitt zum widersprüchlichen Verhältnis von Heldenkulten und moderner Gesellschaft an, der paradigmatische Reflexionen – von Hegel bis Enzensberger – nachzeichnet und damit zugleich die postheroischen Verwerfungen der »heroischen Moderne«[5] freilegt (Kapitel 3). Mit den diskursanalytisch angelegten Abschnitten zur Sozialpsychologie der postheroischen Persönlichkeit (Kapitel 4), zum postheroischen Management (Kapitel 5) und zur postheroischen Kriegführung (Kapitel 6) sowie einer Typologie jener Heldinnen und Helden, die postheroische Gesellschaften zulassen und hervorbringen (Kapitel 7), ändert sich die Flughöhe, und der Blick richtet sich auf die Gegenwart. Neben wissenschaftlichen und publizistischen Beiträgen werde ich auch Ratgeberliteratur und andere Phänomene der Populärkultur heranziehen und herausarbeiten, wie die postheroischen Dezentrierungen die Helden zugleich in aktualisierter Gestalt rehabilitieren, indem sie ihnen unverfängliche Reviere zuweisen, ihre Außeralltäglichkeit im Alltag verankern oder sie in einen Wartezustand versetzen, aus dem sie im Krisenfall jederzeit wieder aktiviert werden können. Die paradoxe Figur des postheroischen Helden zeichnet sich vor allem durch ihr Geschick aus, flexibel zwischen On- und Off-Modus hin- und herzuwechseln.

Zu den wesentlichen Merkmalen von Heroisierungen gehört, dass sie uns nicht gleichgültig lassen. Heldenfiguren affizieren – in der einen oder anderen Weise. Mir sind sie zutiefst suspekt: zu viel Pathos, zu viel Männlichkeitsausdünstungen, zu viel moralischer Zeigefinger, zu viel Selbstüberwindung, zu viel Totenkult. Diesen antiheroischen Affekt, der meine Beschäftigung mit Heroismen von Beginn an begleitet, versuche ich in der Schlussbetrachtung (Kapitel 8) für eine radikale Befragung fruchtbar zu machen. Wenn ich hier in loser Anlehnung an einen Buchtitel von Immanuel Wallerstein vorschlage, das Heroische »kaputtzudenken«,[6] dann nicht in der wohlfeilen Hoffnung, die Sehnsucht nach beziehungsweise die Anfälligkeit für Helden und Heldinnen ließen sich ein für alle Mal abschütteln. Das wäre selbst eine heroische Größenphantasie. Solange politische oder religiöse Regime auf Opferbereitschaft angewiesen sind, solange der verallgemeinerte Wettbewerb die Einzelnen zu fortwährender Selbstüberbietung nötigt und sie in den Konkurrenzkampf treibt, solange Ohnmachtserfahrungen Phantasmen der Größe wuchern lassen und die Reglementierungen des Alltags die Sehnsucht nach Grenzverletzungen befeuern – so lange wird man Helden suchen und finden. Wo immer sie auftauchen, wird man sie als Problemanzeiger verstehen müssen. Sie sind ein Index dessen, was die Gesellschaft den Einzelnen abverlangt. Auch wenn die heroischen Selbst- und Fremdinszenierungen das Gegenteil suggerieren, sind Helden eher ein Symptom der Krise als eine Instanz, die sie löst.[7]

Das Heroische »kaputtzudenken« erschöpft sich nicht darin, seine postheroischen Umdeutungen nachzuzeichnen. Es beginnt vielmehr mit der Weigerung, vermeintlich falsches und wahres Heldentum gegeneinander auszuspielen und Letzterem pauschal die Absolution zu erteilen. Zur Debatte stehen dabei nicht die Taten selbst, sondern deren heroische Rahmung: Diejenigen, die den Mächtigen die Stirn bieten oder sich aus freien Stücken in Gefahr begeben, um das Leben anderer zu retten, verdienen zweifellos Respekt und Bewunderung. Sie zu Helden beziehungsweise zu Heldinnen zu erklären und ihre Nachahmung einzufordern, verwandelt die moralische Affektion jedoch in einen normativen Fluchtpunkt. Wer mithilfe heroischer Exempel andere zu exzeptionellen Taten und zur Aufopferung zu bewegen sucht, macht sie zum Mittel für seine Ziele. Die Helden und Heldinnen umgekehrt so weit zu entrücken, dass ihr Tun von vornherein als unerreichbar erscheint, zementiert eine Ordnung, in der die einen aufschauen und zu den anderen aufgeschaut wird, in der diese berufen sind zu führen, während jene der Führung bedürfen. In ihrer supererogatorischen Pflichterfüllung über das Gebotene hinaus mögen die heroischen Vorbilder als Ansporn dienen. Vor allem aber machen sie ein schlechtes Gewissen.

Das Heroische »kaputtzudenken« bedeutet in diesem Sinne, Heroisierungen als Anrufungen zu begreifen, mit denen Menschen dazu gebracht werden und sich selbst dazu bringen sollen, Außerordentliches zu leisten, Hierarchien anzuerkennen, das Soziale als fortwährenden Kampf zu denken und ihr eigenes Glück zugunsten höherer Ziele hintanzustellen. Die Wirkmacht dieser Anrufungen beruht nicht zuletzt auf der Faszinationskraft heroischer Narrative. Es sind die ebenso bewegenden wie spannenden Geschichten, die uns veranlassen, die Helden und Heldinnen aufs Podest zu erheben, es ihnen nachtun zu wollen oder es uns in ihrem Glanze bequem zu machen. Das Heroische »kaputtzudenken« heißt deshalb immer auch, andere Geschichten zu erzählen und die Geschichten anders zu erzählen.

2. Bausteine einer Theorie des Heroischen

Eine Theorie des Heroischen kann sich nur auf Narrationen beziehen. Es gibt keine Helden jenseits dessen, was und wie über sie erzählt wird. Keine Tat und kein Tod sind heldenhaft, wenn nicht jemand sie so nennt. Auch Heldenbilder, Heldenmonumente oder Heldenkulte und ihre Praktiken bilden semiotische Einheiten, die auf Geschichten verweisen. Ihre Bedeutung erschließt sich erst in hermeneutischer Anstrengung. Das Attribut »heroisch« mag den Charakter einer Person, die moralische Qualität einer Handlung oder die mit ihrer Ausführung verbundenen Mühen und Gefahren bezeichnen oder einfach nur eine Chiffre für Außergewöhnliches sein – immer handelt es sich um Zuschreibungen, und stets braucht es eine Gemeinschaft, die sie teilt. Oder aber darüber streitet. Denn dass Helden narrativ erzeugt werden, bedeutet auch, dass es kontingent und kontrovers ist, was sie ausmacht und wer als einer gelten soll. Des einen Held ist des anderen Schurke, was hier als heroisch gefeiert wird, hält man anderswo für selbstverständlich, und wer überhaupt heldenhaft sein kann oder soll, variiert von Epoche zu Epoche. Wenig trennscharf ist die Abgrenzung zu verwandten Gestalten wie dem Genie, dem *grand homme*, dem Star sowie dem Abenteurer, Führer, Herrscher, Heiligen oder Märtyrer. Ein verbindlicher Heldenkanon lässt sich nicht dekretieren; wo man es versucht, wuchern auch die Gegenfiguren, die nicht ins Schema passen. Wenn aber jeder seinen *private hero* verehrt, verliert der Kult seine kohäsive Kraft und Orientierungsfunktion.

Die Semantiken des Heroischen fransen zudem aus: Protagonisten auf der Bühne und im Film oder literarische Hauptfiguren heißen Helden, man spricht metaphorisch von heroischen Landschaften (ein Genre der Malerei) oder Sinfonien (*Eroica*), und im alltäglichen Sprachgebrauch signalisiert das Attribut häufig kaum mehr als ein anerkennendes Schulterklopfen, mit dem eine besondere Anstrengung gewürdigt werden soll. Selbst banale Verrichtungen werden mit dem Nimbus des Heroischen geadelt, wenn sie Durchhaltevermögen erfordern oder Widrigkeiten überwunden werden müssen. Vollends entleert wird der Begriff in der Sprache des Marketings, wo die Ware ihren Käufer zum Helden adeln soll oder gleich selbst heroisiert wird. Die Dessous-Marke Hunkemöller feiert ihre Kundinnen als »Sheroes«, und Aldi-Süd kürte vor einiger Zeit gar eine Kuchenglasur zum »Helden des Alltags«. Beispiele wie diese lassen sich kulturkritisch als Trivialisierung abtun, man kann darin aber auch eine heilsame Entgiftung sehen: Etwas Luft aus den aufgeblasenen Figuren zu lassen und mit ihren Symbolen ironisch zu spielen, ist allemal menschenfreundlicher, als heroische Durchhalteparolen auszugeben. Semantische Vieldeutigkeit und Ironisierung lassen sich zugleich selbst als Symptome postheroischer Irritation beschreiben – die uneigentliche Rede erscheint als Problematisierungsform.

Diese Unschärfen haben allerdings Konsequenzen für eine Theorie des Heroischen. Offen ist schon, ob es eine solche Theorie im Singular überhaupt geben kann. Schon weil ihr Gegenstand so vielgestaltig ist, kann eine Theorie des Heroischen nur historisierend vorgehen, sie muss nominalistisch angelegt sein und sich konsequent normativer Aussagen enthalten.[1] Statt zu definieren, wer ein Held, eine Heldin ist und was heroisch ist, fragt sie nach den narrativen Mustern, die festlegen, wer oder was zu einer bestimmten Zeit in einem spezifischen kulturellen Rahmen so bezeichnet wird, welche Erfahrungen und Wertorientierungen diesen Zuschreibungen zugrunde liegen, auf welche Bedürfnisse sie reagieren, welche Aufgaben sie erfüllen sollen, welche Effekte sie zeitigen und mit welchen Widerständen sie konfrontiert sind – kurzum: Eine Theorie des Heroischen fragt nach den Modi und Dynamiken der Heroisierung und Deheroisierung.

Die Reichweite einer solchen Theorie ist begrenzt, und zwar sowohl im Hinblick auf ihren Zeitkern wie auf ihre gesellschaftliche Verortung. Anstelle einer Systematik liefert sie heuristische Bausteine, die sich in unterschiedlicher Weise kombinieren lassen, ohne den Anspruch zu erheben, das Feld des Heroischen umfassend zu ordnen. Heuristiken haben eine vorläufige und eine dienende Funktion, sie erhalten ihre Ausrichtung durch die Forschungsprobleme, die mit ihrer Hilfe gelöst werden sollen. Das bedeutet, andere Fragen erfordern auch andere Theorien. Um die architektonische Metaphorik noch etwas weiter zu strapazieren: Von dem Gebäude, das errichtet werden soll, hängt nicht nur ab, welche Bausteine verwendet, sondern auch, wie diese angeordnet werden müssen. Es gibt keine allgemeingültige Reihenfolge oder eine eindeutige Hierarchie, es gibt lediglich wechselnde Konstellationen, deren Kombinatorik den Besonderheiten des untersuchten Phänomens und dem jeweiligen Erkenntnisinteresse folgt. Statt abschließender Begriffsbestimmungen[2] bedarf es einer Form der Darstellung, welche die beteiligten Bedeutungselemente so in ein Verhältnis setzt, dass sie sich wechselseitig aufzuschließen vermögen. Von allzu festen Gefügen ist abzuraten, sie erschweren die fälligen Umgruppierungen. Zu denken ist eher an die Lego-Konstruktionen von Kindern als an Monumente aus Stein, Stahl und Beton.

Eine Theorie mit heuristischem Anspruch kann zudem nur perspektiviert sein. Auch wenn sie sich auf Beobachtungen zweiter Ordnung konzentriert, positioniert sie sich gegenüber ihrem Gegenstand. Schon die Idee einer *Theorie* des Heroischen markiert eine kritische Distanz zur Eigenlogik heroischer Narrative, die auf Identifikation abzielen und oftmals Gegenidentifikationen provozieren, denen analytische Durchdringung jedoch fernliegt und deren ästhetischer Überschuss in kausalen und funktionalen Erklärungsversuchen nicht aufgeht. Perspektiviert werden die nachfolgenden Überlegungen nicht zuletzt dadurch, dass sie das Heroische im Hinblick auf die Diagnosen einer postheroischen Gegenwart zu bestimmen versuchen und deshalb besonderes Gewicht auf aktuelle Herausforderungen und Problematisierungen legen. Angetrieben werden sie von einem Unbehagen sowohl an vorschnellen Nachrufen wie an unbeirrten Wiederbelebungsversuchen. Das Erstaunen über die Persistenz alter und das Aufkommen neuer Heldengeschichten ist dabei freilich größer als der Verlustschmerz angesichts ihrer brüchig gewordenen Überzeugungskraft. Zeitgemäß ist eine solche Theorie des Heroischen, wenn sie aufzeigen kann, was an ihrem Gegenstand unzeitgemäß geworden ist und warum Heldennarrative gleichwohl weiter mit Resonanz rechnen können.

Aus diesem Blickwinkel heraus lassen sich trotz aller semantischen Unschärfen, historischen Transformationen und kulturellen Differenzen Elemente des Heroischen identifizieren, die mir als heuristischer Kompass dienen werden. Nicht immer kommen alle diese Elemente zusammen, außerdem wechselt ihre Gewichtung, und gewiss lassen sich noch weitere entdecken. Aber mehr als nur eines von ihnen findet sich in jeder Heldengeschichte und in jeder postheroischen Dekonstruktion von Heldengeschichten. Vorab sei gesagt, dass sie auf unterschiedlichen Analyseebenen liegen: Ein Teil von ihnen bezieht sich auf Eigenschaften heroischer Figuren (Exzeptionalität, Transgression, Agonalität, Männlichkeit, Handlungsmacht, Opfer), andere auf Besonderheiten heroischer Narrative (Tragik, moralische Affektion, ästhetische Inszenierung, Mythos), wieder andere auf Diskursarenen (Pädagogik) und analytische Zugriffsweisen (Typologien, Historiografie).

Exzeptionalität

Heroische Narrationen kreisen um reale oder fiktionale menschliche oder menschenähnliche Gestalten, die ihre Umgebung in irgendeiner Weise überragen. Wenn etwas Helden auszeichnet, dann ist es ihre Exzeptionalität. Als Ausnahmen qua Leistung, Geburt, höherem Auftrag oder Kairos heben sie sich ab von der Masse, von den Gewöhnlichen. Deshalb sind sie rar. Es kann zwar mehr als nur einen geben, aber wollte man alle zu Helden erheben, verlöre die Auszeichnung ihre distinktive Kraft. Heroentum muss ein Minderheitenprogramm bleiben. Es unterliegt einer symbolischen Ökonomie der Verknappung, Inflation führt zu Wertverlust. Mit dem Heroismus verhält es sich, so Jean-Jacques Rousseau in seiner Preisschrift »Über die Tugend des Helden«, »genauso wie mit jenen begehrten Metallen, deren Wert in ihrer Seltenheit besteht und deren Überfluß sie lästig oder unnütz machen würde [...], ein Volk von Helden würde unweigerlich dessen Untergang herbeiführen«.[3] Offen bleibt, ob exzeptionell in diesem Zusammenhang lediglich überdurchschnittlich oder schlechterdings inkommensurabel meint – ob Helden zwar am Rande, aber doch im Rahmen der Gaußschen Normalverteilung anzusiedeln sind oder ob sie das Normalitätskontinuum überschreiten.

Beide Varianten kommen vor. Zum sozialistischen Helden der Arbeit avanciert man schon durch Übererfüllung der Akkordvorgaben, zur Wissenschaftsheldin braucht es dagegen eine bahnbrechende Erfindung oder Entdeckung. Auf den Schultern von Riesen steht jedoch auch sie. Das Gebot der Außerordentlichkeit gilt für die »welthistorischen Individuen« der Hegelschen Geschichtsphilosophie vom Schlage eines Cäsar oder Napoleon, die in der Verfolgung ihrer partikularen Zwecke zugleich als »Geschäftsführer des Weltgeistes« firmieren und dem zum Durchbruch verhelfen, »was not und was *an der Zeit ist*«.[4] Es gilt aber auch für die kleinen Helden des Alltags, die zumindest in einem Punkt und für einen Moment ein wenig größer sind als der Rest – und damit die Zone des Alltäglichen überschreiten. Mit Mike Featherstone lässt sich das heroische Leben geradezu als Gegenbegriff zum Alltagsleben bestimmen: »Wenn die Selbstverständlichkeit des alltäglichen Lebens sich auf die Notwendigkeit bezieht, das eigene Tun und Lassen praktischen Erfahrungen und Routinen zu unterwerfen, deren Vielfalt und Mangel an Systematizität kaum theoretisch erschlossen sind, dann schlägt das heroische Leben eine Schneise durch diese dichte Faktizität. Es verweist auf ein durch das Schicksal oder den eigenen Willen geformtes Leben, in dem der Alltag als etwas angesehen wird, das man zähmen, dem man widerstehen oder den man verleugnen muss, als etwas, das im Dienste eines höheren Zwecks zu unterjochen ist.«[5]

Weil Größe relativ ist, benötigt ihre Zuschreibung Kontrastfiguren, denen sie abgesprochen wird. Heroische Narrationen generieren deshalb mit den Helden zugleich Nichthelden, die zu jenen aufschauen sollen oder wollen. Die herausragenden Eigenschaften der einen bestätigen die Mediokrität der anderen – und umgekehrt. Exzeptionalität beruht auf einem asymmetrischen Blickregime: Wer vom

Feldherrnhügel hinabschaut, sieht gesichtslose Massen; das große Individuum erkennen nur jene, die aus der Ebene hinaufblicken.[6] Heldenbewunderung und Heldenverehrung sind insofern immer auch Strategien der Selbstverkleinerung; kein Empowermentprogramm, sondern eine Schule der Resignation. Mit Jacob Burckhardt gesprochen: »Größe ist, was *wir nicht* sind«; in der »Einzigkeit« und »Unersetzlichkeit« historischer Ausnahmegestalten erkennen wir unser »Knirpstum«.[7] Heldengeschichten lehren den demütigen Blick nach oben, nicht zuletzt darin liegt ihr pädagogischer und politischer Sinn. *Hero shot* heißt in der Sprache des Films die Kameraeinstellung, die den Protagonisten in Nahaufnahme und Untersicht zeigt und das Auge des Betrachters zu ihm emporlenkt. Die Selbsterniedrigung des Heldenverehrers vor dem Objekt seiner Anbetung geht indes einher mit Selbsterhöhung gegenüber den verachteten Banausen, die Größe nicht einmal erkennen und deshalb für Heroenkulte unmusikalisch sind.[8]

Findet der Verehrer seine Position durch Absetzung nach oben und nach unten, so ist doch auch der über ihm stehende Held der menschlichen Sphäre nicht gänzlich entrückt: Helden mögen übermenschliche Kräfte besitzen, aber sie sind keine Götter. Das gilt auch für die antiken Heroen, die selbst wiederum eine Sammelkategorie bilden, unter der Disparates zusammengefasst wird: Halbgötter wie Herakles, Gestalten mythischer Erzählungen wie die homerischen Helden, aber auch verstorbene lokale Größen oder herausgehobene Ahnen, die nach ihrem Tod aufgrund eines göttlichen Zeichens kultisch verehrt wurden, deren Grabkulte jedoch von denen der Götter strikt getrennt waren.[9]

Helden sind sterblich, ja, ihr Tod ist oftmals geradezu Voraussetzung der Heroisierung. Unsterblich ist allenfalls ihr Ruhm bei den Nachgeborenen, und selbst der verblasst meist mit der Zeit. Aus dieser in vielfältiger Weise ausbuchstabierten Zwischenstellung der Heldenfiguren resultiert ihr Lavieren zwischen Alterität und Ähnlichkeit: Als Vorbild taugen sie nur insofern, als sie sich von den Gewöhnlichen – ihrem Publikum – unterscheiden; um sich mit ihnen identifizieren und sie nachahmen oder ihnen nacheifern zu können, darf die Distanz aber nicht zu groß sein. Den Abstufungen zwischen Ideal- und Ebenbild tragen unterschiedliche Heldenformate Rechnung – vom gottähnlichen Heros über denjenigen, der sich durch überlegene, aber menschliche Eigenschaften auszeichnet, bis zum Helden, der »einer von uns« und dennoch außergewöhnlich ist. Ihnen entsprechen wiederum disparate Genres und Stilhöhen – Mythen und Märchen erzählen von anderen und in anderer Weise von Helden als Romane oder Zeitungsreportagen.[10] Nicht immer treten die Heroen zudem im Singular auf. Neben dem großen Einzelnen gibt es diverse Heldenkollektive, unter denen sich sowohl Assoziationen exzeptioneller Individuen (von den Argonauten über die Ritter der Tafelrunde bis zu den *Avengers*) als auch zur Einheit fusionierte Kollektivsubjekte (die *Grande Armée*, das Proletariat) finden.

Aus der Exzeptionalität der Heroen leitet sich ihr Machtanspruch ab. Heldenlegenden und Heldenattribute gehören zum festen Bestand von Herrscherinszenierungen. Heroismen installieren einen Selbstbestätigungszirkel: Nur exzeptionelle Gestalten sind prädestiniert zu führen, und wer führt, beweist damit seine exzeptionellen Fähigkeiten. Wo heldenhafte Führer beschworen werden, soll die Menge ihnen folgen. Umgekehrt gilt: Wer gehorchen will, wird nach Gründen dafür suchen und denjenigen, dem er nachläuft, auch zum Heros küren. Unabhängig davon, was zuerst da war, der Machtwille oder der Unterwerfungswunsch, hängt die Autorität des einen jedenfalls am Gehorsam der anderen.

Auch wenn es republikanische oder plebejische Helden geben mag: Heroische Narrative sind per se antiegalitär. Sie verhandeln Rangordnungen und teilen die Welt auf in die Wenigen und die Vielen. Über lange Zeiten war Heroentum in den westlichen Gesellschaften ohnehin ein Adelsprivileg und zugleich eine Regelanforderung für männliche Aristokraten. Erst mit der Aufklärung eröffnete sich dem Bürger die Gelegenheit zu heroischer Bewährung,[11] bevor im 19. Jahrhundert auch der *working class hero* die historische Bühne betrat. Aus welchem Stand, aus welcher Klasse die Helden sich auch rekrutierten, stets waren damit kollektive Herrschaftsambitionen verbunden. Wer die Helden stellte, beanspruchte, auch sonst die Zügel in der Hand zu halten.

Heroische Narrative beschreiben zwar eine vertikal geordnete Welt asymmetrischer Machtverhältnisse und einen dichotomen Erzählraum, in dem nur wenige Ausgewählte von der einen auf die andere Seite gelangen können, aber die Helden dürfen auch nicht allmächtig sein, sonst gäben sie keinen Stoff für Geschichten ab. »Es darf nicht alles möglich sein – und das Unmögliche zu machen, muß die ›Singularität‹ ausmachen, die inmitten des Möglichen zur artistischen Brillanz aufragt.«[12] Das gilt selbst für die Superhelden der Comic- und Kinowelt mit ihren im Wortsinn phantastischen Fähigkeiten. Damit die seriellen Geschichten funktionieren, brauchen Superman und Co. nicht nur mächtige Widersacher, sondern müssen sich auch mit eigenen Schwächen herumschlagen. Liebeskummer, Alkoholprobleme, Überheblichkeit, Jähzorn, Depressionen und andere allzu menschliche Makel sind ihre ständigen Begleiter. Das bringt sie ihrem Publikum näher: »[T]eils wunsch-, trieb- und dickschädelgesteuert, teils innerlich gehemmt, nie hinreichend in Gemeinschaften integriert, um nicht permanent fürchten zu müssen, wieder herauszufallen«, stecken sie »ihr

Leben lang in einer Lage, die gerade dem pubertierenden Teil der Leserschaft nur allzu vertraut vorkommen muss«.[13]

Was auch immer die Größe eines Helden ausmacht, sie bedarf der Bestätigung durch eine Gefolgschaft. Heroismus ist ein Rezeptionseffekt und deshalb eine relationale Kategorie. Leistungsrolle – der exzeptionelle Einzelne – und Publikumsrolle – die Vielen, die ihn bewundern und verehren – sind wechselseitig aufeinander angewiesen. An Helden muss geglaubt werden, und dieser Glaube lässt sich nicht verordnen. Er bedarf sowohl einer grundsätzlichen Verehrungsbereitschaft, einer Sehnsucht nach jemandem, zu dem man aufschauen und an dem man sich orientieren kann, als auch eines Objekts, das der Verehrung für würdig gehalten wird. Dieses Passungsverhältnis macht das Charisma des Helden aus. Der Glaube an ihn gründet, so Max Webers Definition, in der »als außeralltäglich [...] geltende[n] Qualität einer Persönlichkeit [...], um derentwillen sie als mit übernatürlichen oder übermenschlichen oder mindestens spezifisch außeralltäglichen, nicht jedem anderen zugänglichen Kräften oder Eigenschaften [begabt] oder als gottgesandt oder als vorbildlich und deshalb als ›Führer‹ gewertet wird«.[14] Ob der Verehrte die ihm zugesprochene Rolle auch selbst annehmen muss, ist eine offene Frage: Sein Sträuben mag den Glauben an ihn noch verstärken, bei dauerhafter Verweigerung besteht jedoch die Gefahr, dass sich die Verehrergemeinde von ihm abwendet.

Heroisierung bedeutet Personifizierung. Die Zuschreibung von Charisma lässt als individuelle Qualität erscheinen, was auf sozialer Anerkennung beruht. Deshalb bleibt der Heldenstatus labil und verlangt nach Bewährung. Der Glaube an die Exzeptionalität kann schwinden oder schlagartig verloren gehen, sobald der Erfolg ausbleibt, Negativnachrichten sich häufen oder ein anderer Heros die Bühne betritt. Heldenruhm zehrt sich auf oder verflüchtigt sich ins Anekdotische, wenn er nicht erneuert wird. Der Alltag ist der Feind des Außeralltäglichen und die Veralltäglichung von Charisma der Normalfall. Das Paradox charismatischen Heroentums besteht darin, dass der Held einerseits seine Anhänger mobilisieren und affektiv an sich binden muss, dabei andererseits stets Gefahr läuft, Erwartungen zu wecken, die er nicht einzulösen vermag, oder Gegenreaktionen zu provozieren, die er nicht parieren kann.[15] Außerordentlichkeit ist daher eine permanente kommunikative Herausforderung. Und eine Frage ausreichender Distanz: »Für einen Kammerdiener gibt es keinen Helden«, heißt es bei Hegel, »nicht aber darum, weil dieser kein Held ist, sondern weil jener der Kammerdiener ist. Dieser zieht dem Helden die Stiefel aus, hilft ihm zu Bette, weiß, daß er lieber Champagner trinkt usf.«[16] Größe braucht Unnahbarkeit, Nähe nivelliert.

Transgression

Außerordentlich sind Helden auch darin, dass sie die Grenzen der sozialen Ordnung überschreiten. In jedem von ihnen steckt auch ein *puer robustus*, ein schwer zu kontrollierender Störenfried.[17] Ihre Exzeptionalität macht sie zu höchst ambigen Figuren, die in gegensätzlichen Ausprägungen auftreten: Auf der einen Seite stabilisieren sie das gesellschaftliche Gefüge, indem sie dessen Regeln vorbildhaft verkörpern und bis zur Selbstaufopferung für sie eintreten – das ist das Modell des Tugendhelden. Auf der anderen Seite destabilisieren sie ebendieses Gefüge, wenn sie sich selbst nicht an jene Regeln halten, die für die Übrigen gelten sollen – das ist der Held als Outlaw. Heroen bewähren sich entweder durch rückhaltlose Treue gegenüber dem Gesetz oder aber dadurch, dass sie keinem Gesetz außer ihrem eigenen zu gehorchen bereit sind. Souverän sind beide: Der heroische Outlaw, weil er sich anmaßt, sich über die Ordnung zu stellen, und so ihre Geltung bestreitet; der Tugendheld, weil er sich nicht aus Furcht, sondern in freier Entscheidung fügt. Seine moralische Größe besteht darin, die Ordnung zu bejahen, obwohl er sie ebenso verneinen könnte. Auch er macht ihre Kontingenz sichtbar.

Folgt man Niklas Luhmann, so stellt die Gestalt des Helden »die vielleicht eindrucksvollste semantische Form [dar], die in der europäischen Geschichte für moralisch reguliertes Abweichen ausgebildet worden ist. […] Man kann durch *Übertreffen der erwartbaren Leistungen* beide Wege zugleich begehen: den der Konformität und den der Abweichung; und man braucht dabei weder sich noch anderen etwas verschweigen.«[18] Helden produzieren »Konformität (Nachahmungswille) durch Abweichung«, so Luhmann weiter, und sie machen diese Paradoxie obendrein öffentlich, um ihre »sozialisatorisch-erzieherische Funktion erfüllen zu können«.[19] In ihren Taten oszillieren sie zwischen Normsetzung, Norm(über)erfüllung und Normbruch. Sie leben ihren Narzissmus in einem Maße aus, »das der Alltag normalerweise nicht zulässt«, und nutzen »einen a-sozialen Antrieb für Handlungen, die sozialen Tugenden entsprechen«.[20] Mit ihrer Fokussierung auf positiv bewertete, zur Nachahmung empfohlene Devianz kommunizieren Heldennarrative normativ, dass die Überschreitung von Normen nicht nur möglich und wahrscheinlich ist, sondern in bestimmten Situationen auch gefordert sein kann. Oder wenigstens akzeptabel, sofern sie kämpferische Leidenschaften freisetzt, die der Gehorsam blockiert, wie in Heinrich von Kleists *Prinz von Homburg*, dessen Titelheld den Befehl des Kriegsherrn missachtet und gerade dadurch den Sieg in der Schlacht davonträgt. Wegen Ungehorsams zum Tode verurteilt, wird der Heißsporn im letzten Moment begnadigt, nachdem er selbst seine Hinrichtung gefordert und als letzten Wunsch erbeten hatte, die Verhandlungen mit dem Feind abzubrechen und den Krieg wieder aufzunehmen.

Auch wo die *imitatio heroica* sozial unerwünscht ist und die Grenzverletzungen des Helden gewöhnlichen Menschen als Vergehen angelastet würden, mehren sie doch seinen Ruhm. Er verkörpert die Ausnahme, welche die Geltung der Regel bekräftigt, und agiert stellvertretend das aus, wovon seine Verehrer träumen, was diesen aber versagt bleibt. Das macht den heroischen Outlaw zu einer romantischen Gestalt und die Geschichten über ihn so faszinierend. Den herrschenden Mächten zu trotzen, sich über ihre Gebote hinwegzusetzen und dem eigenen Dämon zu folgen, wenn es sein muss bis zum Untergang, und bei alldem auf der Seite der Unterdrückten und Verfolgten zu stehen – das ist das Material, aus dem Mythen gewebt werden. Das Charisma des rebellischen Helden speist sich insbesondere in traditionsgebundenen Gesellschaften aus seiner Opposition gegen die etablierte Ordnung, deren Legitimität er im Namen eines anderen, vermeintlich ursprünglichen Rechts in Frage stellt.[21] Für seine Anhänger bewährt er sich, indem er die Hüter des Status quo herausfordert und ihre Verwundbarkeit demonstriert. Er ist einerseits ein Antiinstitutionalist, der seine Macht »irrational im Sinne der Regelfremdheit«[22] ausübt; andererseits ist er ein populistischer Führer, hinter dessen rebellischem Gestus immer schon die eigenen Herrschaftsambitionen hervorlugen. Kein Repräsentant des Gesetzes, aber bisweilen eine Verkörperung jener Kraft, die ein neues stiftet.

Transgressiv ist nicht zuletzt die Affinität des Heroischen zur Gewalt. Sie bekräftigt das Changieren der Helden zwischen Ordnungsbildung, Ordnungsstabilisierung und Ordnungszerstörung: Das Selbstopfer ebenso wie die Tötung anderer verletzen in fundamentaler Weise die Reziprozität gesellschaftlicher Interaktionsverhältnisse. Die Goldene Regel, anderen nichts anzutun, was man selbst nicht erleiden will, ist kein heroischer Maßstab. Zugleich sind es Akte gewaltsamer Usurpation und Vernichtung, welche die Heroen zur *pouvoir constituant* werden lassen. Gewalt mag zweckrationalen Kalkülen unterliegen, aber ohne ein Moment des Exzesses kommt sie nicht aus. Weil ihre Dynamik die Grundfesten des Sozialen bedroht, muss die heroische Grenzüberschreitung selbst begrenzt werden: Der Furor des Helden darf sich nicht verselbständigen. Im Unterschied zum Berserker, dessen Wüten keine Schranken kennt und der mit seiner Raserei gleichermaßen den Erfolg wie seine moralische Integrität verspielt, taugt zum Helden nur, wer die Gewalt auch limitieren und zur rechten Zeit davon ablassen kann. Selbst der Zorn des Achill, Urbild des transgressiven Helden, erlischt, als Priamos ihn anfleht, den geschändeten Leichnam seines Sohnes Hektor herauszugeben.

Agonalität

Was immer Helden tun – Länder erobern, Reiche gründen, Abenteuer bestehen, Leben retten, Sportsiege erringen, Gedichte schreiben oder wissenschaftliche Erkenntnisse generieren – es gerät ihnen zum Kampf. Auch Helden der Arbeit, Sportchampions, Künstlergenies oder Wissenschaftsheroen operieren letztlich im Kriegermodus. Stets müssen äußere und innere Feinde bezwungen und übermenschliche Kräfte mobilisiert werden. Kein Sieg ist endgültig, und die realen wie die metaphorischen Waffen schweigen erst, wenn die

Helden gefallen sind. Agonales Handeln folgt weder dem Äquivalenzprinzip des Tauschs noch den Kommunikationsregeln lebensweltlicher Verständigung, sondern geht aufs Ganze und setzt sich der Gefahr aus. Kompromissbereitschaft ist keine heroische Tugend. Auch jenseits existenzieller Kämpfe auf Leben und Tod handeln Heldengeschichten von Mut und Opferbereitschaft – und nicht zuletzt vom siegreichen Kampf gegen sich selbst. Darin liegt ihre appellative, handlungsorientierende Macht. Wer von Helden und ihren Taten berichtet oder Heldenporträts, Heldendenkmäler, Heldenfilme, Heldencomics in Umlauf bringt, will seine Adressaten und möglicherweise auch sich selbst dazu bewegen, über sich hinauszuwachsen, Risiken einzugehen, nach Größe und Ruhm zu streben, zumindest aber die Überlegenheit der Heroen anzuerkennen und/oder ihr Ringen ästhetisch zu konsumieren.

Zum Agon braucht es Antagonisten, weshalb zu jedem Helden ein Kontrahent gehört, der ihn herausfordert, zum Bösen verführt oder zu vernichten droht und der ihm vor allem in puncto Kampfeswillen nicht nachsteht. Die Dramatik von Heldenerzählungen verlangt nach offenen Kräfteverhältnissen. Auch wenn meist der Heros am Ende obsiegt, fehlte der Geschichte die Spannung, würde sie nicht zumindest mit der Möglichkeit spielen, dass die Sache auch anders ausgehen könnte. Retardierende Elemente binden die Aufmerksamkeit und schaffen Raum für komplexe Erzählmuster. Ohne Schwächemomente und zeitweiliges Unterliegen des Helden käme man über eine *short story* nicht hinaus. Narratives Potenzial besitzen sowohl Auseinandersetzungen vom Typ David gegen Goliath, die den überraschenden Triumph des Kleinen gegen den allzu selbstgewissen Großen inszenieren, als auch die wechselvollen Kämpfe zwischen annähernd gleichstarken Opponenten, in denen der

Held an seinem Gegner wächst. Der Konstellation »starker Held besiegt schwachen Gegner« fehlt es dagegen an erzählerischer Dramatik.

Heldengeschichten berichten nicht nur von kämpferischen Individuen und ihren Antagonisten, sie zeichnen auch eine durch und durch agonale Welt, die genau solche Individuen benötigt und hervorbringt. Neben einer Theorie des heroischen Subjekts enthalten sie – implizit oder explizit – immer auch Sozial- und Gesellschaftstheorien, welche auf die konstitutive Konflikthaftigkeit des Sozialen abheben und zugleich die heldenhafte Überwindung der Antagonismen annoncieren. Für Kooperation und Konsens bleibt da wenig Raum. Pastorale Idyllen und kommunitäre Utopien kennen keine Heroen.

Paradigmatisches Bewährungsfeld für Heldenfiguren und Hauptschauplatz von Heldenerzählungen ist der Krieg, ja, die Geschichte des Heroischen lässt sich in weiten Teilen als Militärgeschichte schreiben. Nach Carl von Clausewitz' berühmter Definition kreuzen sich im Krieg zwei Handlungslogiken: Auf der einen Seite ist er »ein erweiterter Zweikampf«, in dem jede Partei versucht, die andere »durch physische Gewalt zur Erfüllung [ihres] Willens zu zwingen«, sie »niederzuwerfen und dadurch zu jedem ferneren Widerstand unfähig zu machen«. Auf der anderen Seite rüstet sich jede Kriegspartei »mit den Erfindungen der Künste und Wissenschaften aus, um der Gewalt zu begegnen«.[23] Die Kontrahenten setzen alles daran, sich in ihren Rüstungsanstrengungen gegenseitig zu übertrumpfen und den Gegner durch effizienteren Einsatz technischer Mittel außer Gefecht zu setzen. Den konkurrierenden Handlungslogiken entsprechen die divergierenden Rollenmodelle des »heißen« Kämpfers und des »kalten« Gewalttechnikers. Heroisierbar ist vor allem der Erste, dem Zweiten fehlen der Glanz individueller

Größe und das Pathos todesverachtenden Muts. Die Präsenz der homerischen Heroen im kulturellen Gedächtnis über mehr als zwei Jahrtausende verdankt sich nicht zuletzt der Tatsache, dass die *Ilias* den Krieg noch als eine Serie von Zweikämpfen beschreibt und damit die Seite des Agons gegenüber jener der organisierten, technisch rationalisierten Gewaltanwendung privilegiert. Bereits die Antike kannte indes neben dem heroischen Kampf mythischer Krieger, wie ihn Homer schildert, auch das geordnete Handeln des Kollektivs in der Phalanx: »Seine Stellung in der Linie halten, gleichzeitig auf den Feind losstürzen, Schild an Schild kämpfen, alle Gefechtsbewegungen wie ein Mann durchführen, alle diese verschiedenen Handlungen werden in einem einzigen Begriff zusammengefaßt: *taxis*. Zwischen der technischen Bedeutung der vom Hopliten eingenommenen Position und dem ethischen Wert der Selbstbeherrschung, der Disziplin und der Ordnung gibt es keinen Unterschied.«[24] In der Geschichte militärischer Gehorsamsfabrikation gewann eher dieser Mut des disziplinierten Standhaltens die Oberhand, in der Geschichte der Heldenverehrung überlebte das Modell des ruhmreichen Einzelkämpfers, auch als dieser auf den Schlachtfeldern längst keine Rolle mehr spielte.

Narrative des kriegerischen Heroismus unterstellen eine fundamentale Reziprozität: Zum Kriegshelden kann nur werden, wer auch zum Selbstopfer bereit ist. In den Narrationen soldatischer Tugend gilt es als unehrenhaft, einen Feind anzugreifen und zu töten, ohne sich selbst derselben Gefahr auszusetzen. Historisch diente diese Verklärung des vermeintlich symmetrischen Zweikampfs – als Gegenmodell zur gezielten Tötung aus sicherer Entfernung – stets dazu, »das Schlachten akzeptabel – oder besser noch, ruhmreich zu machen«.[25] Bloßer Zwang reicht auf Dauer nicht aus, um Menschen dazu zu bringen, in den Krieg zu ziehen, andere zu töten und sich selbst in Gefahr zu bringen, getötet zu werden. Weil König, Vaterland, Staatsräson, nationale Befreiung oder welche Instanzen auch immer aber genau dies von ihnen verlangen, wird die Kopplung von Kampf- und Opferbereitschaft heroisch überhöht. Kriegerischer Heldenmut zeigt sich darin, zu beidem willens und in der Lage zu sein. Das Ethos der Reziprozität liefert dafür das normative Gerüst: Die Gefahr des Getötetwerdens suspendiert das allgemeine Tötungsverbot. Nur weil der Gegner mir ans Leben will und kann, so die Logik, darf und muss ich ihm das seine nehmen. Mit der kriegerischen Wirklichkeit hatten und haben die Beschwörungen heroischer Tugenden indes niemals viel zu tun. Das Letzte, was sich Soldaten auf dem Schlachtfeld wünschen, ist ein fairer Kampf. Wer überleben will, nutzt jede Möglichkeit, technische Überlegenheit auszuspielen. Aber Zerstörungsstatistiken und *body counts* ergeben nun mal keine Geschichten mit Identifikationspotenzial und entfalten keine Mobilisierungskraft. Heldenerzählungen sollen diese Sinn- und Motivierungslücke schließen, indem sie der Ökonomie rationalisierter Destruktion die Dramatik eines Kampfs auf Leben und Tod entgegensetzen.

Männlichkeit

Weil von Homers Zeiten bis heute vor allem Männer Kriege geführt haben und auch darüber hinaus die Tätigkeit des Kämpfens mit Maskulinität assoziiert wird, erscheint das Heroische als eine primär männliche Domäne. Heldengeschichten verhandeln disparate Männlichkeitsvorstellungen und mit diesen *ex negativo* auch unterschiedliche Konzepte von Weiblichkeit. Vor allem aber halten sie beide Seiten voneinander getrennt. Die heroische Geschlechterordnung ist binär und lässt kaum Raum für Zwischenlagen. Ihre Stereotype spiegeln jenes hierarchische Regime sexueller Differenz, das den Kern patriarchaler Herrschaft ausmacht. Männer sind demnach tatendurstig, kompetitiv, gewaltaffin, risikobereit, abenteuerlustig und schlagen gelegentlich über die Stränge – samt und sonders heldenkompatible Eigenschaften. Frauen gelten dagegen als schutzbedürftig, sorgend, einfühlsam, aber auch als emotionsgesteuert und verführerisch. Ihnen kommen in traditionellen Heldenerzählungen vor allem die Rollen der bewundernden Verehrerin des männlichen Protagonisten beziehungsweise des von diesem begehrten Objekts seiner heroischen Anstrengungen zu – sie sind eher Siegestrophäe und Spiegel männlichen Narzissmus als autonome Handlungsträgerinnen. Bedrohlich wird dem Helden das Weibliche in Gestalt der *femme fatale*, die ihn becirct und von neuen Großtaten abhält.

Nur selten berichten heroische Narrative von Kämpferinnen – Figuren wie die homerischen Amazonen oder starke Heldenjungfrauen vom Schlage der Brunhilde aus dem Nibelungenlied stellen Ausnahmen dar –, umso häufiger aber von Frauen, um die gekämpft wird und an deren Errettung beziehungsweise Eroberung sich männliches Heroentum beweisen soll. Oder sie erzählen von »Heldenmüttern« und »Kriegsbräuten«, die gleichermaßen ängstlich und stolz ihre geliebten Söhne und Männer ins Feld ziehen lassen und später dann ihren Heldentod betrauern.[26] Einen Platz im traditionellen Kanon heroischer Vorbilder finden Frauen vor allem als aufopferungsvolle Tugendheldinnen. »Die Mehrzahl der weiblichen Heroinen sind etwas bizarrer Natur«, bemerkt Simone de Beauvoir, »Abenteurerinnen, Originale, die weniger durch die Bedeutung ihrer Taten als durch die Einzigartigkeit ihrer Schicksale hervorgetreten sind […].

Der große Mann erhebt sich aus der Masse und wird durch die Umstände getragen: die Masse der Frauen steht abseits von der Geschichte, und die Umstände sind für jede von ihnen stets eher ein Hindernis als ein Sprungbrett gewesen. Um das Antlitz der Welt zu verwandeln, muß man zunächst einmal in der Welt solide verankert sein; die in der Gesellschaft fest verwurzelten Frauen sind aber gerade diejenigen, die sich ihr untergeordnet haben.«[27]

Im Konzept der Ehre kulminiert diese Geschlechterasymmetrie: Während die Ehre der Frauen darin besteht, ihre Keuschheit zu wahren beziehungsweise ausschließlich legitime Sexualkontakte zu haben und sich dazu der Kontrolle durch Vater, Brüder oder Ehemann zu unterwerfen, müssen Männer ihre eigene Ehre wie auch die ihrer Töchter, Schwestern und Frauen im Kampf gegen andere Männer verteidigen – und können sich dabei als Helden qualifizieren. Die weibliche Ehre ist ein passives Schutzgut, die männliche fordert aktive Bewährung. Deshalb gibt es Duelle nur zwischen Männern, und nur wer als satisfaktionsfähig gilt, ist auch heroisierbar.

Mit der Erosion traditioneller Geschlechterbilder treten zwar vermehrt auch Heroinen auf den Plan, die Modelle weiblicher Selbstermächtigung präsentieren. Umgekehrt kann man sicher sein, dass, wo auch immer alte und neue Heldenkulte boomen, die patriarchalen Dominanzkulturen ebenfalls wiedererstarken. Zeitgenössische Heroismen sind nicht zuletzt ein Kompensationsversuch für die Risse im Gefüge männlicher Hegemonie. Heldinnengeschichten wiederum bestätigen oftmals noch den maskulinen Heldencode, indem sie ihre Protagonistinnen in die Nähe männlicher Rollenmuster rücken – Jeanne d'Arc als spätmittelalterliche Kriegsheldin, Lara Croft als weiblicher Indiana Jones in der Welt der Computerspiele[28] – oder als spezifisch weiblich geltende Tätigkeiten metaphorisch mit der Aura des Agonalen umgeben – die ikonische Hausfrau der Waschmittelreklame in ihrem Feldzug gegen den Schmutz. Etwas aus der Mode gekommen ist lediglich das Narrativ der Frau als heroischer Dulderin. Brechts *Ballade von der Hanna Cash* wird kaum jemand noch als Loblied eines weiblichen Heroismus lesen können: »Und wenn er hinkt und wenn er spinnt / Und wenn er ihr Schläge gibt: / Es fragt die Hanna Cash, mein Kind / Doch nur: ob sie ihn liebt.«[29] Die Protagonistin wäre heute eher ein Fall für die Beratungsstelle bei häuslicher Gewalt. Die zeitgenössische Populärkultur mag verstärkt heroische Identifikationsangebote für Mädchen und Frauen bereitstellen, doch auch in Gestalt von Super-, Wonder-, Spider- oder Batwoman bleibt die Heldin eine Männerphantasie. Davon zeugen nicht zuletzt die sexuell aufgeladenen Körperschemata der Superheldinnen, die den hypertrophen Muskelpaketen ihrer männlichen Kollegen mit überlangen Beinen und großen Oberweiten entgegentreten. In ihrer Barbiepuppenhaftigkeit haben sie ebenso wie die präpotenten Heldenmännchen allerdings an erotischer Strahlkraft eingebüßt. Ihr Sexappeal ist Karikatur, eher ironisches Spiel mit Klischees als Fluchtpunkt des Begehrens.

Mit dem Thema Heldensex beschäftigt sich auch die Evolutionspsychologie, für die Heroismus generell eine Spielart männlichen Balzverhaltens darstellt. Die gattungsgeschichtliche Persistenz heroischer Verhaltensdispositionen beruht demnach darauf, dass Frauen risikoaffine und mutige Sexualpartner bevorzugen, weil sie diesen erstens eine bessere genetische Ausstattung und zweitens die Bereitschaft zu größerem Einsatz bei der Aufzucht des Nachwuchses unterstellen.[30] Soziobiologen wiederum erklären die Tatsache, dass es vor allem Heranwachsende sind, die man zu Helden kürt, als Versuch der gestandenen Alphatiere, sich ihrer jüngeren Konkurrenten zu entledigen: »Junge Männer sind, zumal in einer hierarchischen Sozietät, am ehesten entbehrlich und oft im Verhältnis zu anderen Gruppen in der Gesellschaft in der Überzahl. [...] Die Jungen gegen den Feind zu schicken verursacht viele Verluste und schafft freie Positionen. Junge Männer sind ideale Soldaten. Aus ihnen geht nur selten ein Held hervor, der überlebt und zum Überflieger wird. Denn die Mächtigen können zwar einzelne Helden brauchen, aber keine junge Armee, die von unten nach oben drückt. Günstiger sind die auf der Strecke gebliebenen Helden, deren man post mortem gedenkt. Sie haben sich für die Mächtigen mit ihrem Heldentod als doppelt hilfreich erwiesen: Sie dienten dem Ansehen der Führer und wurden diesen mit ihrem Tod keine Gefahr mehr.«[31] Heldinnen kommen in solchen Theorien gar nicht erst vor, die weiblichen Opfer männlicher Kampfexzesse bleiben unsichtbar. Indem die evolutionstheoretischen Biologisierungen des Sozialen alle Geschichte dem Prinzip des *survival of the fittest* unterstellen, machen sie Heldentum zum strategischen Element männlicher Rivalitätskonflikte. Selektionsvorteile erringt entweder derjenige, der selbst als potenter Heros punkten kann, oder aber der Überlebenskünstler, der seinen Nebenbuhlern die gefährlichen Jobs zuschiebt und ihnen dafür den posthumen Heldenruhm bereitwillig überlässt.

Handlungsmacht

Helden brauchen Heldentaten. Aktion, nicht Untätigkeit zeichnet sie aus. Die Größe, die man an ihnen rühmt, beruht nicht zuletzt auf der Suggestion, sie seien es, die dem Lauf der Dinge die entscheidende Wendung geben. Etwas vom Mythos der großen Männer, die Geschichte machen, haftet jeder Heldenerzählung an. Historie erscheint in dieser Perspektive als planvolles Wirken souveräner Akteure, nicht als chaotische Abfolge zufälliger Ereignisse. »Sie besteht aus Taten und Handlungen«, resümiert Ernst Cassirer die Grundthese von Thomas Carlyles Helden-Vorlesungen, »und es gibt keine Taten ohne einen Täter, ohne einen großen unmittelbaren, persönlichen Anstoß«.[32] Geschichte auf diese Weise zu erzählen, unterlegt ihr Sinn und bannt den Schrecken der Kontingenz.

Um die Handlungsmacht beim Helden zu bündeln, müssen die Anteile anderer Akteure, aber auch nichtmenschliche Einflussfaktoren unsichtbar gemacht, zumindest verkleinert werden. Heroische Narrative sind hochselektive und daher unwahrscheinliche Wirklichkeitskonstruktionen, die gesellschaftliche Komplexität zugunsten eindeutiger Urheberschaftsfiktionen radikal vereinfachen.[33] Brechts *Fragen eines lesenden Arbeiters* – »Wer baute das siebentorige Theben? Haben die Könige die Felsbrocken herbeigeschleppt?«, »Der junge Alexander eroberte Indien. Er allein?«[34] – werden am besten erst gar nicht gestellt. Auf der Illusion eines wirkmächtigen und in seiner Hypertrophie oft auch hyperaktiven Subjekts beruht ein Gutteil der Faszination für Heldenfiguren. Gesteigert wird sie noch durch die Steine, die man ihnen in den Weg legt. Ihre Größe wächst mit den Herausforderungen, die sie meistern. Liefe alles nach Regel und Plan, wären Heldentaten und damit auch die Helden selbst überflüssig. Heroische Handlungsmacht braucht Widerstände. Deshalb dürfen auch die Gegenspieler nicht schwächeln. Neben den Helden sind sie die Einzigen, deren Agency nicht abgedunkelt wird. Andere Figuren im heroischen Ensemble – Gefährten, Mentoren oder Geliebte – spielen nur Nebenrollen.

Virtuosen intensivierter Passivität wie Iwan Gontscharows *Oblomow* oder Herman Melvilles *Bartleby* taugen bestenfalls als Antihelden. Ihnen mangelt es nicht nur an Taten, sondern vor allem am Willen dazu. Zwar darf auch ein Heros zaudern – dafür ist Achill ebenso prototypisch wie für seinen Zorn –, aber am Ende muss er tun, was zu tun ist.[35] Er muss es zumindest wollen. Verwehren ihm die äußeren Umstände das Handeln, kann er nur paradox reagieren wie der Dandy, jener urbane Flaneur des 19. Jahrhunderts, in dem Charles Baudelaire den »Heroismus des modernen Lebens« verkörpert sah.[36] Als »ein Herakles, für den keine Arbeit vorhanden ist«,[37] bleibt ihm nichts übrig, als aus der Not eine Tugend zu machen und das Nichtstun zu glorifizieren. »Das Nicht-handeln-Können erklärt sich dann selbst zum Nicht-handeln-Wollen, das ›Du kannst nicht!‹ zum ›Ich will, was ich nicht kann‹.«[38]

Obwohl man mit Helden grundsätzlich eher kämpferisches Draufgängertum assoziiert, können auch Akte der Verweigerung oder des Erduldens heroisiert werden. Als Rosa Parks am 1. Dezember 1955 im Bus sitzen blieb, statt den für Weiße reservierten Platz zu räumen, und dafür in Montgomery, Alabama, Festnahme und Verurteilung in Kauf nahm, wurde sie zur Heldin der US-amerikanischen Bürgerrechtsbewegung. Zweideutiger, im Hinblick auf ihre Agency wie auf ihre moralische Bewertung, sind die von Hans Magnus Enzensberger skizzierten »Helden des Rückzugs«, jene »historischen Abbruchunternehmer« vom Schlage Michail Gorbatschows, welche die geordnete Auflösung totalitärer Regime in die Wege leiteten. Ihre Größe, so Enzensberger, bestand darin, die Geschichtszeichen zu erkennen, ihre Macht aus den Händen zu geben und sich der Rückkehr »aus dem Alptraum in die Normalität« nicht entgegenzustellen.[39]

Damit das heroische Handeln auf eine heroisierte Person

zugerechnet werden kann, muss die Geschichte so erzählt werden, dass diese ihre Taten eigenhändig vollbringt. Helden haben keine Stellvertreter. Ihre Verehrung beruht auf Präsenzeffekten, das schließt Delegation aus. Gerade in ihrer Exzeptionalität mögen Helden zwar eine Gemeinschaft als ganze repräsentieren, sie selbst jedoch sind nicht repräsentierbar. Zur Bewährung des Charismas braucht es das Original. Die Erwartung heroischen Handelns kann zwar mit der Ausübung eines bestimmten Amts oder einer Profession verknüpft sein – von einem Feldherrn wird man eher Heldentaten erwarten als von einer Köchin –, aber ein Titel oder ein Arbeitsvertrag allein machen noch keinen Helden. Auch mit Dienst nach Vorschrift wird man schwerlich ins Pantheon der Heroen aufsteigen; Heldentaten lassen sich kaum in einer Vierzig-Stunden-Woche unterbringen. Komplizierter verhält es sich mit dem Einsatz von Technik: Einerseits verstärken Helden ihre Handlungsmacht mithilfe technischer Apparaturen, oftmals gehören Waffen oder andere Gerätschaften fest zu ihrem ikonischen Erscheinungsbild. Was wäre Manfred von Richthofen, der »rote Baron«, ohne seine Fokker DR1, was Old Shatterhand ohne Henry-Stutzen? Technische Artefakte zeigen andererseits die Grenzen heroischer Agency an. So sank mit der Verbreitung von Armbrust und Feuerwaffen der Stern ritterlichen Heldentums, und einige Jahrhunderte später besiegelte die Erfindung des Automobils endgültig das Schicksal der Helden zu Pferde.

Opferbereitschaft

Die Bedeutung heroischer Handlungsmacht zeigt sich nicht zuletzt dort, wo sie in ihr Gegenteil umschlägt: Heldentat und Heldentod beglaubigen sich wechselseitig. Ob eine Handlung als heroisch gewürdigt wird, entscheidet sich weniger an ihrem Erfolg oder Misserfolg als an der Unbedingtheit des Wollens. Nur tote Helden haben bewiesen, dass sie wirklich alles zu geben bereit waren. Der Einsatz des Lebens bezeugt ihren Mut, schützt sie vor Intrigen der Neider, künftigen Blamagen oder Diskreditierung ihrer Ideale und lässt – *de mortuis nihil nisi bene* – über ihre Schwächen gnädig hinwegsehen. Je früher sie abtreten, desto strahlender glänzt ihr Bild: »willst um die revolution / ruhm & verdienst du erwerben / rate ich: / jung schon für sie / statt später nur an ihr zu sterben / uneinholbar gewinnt / vorsprung der kindliche held / hängt er doch schon an der wand / an die man die andern erst stellt«, dichtete Yaak Karsunke auf Jacques-Louis Davids Bildnis des dreizehnjährigen Trommlers Joseph Barra, der 1793 in der Vendée von Royalisten getötet wurde.[40] Mit dessen Märtyrertum trommelte Maximilien de Robespierre für die *levée en masse,* und nach demselben Muster nehmen alle Kriegsherren ihre Gefallenen in posthume Dienstpflicht.

Nicht jedes Lebensende ist freilich gleichermaßen heroisierbar. Helden sterben nicht im Bett[41] oder an Altersschwäche, und sie rutschen auch nicht auf einer Bananenschale aus. *Dulce et decorum* sei der Tod auf dem Schlachtfeld, verkünden die Heeresprediger, die ihn selbst nicht fürchten müssen, aber auch dort sollte die tödliche Kugel nicht einen Fliehenden von hinten ereilen. Als unbestritten heldenhaft gilt insbesondere der Einsatz des eigenen Lebens, um das anderer zu retten, und auch Widerstands- und Freiheitskämpfer, die hingerichtet oder ermordet wurden, werden als Helden verehrt, zumindest von ihren Parteigängern. Im letzteren Fall verschwimmen die Konturen zwischen Helden und Märtyrern. Mit den einen assoziiert man stärker das aktivistische Moment, mit den anderen den Aspekt des Erduldens. Der standhaft leidende Held hat zwar im Kanon heroischer Narrative seinen festen Platz, und sein Leben todesmutig aufs Spiel zu setzen gilt als elementare heroische Tugend; trotzdem wird man reine Passionsgestalten eher der Sphäre des Märtyrertums zuordnen.

Aus welchen Antrieben Menschen ihren Überlebenswillen missachten, ist eine offene Frage. Vieles spricht für Sigmund Freuds Annahme, das »Geheimnis des Heldentums« liege in der menschlichen Unfähigkeit, den eigenen Tod zu antizipieren, gründe also letztlich in einem Mangel an Vorstellungskraft: »Die rationelle Begründung des Heldentums ruht auf dem Urteile, daß das eigene Leben nicht so wertvoll sein kann wie gewisse abstrakte und allgemeine Güter. Aber ich meine, häufiger dürfte das instinktive und impulsive Heldentum sein, welches von solcher Motivierung absieht und einfach nach der Zusicherung des Anzengruberschen Steinklopferhanns: ›*Es kann dir nix g'scheh'n*‹, den Gefahren trotzt. Oder jene Motivierung dient nur dazu, die Bedenken wegzuräumen, welche die dem Unbewußten entsprechende heldenhafte Reaktion hintanhalten können.«[42] Zum heroischen Selbstopfer braucht es demnach eine Portion Realitätsverleugnung: Der Held riskiert sein Leben, weil er die Gefahr nicht erkennt oder sie ausblendet und sich mit Warum-Fragen gar nicht erst aufhält. Für das Publikum bleiben die inneren Beweggründe ohnehin unsichtbar, während Heldengeschichten ihren eigenen narrativen Regeln folgen und ihre Protagonisten mit Gründen versehen, welche die Dramatik der Erzählung steigern und/oder ihre Botschaft plausibilisieren.

Was auch immer die Opferbereitschaft des prospektiven Helden motivieren mag, in seiner bewusst gesuchten, zumindest aber in Kauf genommenen Nähe zum eigenen Tod kulminiert das von ihm ausgehende Handlungspostulat. Die existentielle Wucht seines Vorbilds soll bewerkstelligen, was Appelle an das Interesse, die gute Sache oder die Vernunft allein nicht vermögen: die Nachgeborenen dazu bewegen, den eigenen Überlebenswillen ebenfalls hintanzustellen und sich genauso rückhaltlos einzusetzen wie er. Doch auch im heroischen Totenkult überlagern sich identifikatorische Nachahmungsforderungen mit kompensatorischen Distanzierungsimpulsen. Was Opferbereitschaft mobilisieren soll, entlastet zugleich von der Zumutung, es den Verblichenen tatsächlich nachzutun. Gewiss verneigen sich die Lebenden vor den Gefallenen in aufrichtiger Trauer und Bewunderung und geloben, ihr Opfer sei nicht vergeblich gewesen, aber mit derselben Geste halten sie sich auch die davon ausgehenden moralischen Ansprüche vom Leib. Diese Messlatte hängt einfach zu hoch: »Wenn man den Tod wählen muss, um Ungerechtigkeit zu bekämpfen, werden die meisten es uns verzeihen, wenn wir zu Hause bleiben.«[43] Wie jede Begräbnisfeier manifestiert der Kult um die toten Helden nicht zuletzt die Erleichterung der Hinterbliebenen, noch am Leben zu sein, und ihren Willen, alles zu tun, dass dies auch so bleibt.

Opfer zu bringen bedeutet, auf mögliche Lebensfreuden zu verzichten. Heldentum ist ohne Lustverachtung nicht zu haben, findet in ihr aber auch seine Grenze. Eine überzogene Opferbereitschaft führt sich selbst *ad absurdum*: »Im ›puren‹ Heroismus ist etwas so tief Lächerliches wie im ›puren‹ Hedonismus«, heißt es bei Max Scheler. »Eine Welt, die um der Heroen willen da wäre, würde fordern, daß der Weltgrund selbst die Wesen so lange quäle, bis sie ihren ›Heroismus‹ dartun können. Ihre Besten wären a priori immer auch ihre Märtyrer, ihre Gequältesten. Aber eben diese Welt *verdiente* samt ihres (quälenden) ›Gottes‹ keine Heroen. Der Heros ist nur so lange sinnvoll, als er in einer Sphäre, die über seine Leiden noch *hinaus*reicht, ein Glückseliger ist. Der ›absolute‹ Heros ist kein Heros mehr – er ist ein Narr, oder ein Kranker, der an Algophilie leidet.«[44] Das heroische Ethos fordert, den Tod nicht zu scheuen, aber es verbietet, ihn zu suchen. Zumindest für Soldaten gilt: Weil ihr Leben nicht ihnen selbst gehört, dürfen sie es nur aufs Spiel setzen, wenn ein Befehl es verlangt. Mit entblößter Brust in gezückte Schwerter hineinzurennen, ist keine Heldenpose, sondern Wehrkraftzersetzung.[45] Wer unbedingt sterben will, gehört vors Kriegsgericht oder in die Militärpsychiatrie. Das heroische Selbstopfer ist alles andere als ein souveräner Akt, es ist der Gipfel an Heteronomie.

Generell sprechen Heldennarrative vom Opfer in der Bedeutung von *sacrifice* statt von *victim* und unterlegen dem Tod damit einen Sinn, der das individuelle Leben transzendiert. Die Bereitschaft zum Selbstopfer ist eine Forderung an prospektive Helden, solange sie leben, und danach eine Rechtfertigung ihres Todes. Ein *sacrifice* soll man erbringen, zum *victim* wird man gemacht; Helden sind Täter, Opfern wird etwas angetan. Der heroische Appell, das Leben als »der Güter höchstes nicht«[46] anzusehen und es deshalb aufs Spiel zu setzen, mag auf alle und jeden Einzelnen ausgeweitet werden – so in totalitären Regimen –, ausgenommen davon bleiben allerdings diejenigen, die selbst als Gruppe verfolgt und viktimisiert werden. Als Helden kommen sie schon deshalb nicht in Frage, weil die Schergen nicht nur ihre physische Existenz auslöschen, sondern sie auch ihrer Individualität berauben und damit dehumanisieren. Die Opfer von Makroverbrechen »sind nicht einzigartig und ohnegleichen wie der Held, sie sind nur ein Fall einer Kategorie und die schiere Zugehörigkeit zu dieser Kategorie war Anlass für die Viktimisierung«.[47]

Opfer im Sinne von *victims* fordern nicht zuletzt die Taten des Helden selbst, und das nicht nur unter den Feinden, die er vernichtet: »[E]s sterben auch Freunde, Anhänger. Die meisten bleiben namenlos. Alles Licht fällt auf den einen. Und wenn er stürzt, reißt er oft viele mit sich hinab, zum größeren Ruhm seines Endes.«[48] In zeitgenössischen Memorialdiskursen ist die Position der Helden deshalb problematisch geworden, ihre Triumphe haben sich allzu oft bei genauerem Hinsehen als Untaten entpuppt. Daraus folgen zwei komplementäre Strategien öffentlichen Gedenkens: Auf der einen Seite versucht man das moralische Problem zu entschärfen, indem man das Tun der Helden hinter ihrem gewaltsamen Tod verschwinden lässt, sie selbst den Opfern – einer mörderischen Epoche, eines verbrecherischen Regimes – zuschlägt und damit pauschal exkulpiert. Wenn alle unterschiedslos betrauert werden, gibt es zwar keine Helden mehr, aber eben auch keine Täter. Auf der anderen Seite rücken die in ihrem Leiden jeglicher Schuld und Mittäterschaft unverdächtigen »reinen« Opfer ins Zentrum kollektiver Erinnerung. Gedenkstätten ersetzen daher Heldendenkmäler. Für beide Strategien gilt, dass der Bezug auf die Vergangenheit nicht mimetisch, sondern kathartisch ist. Während Beschwörungen heroischer Opferbereitschaft auf Nachahmung abzielen, lebt das postheroische Opfergedenken »von der Distanzierung und der Bewältigung, nicht von Traditionsverpflichtung und dem Kontinuitätsgebot«.[49] Je weniger die Zumutungen eines *sacrifice* noch rechtfertigbar und erträglich erscheinen, desto ausgeprägter die Sakralisierung der *victims*.

Tragik

Wer handelt, macht sich schuldig. Mit der Zuschreibung von Handlungsmacht geht deshalb die der Handlungsverantwortung einher. Helden setzen sich nicht nur über Restriktionen ihres Tuns hinweg, sondern stehen auch zu ihren Taten. Eher nehmen sie schwerste Strafen hin, als ihre Täterschaft zu relativieren. Vorbehalte mangelnder Zurechnungsfähigkeit, des Nichtwissens, der Berufung auf höhere Instanzen lassen sie nicht gelten. »Die selbständige Gediegenheit und Totalität des heroischen Charakters will die Schuld nicht teilen und weiß von diesem Gegensatz der subjektiven Absichten und der objektiven Tat und ihrer Folgen nichts«, kommentiert Hegel diesen Monopolanspruch, der modernen Moralvorstellungen diametral widerspricht.[50] Der Held ist nicht nur eine triumphierende, sondern auch eine tragische Gestalt, seine Autonomie und seine Heteronomie liegen dicht beieinander. Der Souveränität des triumphierenden steht die Ausgesetztheit des tragischen Helden gegenüber, den Erzählungen über die Glorie des einen entsprechen die Dramen über das Unglück des anderen.[51]

Tragische Helden verfügen gerade nicht über sich, sie verzweifeln an ihrer Mission und werden unschuldig schuldig. Frei sind sie nur darin, ihr Fatum anzunehmen und das zu exekutieren, notfalls um den Preis der Selbstvernichtung, was eine höhere Macht von ihnen verlangt. Sie mögen mit ihrem Schicksal hadern, entgehen können sie ihm nicht. Wenn sie sich über ein Gesetz hinwegsetzen, tun sie es aus Gehorsam gegenüber einem anderen. Größe demonstrieren sie weniger durch ihre Taten als durch ihre Einsicht in die Unausweichlichkeit des Frevels und ihre Bereitschaft, sehenden Auges unterzugehen. Außerordentlich sind nicht die Herausforderungen, die sie überwinden müssen, sondern die Katastrophen, denen sie ausgesetzt sind. Werden siegreiche Heroen für ihre Machtfülle und Tatkraft bewundert und verehrt, so wecken ihre tragischen Gegenspieler Empathie und Schaudern angesichts ihres ohnmächtigen Verstricktseins. Statt zur Nachahmung anzuhalten, affizieren sie ihr Publikum, indem sie es einem Wechselbad von Identifikation und Erschrecken, Hoffnung und Verzweiflung unterziehen und ihm durch die Intensität des Miterlebens zu emotionalem Ausgleich und moralischer Läuterung verhelfen. Im Scheitern des Helden sollen die Menschen ihre eigene Begrenztheit erkennen und sich den Mächten des Schicksals unterwerfen. So zumindest die Tragödientheorie seit Aristoteles.

Mögen solche Deutungen, in denen poetologische und ethische Überlegungen noch zusammenfallen, für heutige Ohren anachronistisch klingen, so sind auch moderne, individualistische Auffassungen des Heroischen tragisch imprägniert: »Ein Individuum zu sein bedeutet«, schreibt Josef Früchtl im Anschluss an Friedrich Nietzsche, »das Leiden daran zu bejahen, daß man nicht in einem Allgemeinen ›aufgehoben‹ ist. Daher ist es gleichbedeutend damit, ein Held zu sein. Helden überwinden ihre Angst, sie schrecken nicht vor dem Leiden zurück. Das Tragische ist die ihnen angemessene Existenz. Die Austreibung der Tragik aus dem Leben bedeutet folgerecht die Abschaffung der Helden.«[52]

Triumphierender und tragischer Held sind komplementäre Modelle, tauchen aber auch als unterschiedliche Entwicklungsphasen ein und derselben heroischen Figur auf, und zwar sowohl als Narrative von Aufstieg und Fall als auch umgekehrt von Ruin und Resurrektion. Ohnehin finden sich in den meisten Heldengeschichten Spuren des Tragischen, schon weil Heroen ohne jede Konfrontation mit Scheitern und Schuld beziehungsweise ohne die Neigung zur Hybris allzu glatt und bieder erscheinen würden. Charismatisch aufladen lassen sich die triumphierenden Helden ebenso wie die tragischen. Auch die Vollstreckung des Fatums ist eine Form der Bewährung, selbst wenn darin Autonomie und Handlungsmacht suspendiert sind und die Sache am Ende nicht gut ausgeht. Der Triumphator versammelt zwar mehr Getreue um sich, stärker bewegt wird das Publikum aber durch den Tragöden. Verkörpert der eine die Seite des Vorbildhaften und Bewundernswerten, steht der andere für die Zumutungen des Heroischen. Dem Siegreichen fliegen die Massen zu, der tragische Held dagegen ist einsam, und nicht zuletzt sein Alleinsein verleiht ihm die Aura des Erhabenen.

Mit Pathos gesättigt sind dagegen beide Typen, und beiden mangelt es gleichermaßen an Ironie, jener pathoszersetzenden Doppelbödigkeit, die geradezu als Index des Aheroischen und Antiheroischen gelten kann. Selbstverständlich gibt es auch ironische Heldengeschichten, die bekannteste ist Miguel de Cervantes' *Don Quichote*, aber ihr Grundimpuls ist deheroisierend. Sie leben davon, ihre Protagonisten zu entzaubern. Diesen selbst liegt Ironie fern. Wenn ein zeitgenössischer Autokrat wie Wladimir Putin sich in Heldenpose ablichten lässt und sein Konterfei dann millionenfach Kaffeetassen, T-Shirts oder Maus-Pads verunziert, ist das keine augenzwinkernde Dekonstruktion seiner Herrschaft, sondern ein Ausdruck davon, dass Patriotismus sich bestens mit Popkultur verträgt und die Unterschiede zwischen Personenkult und Merchandising verschwimmen.[53] Wer keinen Spaß versteht, macht sich angreifbar; souverän ist, wer entscheiden kann, wo der Spaß aufhört.

Ähnlich wie mit der Ironie verhält es sich mit dem Humor, auch er ist Gift fürs Heldenpathos. »Das Vergnügliche hat gewöhnlich weniger vom Heroischen«, heißt es bei Cervantes' Zeitgenossen Baltasar Gracián.[54] Heldentum ist oft ein tragisches, aber immer ein ernstes Geschäft. Authentizitäts- und Unmittelbarkeitszwang verbieten Rollendistanz. Ein Held darf witzig sein, aber niemals lächerlich. Als rhetorische Waffe mag er den Witz einsetzen, um seine Gegner bloßzustellen, über ihn selbst sollten freilich keine gemacht werden. Komisch sind Helden allenfalls unfreiwillig. Sobald man über sie lacht, zerfällt ihr Nimbus. Übrig bleiben Darsteller, die ihre Rolle dilettantisch spielen. Dass Helden selbst lachen oder weinen, kommt dagegen vor, auch wenn der ekstatische Zug dieser Gefühlsbewegungen sie einer willentlichen Kontrolle entzieht.[55] Sie markieren eine Grenze heroischer Handlungsmacht. Wer lachen oder weinen muss, ist in diesem Augenblick nicht mehr Herr seiner selbst; aber nur wer die Kontrolle verliert, kann sie auch zurückgewinnen. Als heldenhaft erscheinen deshalb weniger das Lachen und Weinen selbst als die Fähigkeit, die eigenen Gefühle wieder in den Griff zu bekommen.

Bedürftigkeit und Eigensinn des Körpers unterminieren, wie Henri Bergson bemerkt, auch sonst das Pathos des tragischen Heros: »Daher müht sich der tragische Dichter, alles zu vermeiden, was unsere Aufmerksamkeit auf die Materialität seines Helden lenken könnte. Sobald die Sorge um den Körper dazukommt, ist ein Einsickern des Komischen zu befürchten. Deshalb trinken und essen die Helden der Tragödie nicht. Ja, wenn möglich, setzen sie sich auch nicht. Sich mitten in einer pathetischen Rede setzen, hieße sich daran erinnern, daß man einen Körper hat. [...] Nichts macht einer tragischen Szene besser ein Ende; wenn man sitzt, wird es sofort Komödie.«[56]

Moralische Affektion

Heldenverehrung gründet weniger in Einsicht als in einer Emotion. Helden bewegen. Ihre Geschichten wecken Leidenschaften und fordern zum Urteil heraus. Deshalb eignen sie sich als Exempel. Moralische Forderungen müssen affizieren, wenn sie Wirkung entfalten sollen. Mehr als rationale Argumente, allgemeine Vorschriften und Belehrungen vermögen dies Beispiele individueller Bewährung. Sie erklären nicht nur, was man tun und lassen soll, sondern zeigen auch, wie man das schafft, welche Schwierigkeiten dabei zu überwinden und welche Opfer zu bringen sind. Nicht jede bewegende Geschichte rührt an moralische Urteile, Heldengeschichten tun es. Bewundern mag man auch den virtuosen Künstler, den erfolgreichen Geschäftsmann oder sogar den geschickten Dieb; zum Helden wird der Bewunderte erst, wenn die außerordentliche Leistung sich mit selbstlosem Einsatz für ein höheres Ziel verbindet.

Gleichwohl impliziert die vom Helden ausgehende Affektion keine Bewertung seiner Gesamtpersönlichkeit. Affizieren kann sowohl lebenslange Größe als auch der eine außerordentliche Augenblick einer ansonsten unauffälligen oder gar zweifelhaften Existenz. Es gibt Geschichten über Heldenkarrieren, in denen sich das Heroische in einer einzigen Situation verdichtet. Entscheidend ist die Intensität der Gefühle, nicht der makellose Lebenslauf der Person, die sie bewirkt. Ähnlich dem Zustand des Verliebtseins fahnden wir nach Helden, weil wir den Erregungszustand suchen, in den sie uns versetzen. Die Affizierung durch den »Ausdruck eines starken Strebens« lässt uns selbst stärker mitschwingen, »und so genießen wir in jedem Athleten zugleich unsere eigene Kraft, in jedem König befriedigt sich unser eigenes Machtbedürfnis, in jedem Entdecker und produktiven Menschen zugleich unser eigener Schaffensdrang«.[57]

Emotionen haftet etwas Unwillkürliches an; man wird von Tränen überwältigt, kann vor Begeisterung nicht an sich halten oder erstarrt in Ehrfurcht. Gleichwohl sind sie Produkte kultureller Bearbeitung. Weil es weder anthropologisch vorgegeben noch bloßer Zufall ist, welche Eindrücke welche Gefühle auslösen, lässt sich darauf Einfluss nehmen. Heroische Narrative managen Affekte, und sie tun dies paradoxerweise, indem sie die Heldengestalten mit einer Aura unmittelbarer Präsenz ausstatten. Affizierung bedeutet Energieübertragung, deshalb werden das Auftreten von Helden und ihre charismatische Wirkung häufig mit Feuermetaphern umschrieben. »Ich habe gesagt, der große Mensch wäre immer gleich einem Blitz vom Himmel«, heißt es in Thomas Carlyles Vorlesungen *On Heroes and Hero Worship and the Heroic in History*, »die übrigen Menschen warteten auf ihn wie auf Zündstoff, und dann pflegten auch sie in Flammen aufzugehen«.[58] Nietzsche, kein Anhänger Carlyles, aber wie dieser ein Freund von Pathosformeln, sekundiert, große Männer seien ebenso »wie grosse Zeiten Explosiv-Stoffe, in denen eine ungeheure Kraft aufgehäuft ist; ihre Voraussetzung ist immer, historisch und physiologisch, dass lange auf sie hin gesammelt, gehäuft, gespart und bewahrt worden ist, – dass lange keine Explosion stattfand«.[59] Ambivalente Bilder: Feuer wie Dynamit stehen für Leidenschaft, aber auch für Gefahr. Gebändigt sind sie dem Menschen nützlich, unkontrolliert der Inbegriff reiner Zerstörung. Heldengeschichten sollen beides leisten, den Enthusiasmus der Menschen wecken und zugleich ihre so freiwerdenden Kräfte auf die richtigen Ziele lenken. Der Prometheus-Mythos erinnert daran, welche Risiken dies mit sich bringt.

In psychologischer Perspektive verkörpern Heldenfiguren ein widersprüchliches Ideal-Ich. Wie alle Ideale fungieren sie gleichermaßen als Attraktoren wie Abstandhalter. Ihre Bindungskraft entfaltet sich zwischen den Polen von Ansteckung und Immunisierung. Narzisstische Bestätigung und narzisstische Kränkung sind darin untrennbar verbunden, die eine ist nicht ohne die andere zu haben. Einerseits ziehen Helden Aufmerksamkeit und Bewunderung auf sich, man spricht ihnen Charisma zu, und sie liefern ihren Anhängern Modelle vorbildhaften Verhaltens. Andererseits dienen sie als kompensatorische Projektionen. So wie sie wäre man vielleicht selbst gern und ist doch auch erleichtert, es nicht zu sein. Oder die Identifikation mit Helden hilft einfach, aus einem öden Alltag in abenteuerliche Welten abzutauchen wie Walter Mitty in James Thurbers Kurzgeschichte, der sich eine öde Einkaufsfahrt mit seiner recht dominanten Ehefrau dadurch erträglicher macht, dass er sich nacheinander in die Rollen eines Flugzeug-Commanders, eines Chirurgen, eines Meisterschützen, eines Bomberpiloten sowie eines »aufrecht und reglos, stolz und verächtlich« vor das Erschießungspeloton tretenden Hinrichtungskandidaten hineinimaginiert.[60]

Helden faszinieren allerdings nicht nur, indem sie begeistern, sondern auch, indem sie verstören. Vor allem tote Heroen entfalten eine gespenstische Präsenz. Ihnen Ehre zu erweisen und ihr Sterben zu verklären, dient nicht zuletzt dazu, die Geister zu beschwichtigen. Heroisierung ist insofern immer auch Abwehrzauber. Wenn die Abenteuer der Gefallenen besungen und ihnen Denkmäler gesetzt werden, soll das die Bedrohung bannen, die von den Grenzen verletzenden, oftmals gewalttätigen, in jedem Fall aber das Normalmaß übersteigenden Gestalten ausgeht.[61] Ein mächtiger Affekt ist das Ressentiment: Dauerndes Aufschauen erzeugt Nackenstarre und vor allem unbändige Wut. Mag sein, dass die Kleinen im bewundernden und verehrenden Blick auf die Großen selbst ein wenig größer zu werden hoffen, aber genauso stark ist ihr Impuls, die Helden vom Sockel zu stoßen und sich an ihrem Fall zu ergötzen.

Folgt man den klassischen Verhaltenslehren des Heroischen, so gewinnt ein Held moralische Dignität nicht allein durch sein aufopferungsvolles Handeln und dessen Resultate, sondern mindestens ebenso sehr durch die Reinheit seines Motivs. Er darf mit seinen Taten alle möglichen Ziele verfolgen, nur nicht das eine: durch sie zum Helden zu werden. »Ein Held kann man nur sein, aber nicht sein *wollen*.«[62] Spürt das Publikum die Absicht, ist es verstimmt; wittert es Interessen, schöpft es Verdacht. Arglosigkeit ist deshalb nicht die geringste heroische Tugend. Ruhmsucht untergräbt wahres Heldentum. Das Streben nach Glorie mag als nachgeordnetes Movens mitlaufen, in den Vordergrund drängen darf es sich nicht. Am besten ist, wenn der Held gar nicht merkt, dass er einer ist.[63] Uneigennützigkeit ist sein Signum, den Ruhm verleihen ihm die anderen. Das Attribut »heroisch« funktioniert nur als Fremdzuschreibung. »Held« ist kein Titel, den man sich selbst verleihen kann.

Diese Zurückhaltung gegenüber heroischen Selbstinszenierungen kommt keineswegs erst mit den antiaristokratischen Affekten der bürgerlichen Ära auf. Bereits im 17. Jahrhundert warnte der weltkluge Jesuit Gracián die eitlen Höflinge seiner Zeit, offensiv die Pose des Helden einzunehmen, sei der sicherste Weg, sich lächerlich zu machen: »Jede Gabe, jeden Glanz, jede Vollkommenheit soll in sich einfassen ein Held, aber zur Schau stellen keine. Affektiertheit ist der Ballast der Größe. [...] Die Vollkommenheit muss in sich sein, das Lob in den anderen. Und es ist verdiente Strafe, wenn den, der törichterweise an sich selbst er-

innert, die anderen unauffällig der Vergessenheit überant-
worten.«[64] Selbstlos sein sollten erst recht die proletarischen
Arbeitshelden, die von der Partei nicht für ihren individuellen Ehrgeiz, sondern für ihren Beitrag zum Aufbau des Sozialismus ausgezeichnet wurden.

Die Abwertung von Selbstlob und Eigennutz beruht weniger auf einer Ethik der Bescheidenheit als auf einer Strategie der Distinktion durch Verknappung: Egoismus gilt als
Normalfall, deshalb müssen sich die heroischen Ausnahmegestalten davon absetzen. Wenn alle ihre eigenen Interessen
verfolgen, ist exzeptionell nur der Altruist. Vor allem aber
dient die Tabuisierung von Eitelkeit und Nutzenmaximierung dazu, die Frage nach dem Wozu aus der Reflexion über
das Heroische zu verbannen. Würde der Held selbst allzu
tief nach seinen Beweggründen graben, müsste er Hand-
lungsunfähigkeit befürchten; würde sein Publikum genauer
hinschauen, drohte Entzauberung.

Verpflichtet sein soll er einzig der seinen Einsatz fordernden und seines Opfers würdigen Sache. Darunter lässt sich
freilich vieles verbuchen: Ob das Niedermetzeln vermeintlicher Feinde oder die Verweigerung des Kriegsdienstes, ob
die Wahrung oder der Verrat eines Geheimnisses zur Heldentat geadelt werden, das hängt vom moralischen Koordi-
natensystem ab, in dem das Handeln beurteilt wird. Helden
sind so gegensätzlich wie die Werte, als deren mustergültige
Verkörperungen sie verehrt werden. Das Unbedingtheitspa-
thos, aus dem die Geschichten über sie ihre Orientierungs-
kraft beziehen, macht sie zugleich fragwürdig. Moralische
Anrufungen und die dazu in Anschlag gebrachten Vorbilder
sind generell polemogen, weil Kontroversen in diesem Register nur über Missachtung des Gegners ausgetragen werden können, dem die ethische Legitimation abgesprochen
wird. Was es heißt, das Rechte zu tun, und welchem Heros

man dazu nacheifern soll, das mag zwar der Einzelne für sich wissen, Konsens wird man darüber aber schwerlich erzielen. Deshalb ist Streit vorprogrammiert. Moralische Affektion schließt ein, dass die Geschichten moralische Grundsätze verletzen und gerade deshalb aufwühlen. Helden polarisieren auch emotional: Man mag die Protagonisten verehren oder hassen – nur gleichgültig kann man ihnen gegenüber nicht sein.

Heroische Narrative erzeugen energetische Felder, die alle, die in ihre Reichweite gelangen, auf den Heldenpol auszurichten versuchen. In den exzeptionellen Gestalten, von denen sie erzählen, werden die Einzelnen angerufen, sich nach ihrem Bilde oder zumindest in Auseinandersetzung mit ihnen zu formen. »Es gibt große Männer, damit noch größere werden mögen«, fasst Ralph Waldo Emerson diesen Veredelungsimpuls zusammen.[65] Das bedeutet nicht unbedingt, dass alle es den Heldenfiguren gleichtun müssen, sehr wohl aber, dass jede und jeder sich von deren supererogatorischem Handeln anspornen lassen sollen, wenigstens ein klein wenig über sich hinauszuwachsen.[66] Weil Helden affizieren, liefern sie Subjektivierungsmodelle. Sie bezeichnen ein *Telos*, nach dem die Individuen streben, einen *Habitus*, den sie inkorporieren, einen *Maßstab*, an dem sie ihr Tun und Lassen beurteilen, ein tägliches *Exerzitium*, mit dem sie an sich arbeiten, und einen *Wahrheitsgenerator*, in dem sie sich selbst erkennen sollen. Weil unterschiedliche Heldenangebote koexistieren und diese mit nichttheroischen Subjektanrufungen konkurrieren, überlagern sich die Kraftfelder, die auf die Einzelnen einwirken. Allerdings stehen die Adressaten von Heldengeschichten dem Formierungssog nicht passiv gegenüber. Sie mögen ihm nachgeben, sich gegen ihn aufbäumen oder ihn zu ignorieren versuchen, aber soweit und solange das Kraftfeld reicht, nötigt es dazu, sich zu ihm zu verhalten. Heroische Anrufungen provozieren deshalb immer auch konträre Subjektivierungen. Baudelaires heroischer Dandy ist nicht zuletzt ein Gegenentwurf zu den historisierenden Heldentümeleien seiner Epoche.

Der Affizierung entgehen auch jene nicht, die Heroismen generell für problematisch halten und dafür gute Gründe anführen – das vertikale Weltbild, die Affinität zur Gewalt, die kruden Geschlechterstereotype, die Verklärung des Opfers, um nur die wichtigsten anzuführen. Der antiheroische Affekt ist vielleicht noch stärker moralisch grundiert als sein Konterpart. Und dennoch: Würde man die Menschen fragen, so dürfte es kaum jemanden geben, der oder die nicht wenigstens eine Person benennen kann, zu der er oder sie bewundernd aufschaut und die ihm oder ihr uneingeschränkten Respekt abverlangt. Wer jeden persönlichen Helden leugnet, setzt sich dem Verdacht aus, sich selbst zum einzigen erkoren zu haben.

Ästhetische Inszenierung

Heroismen sind kulturelle Deutungsmuster, die nur so weit soziale Wirkung entfalten können, wie ihre elementaren Erzählstrukturen verstanden und ihre Handlungsmodelle umgesetzt werden. Alle Beteiligten müssen wissen, was von Helden und was von ihren Publika erwartet wird beziehungsweise zu erwarten ist. Das hat eine praxeologische Seite: kein Heldentum ohne *doing heroism*. Es muss klar sein, wenigstens in groben Zügen, was Helden tun sollen und was sie auf gar keinen Fall tun dürfen, in welchen Feldern sie sich bewähren, welchen Habitus sie an den Tag legen, welche Attribute sie benötigen, gegen welche Gegner sie kämpfen, wie sie zu ehren sind und auf welche Weise ihrer zu gedenken ist. Der Heldencode hat aber auch eine ästhetische Dimension: das Heroische als Inszenierung und Stil. Heldengeschichten und -darstellungen folgen erzählerischen und künstlerischen Konventionen, sie besitzen eine Affinität zu bestimmten Genres (Epos, Tragödie, Western) und medialen Formaten (Comic-Heft, Film, Oper, Denkmal), während sie sich von anderen fernhalten. Es gibt heroische Tonarten (Es-Dur) und Instrumente (Trompete, Posaune), Bildmotive (Reiterporträt) und Rollenfächer (Jugendlicher Held), Dresscodes (der Frack sei »die Schale des modernen Helden«, schreibt Baudelaire[67]) beziehungsweise einen Undressedcode (antike beziehungsweise antikisierte Helden in Skulptur und Malerei erkennt man an ihrer Nacktheit). Der Ruhm des Helden braucht einen Poeten, der ihn besingt, oder einen YouTube-Clip, der ihn in Aktion zeigt. Sein Glanz ist nicht nur ein literarischer Topos,[68] sondern auch ein Effekt von Beleuchtungstechniken. Auf die ästhetische Konstitution des Heroischen zielt die lapidare Definition des Filmkritikers Robert Warshow: »Ein Held ist jemand, der wie ein Held aussieht«[69] – ein Heldendarsteller. Nur deshalb erkennt man ihn sofort.

Dass der Held ein Schauspieler ist,[70] stellt keinen Widerspruch zur von ihm geforderten Arglosigkeit und Tabuisierung heroischer Ambitionen dar. Was immer sein Handeln antreibt, er muss nicht nur das Richtige tun, sondern das Richtige in der richtigen Weise. Die moralische und die ästhetische Dimension des Heroischen mögen sich wechselseitig irritieren, ganz voneinander trennen lassen sie sich nicht. Virtuosität braucht es in beiden Registern. Helden affizieren sowohl moralisch als auch ästhetisch; bewundert werden ihr aufopferungsvoller Mut und ihre exzellente Performance. Ein bloßer Heldenposer wäre gleichermaßen ein fragwürdiges Vorbild und ein schlechter Darsteller, aber auch wer nicht mit heroischen Tugenden glänzen kann, kann es zum Helden bringen, wenn er sich nur entsprechend zu inszenieren weiß. »[W]enn nicht unendlich sein, so doch scheinen«, ist nach Gracián die »erste Regel für Größe«.[71]

Die Trennung zwischen den bloß metaphorisch als Helden titulierten Protagonisten im Theater, Kino und in der Literatur auf der einen und den Helden im engeren Sinne auf der anderen Seite lässt sich deshalb nicht durchhalten. Wer immer für einen Helden gehalten wird, spielt eine Hauptrolle, und sei es die des verborgenen oder verkannten Heros. Umgekehrt werden Hauptdarsteller allein durch das Gewicht ihrer Rolle heroisch aufgeladen, selbst wenn das Skript ihnen ansonsten wenig Gelegenheit zu heldenhafter Bewährung einräumt. Unscharf ist auch die Abgrenzung zwischen historischen und fiktionalen Helden. Es ist zwar keineswegs gleichgültig, ob es sich um Gestalten künstlerischer Einbildungskraft oder um lebende oder verstorbene Menschen aus Fleisch und Blut handelt; und es wäre kindisch, die Differenzen im ontologischen Status von Achill und Alexander, Superman und den Feuerwehrmännern von Ground Zero zu leugnen. Aber auch quellengesättigte historisch-kritische Dokumentationen müssen die Fakten kunstvoll zu einer Erzählung zusammenfügen, während die phantastische Literatur sich dokumentarischer Verfahren bedient, um Immersionseffekte zu erzielen. Die Geschichten unterscheiden sich vielleicht im Hinblick auf den Realismus der Darstellung und die rhetorischen Strategien der Plausibilisierung; um Inszenierungen handelt es sich in beiden Fällen.

Mythos

Heldengeschichten folgen einer mythischen Erzähllogik, die Geschehen als Tun auslegt und damit Kausalität an ein tätiges Subjekt bindet.[72] Sie generieren Sinn und reduzieren Komplexität durch die Unterstellung von Intentionalität. Den »Absolutismus der Wirklichkeit« kontern sie mit »Handlungs- und Bewirkbarkeitssuggestionen«.[73] Das gilt nicht nur für die Heldentaten selbst, sondern auch für die Ereignisse, von denen jene angestoßen werden. Das Schicksal, das den prospektiven Heros zur Tat drängt, wird daher oftmals dem Wirken höherer Mächte zugeschrieben. Wenn alles, was geschieht, auf absichtsvolles Handeln zurückzuführen ist, muss auch alles einen Anfang haben. Dieser liegt freilich im Dunkeln. Heldengeschichten präsentieren Ursprungsfiktionen und liefern so narrativ jene Gründungs- und Begründungsfiguren, mit denen soziale Ordnungen ihre Grundlosigkeit unsichtbar halten. Die Vorstellung eines demiurgischen Subjekts, das die Geschichte (als historischen Prozess und als Narration) in Gang setzt und hält, ist selbst schon ein heroisierendes Motiv, das Orientierung vermittelt, indem es anstelle blinden Zufalls eine Verkettung von Ursachen und Wirkungen postuliert. Es gilt nicht nur, dass von Helden erzählt werden muss, sondern auch, dass einprägsame Erzählungen Helden brauchen.

Gleichzeitig dürfen die Geschichten nicht *alles* erklären, sollen sie affizieren und die Aufmerksamkeit der Zuhörer oder Leser binden. Die unterstellten Kausalitäten müssen gewissermaßen Lücken lassen. Nur wenn der Ausgang der Geschichte oder zumindest die Details ihres Verlaufs nicht von vornherein absehbar sind, kann sich die Größe des Helden zeigen. Würde er das Geschehen uneingeschränkt überblicken und vollständig beherrschen, lohnte es sich nicht, davon zu erzählen. »Deshalb kann man sagen, im Kern jeder guten Geschichte sei ein Rätsel verschlossen. Auch wenn sich am Ende die Handlung schließt und das Rätsel auflöst, ist die Bewegung ins Ungewisse für den Rezeptionsvorgang selbst konstitutiv und wiederholt sich sogar bei mehrfachem Hören oder Lesen.«[74] Heldenmythen berichten, wie ihre Protagonisten Herausforderungen meistern und sich in Gefahr begeben. Herausforderungen fordern allerdings nur dann heraus, wenn man an ihnen scheitern kann, Gefahren sind nur dann gefährlich, wenn man in ihnen umkommen kann. Um heroische Taten als solche kenntlich zu machen, müssen die Geschichten deshalb die Möglichkeit von Versagen und Untergang präsent halten. Aus dieser narrativ erzeugten Offenheit resultiert nicht zuletzt die Anthropomorphie fiktionaler Helden, welche äußere Gestalt auch immer sie erhalten.

Die heroenaffine Akteurszentrierung ist bereits in der sprachlichen Struktur angelegt. So werden in vielen Sprachen »*plot* und ›Handlung‹ – als Tun von Akteuren – mit demselben Wort bezeichnet«, und die Vermutung liegt nahe, »dass Erzählungen grammatikalische Dispositionen, in diesem Fall: die Subjekt-Prädikat-Struktur indoeuropäischer Sprachen, auf semantischer Ebene durchspielen und in narrative Größenverhältnisse hochkopieren. Was immer in die Position eines grammatikalischen Satzsubjekts rückt, kann in einem narrativen Syntagma die Heldenrolle einnehmen.«[75] Es ist somit alles andere als ein semantisches Missgeschick, dass man Protagonisten auch Helden nennt, selbst wenn ihnen ansonsten keine heroischen Attribute zukommen. Das Subjekt des Satzes und das der Geschichte gehen ineinander über.

Inwiefern Heldenkonstruktionen den immanenten Zwängen des Erzählens beziehungsweise den Regeln sprachlicher

Kommunikation geschuldet sind, inwiefern sie auf elementare Erfahrungen von Unsicherheit und Ohnmacht antworten und diese narrativ bearbeiten, um sie so erträglicher zu machen, oder inwiefern sie die Schrecken erst erzeugen, für die sie dann Linderung qua Sinnstiftung anbieten,[76] das lässt sich schwerlich entscheiden. Vermutlich treffen alle diese Annahmen zu. Mythen haben mehr als nur einen Ursprung, sie erzählen unterschiedliche Geschichten und erfüllen vielfältige Funktionen. Heldenmythen zeichnen sich einerseits aus durch verbindliche narrative Konventionen, die Erwartungssicherheit gewährleisten. Andererseits sind die *hero patterns*, wie sie etwa die Märchen- und Mythenforschung identifiziert hat,[77] flexibel genug, um immer neue Geschichten zu generieren. Redundanz ermöglicht hier unaufhörliche Variation. Die elementaren Sequenzen bleiben konstant, »aber erzählt werden stets Einzelgeschichten, in die sich vielfältige Abweichungen vom erzählerischen Generalschema eintragen lassen«.[78]

Diese Polysemie verkennen psychologisierende Deutungen, die Heldenmythen als Individuationsgeschichten interpretieren, in denen modellhaft die Bewältigung jener Entwicklungsaufgaben verhandelt werde, denen sich jeder Mensch in seinem Lebenszyklus gegenübersehe. »Arbeit am Mythos« fällt hier zusammen mit Arbeit an sich. Exemplarisch dafür steht das 1949 erschienene Buch *Der Heros in tausend Gestalten* des Mythenforschers Joseph Campbell, der in einer erhaben raunenden Mischung aus Jungscher Archetypenlehre und synkretistischer Selbsterlösungsreligion den Helden zum »universalen Menschen« verklärt: »Seine Visionen, Ideen und Eingebungen kommen unverdorben von den Urquellen menschlichen Lebens und Denkens. Daher sind sie beredt, und zwar nicht von der gegenwärtigen, sich auflösenden Gesellschaft und Seele, sondern von der unberührten Quelle, aus der die Gesellschaft wiedergeboren wird. Als Mensch der Gegenwart ist der Held gestorben, als Mensch des Ewigen, als vollkommen gewordener, nicht auf Partikularitäten festgelegter universaler Mensch wird er wiedergeboren.«[79] Antiquiertheit wird in solchen Deutungen zur Voraussetzung von Identifikation. Gerade die unmöglich gewordene Zeitgenossenschaft der Heldenfiguren soll sie als anthropologisches Idealbild prädestinieren. Aus den Sagen, Märchen und Mythen unterschiedlicher Zeiten und Kulturen kondensiert Campbell einen »Monomythos«.[80] Heldengeschichten besitzen demnach die narrative Grundstruktur eines *rite de passage*. Sie erzählen von einer in ihren Grundelementen stets identischen Abenteuerfahrt, die den Protagonisten zutiefst verändert: »Der Heros verlässt die Welt des gemeinen Tages und sucht einen Bereich übernatürlicher Wunder auf, besteht dort fabelartige Mächte und erringt einen entscheidenden Sieg, dann kehrt er mit der Kraft, seine Mitmenschen mit Segnungen zu versehen, von seiner geheimnisvollen Fahrt zurück.«[81] Der Mythenforscher erweist sich damit selbst als erfolgreicher Mythenproduzent. Mit seiner »Heldenreise« präsentiert er eine vermeintlich universelle Erzählung, die das Heroische als Subjektivierungsauftrag und spirituelles Therapeutikum in Dienst nimmt. Jeder soll demnach zum Helden werden können, allerdings nur, wenn er vom vorgezeichneten monomythischen Weg nicht abweicht.

Wie menschenfreundlich klingt demgegenüber Odo Marquards Lob der Polymythie: »Man muß viele Mythen – viele Geschichten – haben dürfen, darauf kommt es an; wer – zusammen mit allen anderen Menschen – nur einen Mythos – nur eine einzige Geschichte – hat und haben darf, ist schlimm dran. [...] Wer polymythisch – durch Leben und Erzählen – an vielen Geschichten teilnimmt, hat durch die jeweils eine Geschichte Freiheit von der jeweils anderen et vice versa und durch weitere Interferenzen vielfach über- kreuz; wer monomythisch – durch Leben und Erzählen – nur an einer einzigen Geschichte teilnehmen darf und muß, hat diese Freiheit nicht: Er ist ganz und gar – sozusagen durch eine monomythische Verstricktseinsgleichschaltung – mit Haut und Haaren von ihr besessen.«[82] Aufs Heroische ge- münzt: Wenn wir die Helden schon nicht ganz loswerden können, dann lebt es sich besser mit vielen als mit nur ei- nem. Konkurrenz hält sie klein – und belebt zugleich das Geschäft mit ihnen.

Pädagogik

Pädagogisch gesehen, sind Helden Entwicklungshelfer für den Nachwuchs. Kinder brauchen nicht nur Märchen, wie Bruno Bettelheim den Erziehungsrationalisten ins Stamm- buch schrieb,[83] sondern suchen und lieben auch Heldenge- schichten. Die Kinder- und Jugendliteratur ist voll davon. Ihre Protagonisten liefern Modelle sozial erwünschten Han- delns und fesseln durch ihre Abenteuer. Mit ihrem ungestü- men Tatendrang und ihrem normativen Rigorismus weisen sie einen Weg aus Ambivalenzkonflikten, ihr Mut hilft Ängste zu besiegen, ihre Ungebundenheit nährt das Auto- nomiestreben, ihr Rebellentum ermutigt zum Aufbegehren gegen Autoritäten und ihr kämpferischer Habitus sowie ih- re Stärke kompensieren Ohnmachtserfahrungen. Besonders die Adoleszenz ist eine Hochzeit für Größenphantasien – und für Heroen, auf die sie sich projizieren lassen. Folgt man der psychoanalytischen Entwicklungstheorie, so trägt die Identifikation mit Heldenfiguren maßgeblich zur psy- chischen Reifung bei. Das externe Ideal-Ich befördert den

Aufbau eines internen Ich-Ideals. Die Heldengeschichten ermöglichen, in der Phantasie jenen Narzissmus auszuagieren, ohne den die Heranwachsenden vor den sozialen Anforderungen kapitulieren müssten: »Die erneute Besetzung des Selbst, sogar dessen Überschätzung sind notwendig, um die Infragestellung der äußeren Welt wagen und die dadurch bedingte Verunsicherung ertragen zu können.«[84] Kurzum, wer als Kind keine Helden zum Identifizieren hat, bleibt infantil. Das ist die eine Seite.

Die andere ist, dass Heldengeschichten lehren, die Welt in Gut und Böse aufzuteilen, Konflikte gewaltsam zu lösen, Opfer zu erbringen und den bedingungslosen Einsatz für ein vermeintlich höheres Ziel dem Erhalt des Lebens vorzuziehen. Die heroisierende Blickrichtung ist Kindern ohnehin vertraut; zu den Großen aufschauen müssen sie den ganzen Tag. Wenn Pädagogen nach heroischen Vorbildern rufen, klingt das denn auch eher nach Wehrertüchtigung und moralischer Aufrüstung. Erziehung zur Mündigkeit geht anders. Problematisch ist freilich nicht nur die pädagogische Mobilmachung des Heroischen, sondern auch der jugendliche Heldenhunger. Sich selbst als Helden zu imaginieren, erscheint abermals in psychoanalytischer Perspektive als narzisstische Plombe, welche die nagenden Insuffizienzgefühle zwar unter Umständen versiegeln, nicht aber auflösen kann. Als Identifikationsobjekte müssen Helden entweder enttäuschen, weil ihre Geschichten Glaubwürdigkeitsprobleme aufwerfen, oder aber überfordern, weil niemand ihrem Vorbild entsprechen kann. Bestenfalls ähneln sie Übergangsobjekten, an denen man sich eine Zeit lang festklammert, die dann aber ihre emotionale Bedeutung einbüßen und schließlich wie andere Kindheitsschätze in einer Erinnerungskiste verstaut werden.[85] Kramt man sie später einmal hervor, wecken sie lediglich nostalgische Gefühle. Nicht zuletzt darauf beruht der Publikumserfolg von Superheldenfilmen: Mit ironischem Augenzwinkern genießen dreißigjährige Connaisseurs die Abenteuer jener dauerpubertierenden Kraftprotze, für die sie als Zwölfjährige schwärmten. Wer dagegen auch als Erwachsener noch ernsthaft den Heroen seiner Jugend anhängt, wirkt so infantil, wie diese damals schon waren.

Heldenpädagogik ist daher ein riskantes Geschäft: Entweder produziert sie rücksichtslose Egozentriker, die den Narzissmus ihrer Idole zu ihrem eigenen gemacht haben, oder resignierte Kleingeister, die an ihrem Ungenügen verzweifeln, den bewunderten Vorbildern nachzueifern, oder aber desillusionierte Zyniker, die sich von nichts und niemandem mehr beeindrucken lassen. Zum Glück krankt sie wie jede Erziehung an einem »Technologiedefizit«:[86] Intentionen und Effekte der pädagogischen Anstrengungen stehen in keinem Kausalitätsverhältnis zueinander. Kinder und Jugendliche sind keine Trivialmaschinen, die nur mit dem richtigen Input – Heldengeschichten – gefüttert werden müssen, um den gewünschten Output – Heldentaten – zu generieren. Ein Curriculum für angehende Heldinnen und Helden kann es schon deshalb nicht geben, weil Lehrpläne Standardanforderungen festlegen und das Außerordentliche sich nicht in Studien- und Prüfungsordnungen pressen lässt. Heroentum ist ein rares Ereignis, vielleicht eine soziale Rolle, aber sicher keine erlernbare Kompetenz. Ob jemand im entscheidenden Moment der Gefahr trotzen, den Kairos ergreifen, die rettende Tat vollbringen oder den Sieg erkämpfen wird, ist weder exakt prognostizierbar noch in Wahrscheinlichkeitskalküle zu überführen und erst recht kein Erfolg von Bildungsprogrammen. Das hindert Pädagogen freilich nicht daran, es immer wieder zu versuchen.

Die erzieherische Indienstnahme des Heroischen ist indes alles andere als harmlos. Ihre Exempel definieren Wertehorizonte, propagieren ein von Kampf, Opfer und Ehre geprägtes Ethos und unterstellen einen hierarchisch gegliederten Raum des Sozialen, in dem die einen zu führen berufen sind und die anderen zu folgen haben. Die erzieherischen Anrufungen übersetzen sich zwar nicht bruchlos in heroische Verhaltensdispositionen, sie verpuffen aber auch nicht ohne Rückstände, sondern hinterlassen Spuren auch bei jenen, die es am Ende selbst nicht zum Helden bringen. Ihre Wirkungen zeigen sich weniger im erfolgreichen Nacheifern der großen Männer als im Einüben der Gewissheit, an diese niemals heranzureichen. Das ist eine Kränkung, die nach affektiver Abfuhr und Sündenböcken geradezu ruft.

Typologien

Für sich genommen, mag jeder Held einzigartig sein, zum Mythos und gestalthaften Fokus einer Gemeinschaft kann er jedoch nur werden, wenn er etwas verkörpert, was über ihn selbst hinausweist. Mit anderen Worten: Zum Helden wird er als Typus, nicht als singuläre Gestalt. Dasselbe gilt für die unterschiedlichen Gegen-, Anti-, Nicht- und Nichtmehrhelden, an denen qua Negation die disparaten Momente des Heroischen hervortreten. Welche Figuren verdammt, verachtet, ignoriert oder verlacht werden, welche als schlechterdings unheroisierbar gelten, auch das gibt Aufschluss darüber, welche Aspekte des Heldentums in einer spezifischen historischen und kulturellen Konstellation besonders hervorgehoben werden.

Typologien stehen auf halber Strecke zwischen abstrakten Definitionen und konkreten Beispielen. Sie sind anschaulicher als reine Begriffsbestimmungen und vermeiden zugleich die begrenzte Verallgemeinerungsfähigkeit von Fallstudien. Definitionen bringen Phänomene auf einen Begriff, Typen hingegen gibt es stets im Plural. Ihre Anzahl ist anders als die der Exempel jedoch überschaubar. Ob sich sinnvollerweise fünf, acht oder zwölf Heldentypen unterscheiden lassen, darüber lässt sich trefflich streiten, aber eine Typologie mit hundert Varianten wäre nutzlos, wohingegen sich unendlich viele Heldengeschichten erzählen lassen. Brauchbare Definitionen vermeiden Redundanz, gute Geschichten leben vom Spiel zwischen Wiederholung und Abwandlung, Typologien stellen Idealtypen einander gegenüber. Ihr Status ist deshalb heuristisch. Sie beschreiben nicht die Wirklichkeit, sondern schlagen eine Perspektive vor, wie die Wirklichkeit beschrieben werden könnte. Sie machen ein Ordnungsangebot für ein bestimmtes Feld, in diesem Fall für das Feld des Außerordentlichen, müssen dafür aber von den Besonderheiten des konkreten Falls abstrahieren. Stattdessen entnehmen sie im Hinblick auf eine bestimmte Frageintention besonders charakteristische Elemente aus dem Material einer historisch-sozialen Konstellation und verdichten sie zu einem »in sich einheitlichen Gedankengebilde«.[87]

Für die Untersuchung von Heroismen und Heroisierungsprozessen erscheinen sie besonders geeignet, weil Typisierung hier der Logik des Gegenstands selbst entspricht. Deshalb wimmelt es in der Literatur von Heldentypologien: Den Anfang machte Thomas Carlyle mit seiner Unterscheidung des Helden als Gottheit, Prophet, Dichter, Priester, Schriftsteller und König.[88] Andere Klassifizierungen stellen aufeinander folgende historische Ausprägungen vom antiken Heros bis zum Helden der zeitgenössischen Massenkultur vor, heben auf disparate Bewährungsfelder – Krieg, Politik, Wissenschaft, Religion, Verbrechen, Sport, Alltag – beziehungsweise auf unterschiedliche Publika ab – Kinderheld, Volksheld, konfessioneller Held, Nationalheld, Revolutionsheld – oder differenzieren anhand von Genres und medialen Repräsentationsformen – epischer Held, Romanheld, Opernheld, Westernheld, Comicheld. Scott T. Allison und George R. Goethals, Mitbegründer der psychologischen *Heroism Science*, listen in Befragungen empirisch erhobene Eigenschaften von Heldenfiguren auf: »klug, stark, selbstlos, fürsorglich, charismatisch, widerstandsfähig, verantwortungsvoll, begeisternd«.[89] Der Sozialpsychologe Philip Zimbardo wiederum sortiert entlang vier polar angelegter analytischer Achsen: Gefahr für Leib und Leben versus soziales Risiko, aktiv-kämpferisches versus passiv-standhaltendes Engagement, Erhaltung von Leben versus Wahrung eines Ideals sowie dramatische Einzeltat versus langfristige Bewährung.[90]

Auch als Heuristiken bleiben all diese Heldentypologien indes theoretische Verlegenheitslösungen: Ihre Schemata sind reduktionistisch. Konstitutiv überfordert, geschichtliche Transformationen und kulturelle Übersetzungsprozesse zu fassen, mögen sie zwar auf der Zeitachse unterschiedliche Typen abtragen, können jedoch nicht beschreiben, wie und warum der eine Typus verschwindet und ein anderer aufkommt. Für Präfigurationen und die Persistenz des Unzeitgemäßen besitzen sie kein Sensorium, gegenüber Familienähnlichkeiten und Hybridbildungen überbetonen sie Differenzen und suggerieren zugleich eine Vollständigkeit und Systematik, die der Vielfalt heroischer Phänomene nicht gerecht wird. Auf ihren Tableaus hat alles seinen Platz, aber alles hat dort auch nur *einen* Platz. Was die Typologien antreibt – das epistemische Bedürfnis, die Exzeptionalität des Heroischen in Ordnungsrastern zu bändigen –, verhindert zugleich, dass genau das gelingt.

Historiografie

Die Geschichte der Heldengeschichten lässt sich in einer ersten Variante als Abfolge von Transformationen erzählen – andere Zeiten, andere Helden –, in einer zweiten als Übergang von heldenaffinen zu heldenarmen Epochen – heroische Vergangenheit, postheroische Gegenwart. Entweder erscheinen der Hunger nach und die Fabrikation von Helden als kulturelle Konstanten, mögen die heroisierten Gestalten und die Praktiken ihrer Verehrung sich auch noch so sehr wandeln, oder Heroismen werden der Signatur länger zurückliegender Zeitalter zugeschlagen, während sie in der Gegenwart keinen Platz mehr haben sollen. Wer Helden zu den »Urformen menschlicher Selbstdarstellung«[91] rechnet, wird sie in allen Kulturen finden; wer sie für Hervorbringungen einer archaischen »Heroenzeit«[92] oder einer ebenfalls verflossenen »heroischen Moderne«[93] hält, wird nur dort nach ihnen suchen. Während die einen auf den fortdauernden Bedarf an Helden abheben, die als positive Identifikationsfiguren fungieren oder als transgressive Störenfriede mittelbar zur normativen Integration beitragen, verweisen die anderen auf die Erosion derjenigen gesellschaftlichen Strukturen, die heroisches Handeln einstmals möglich machten.

Verbreitet ist daneben ein drittes Modell der Geschichte des Heroischen, die Vorstellung von Heroismen als Indikatoren und Bearbeitungsmechanismen von Krisen. Auf eine Kurzformel gebracht hat sie Brecht mit der seinem Galilei in den Mund gelegten Sentenz: »Unglücklich das Land, das Helden nötig hat.«[94] Heroische Narrative haben demnach Hochkonjunktur, wenn die soziale Ordnung durch Anomie im Innern und Feinde von außen bedroht erscheint oder, bezogen auf den Einzelnen, biografische Schwellen zu überschreiten und persönliche Herausforderungen zu bewältigen sind. Besonders dann braucht es Vorbilder, affektive Mobilmachung und dramatische Geschichten, die Gewalt und Opfer legitimieren. Laufen die Dinge dagegen in ruhigen Bahnen, werden Helden entbehrlich oder stören gar den Normalbetrieb. In dieser Perspektive erscheinen Heroismen nicht als überkommene Relikte, sondern als epochenübergreifende Strategie, um gesellschaftliche oder individuelle Dysfunktionalitäten zu korrigieren und/oder prekäre Herrschaftsverhältnisse zu befestigen. Helden sorgen für soziale Kohäsion und psychische Kohärenz, so das Argument, indem sie Verhaltensmodelle liefern, an denen Gruppen und Einzelne sich aus- und aufrichten oder auf die sie ihre Größenwünsche projizieren können. Heldennarrative sind eine Art kompensatorischer Zivilreligion, mal Opium des Volkes, dann wieder gouvernementales Aufputschmittel. Zweifellos trifft diese Deutung eine elementare Dimension von Heroisierungsprozessen, aber sie verkennt doch, dass die Orientierung an Helden auch desintegrierende Effekte zeitigen kann, ganz abgesehen davon, dass Integration selbst ein problematischer Bewertungsmaßstab ist. Eine – nicht zuletzt mittels politischer Heldenkulte – total mobilgemachte und gleichgeschaltete Gesellschaft wäre zugleich in höchstem Maße integriert. Heroismen bergen Risiken und Nebenwirkungen, und dass sie Funktionen erfüllen, vermag weder ihr Aufkommen noch ihre Persistenz hinreichend zu erklären.

Die erste Variante von Heldengeschichte handelt von der Unsterblichkeit der Heroen, die sich allenfalls neu kostümieren; die zweite berichtet vom Ende des Heroischen im Zuge gesellschaftlicher Differenzierung; die dritte entwirft ein Panorama wechselnder Haussen und Baissen, sie bindet das Schicksal der Helden an die Zyklen von Ausnahmezustand und Normalisierung. Für die erste stehen psychologisierende und sozialtheoretische Deutungen, die Heldenmythen und ihre Archetypen rekonstruieren und dabei die Notwendigkeit von Vorbildern für die Ich-Entwicklung oder die konstitutive Bedeutung des Außerordentlichen für soziale Ordnungen betonen. Auch die historistische Reduktion der Geschichtsschreibung auf Biografien großer Männer und ihrer Taten fällt darunter. Die zweite gibt es als Fortschritts- und als Verfallserzählung. Geschichtsphilosophisch ausgearbeitet hat sie Hegel in seinen *Vorlesungen über die Ästhetik*, ihr Nachhall ist noch in den zeitgenössischen Diagnosen postheroischer Zustände hörbar. Die dritte Variante schließlich existiert sowohl in der Spielart ideologiekritischer Heldendemontage als auch im Gewand einer funktionalistischen Soziologie. Sie versteht Heroismen entweder als Verblendungszusammenhang oder als sozialen Kitt.

Plausibilität besitzen alle diese historischen Narrative, aber sie antworten auf unterschiedliche Fragen: Das erste zielt auf eine anthropologische Fundierung des Heroischen; auf Helden angewiesen zu sein und Helden zu kreieren, wird hier zur *conditio humana*. Das zweite Narrativ ist modernisierungstheoretisch grundiert und unterscheidet eine historische Abfolge von Vergesellschaftungsformen, die Heldenkulte haben entstehen beziehungsweise obsolet werden lassen. Dem dritten unterliegt eine Krisentheorie. Sie kommt immer dann ins Spiel, wenn es darum geht, das irritierende Auf und Ab erstarkender und sich abschwächender Heroismen zu erklären.

Für die Frage nach dem Stellenwert des Heroischen in der Gegenwart ist der anthropologische Zugang wenig ergiebig – er hat sie immer schon beantwortet. Auch die modernisierungstheoretische Perspektive gibt eine eindeutige Auskunft. Sie kommt zur entgegengesetzten Schlussfolgerung, beschreibt jedoch präzise die Dynamiken, welche die sozialen Voraussetzungen des Heroentums untergraben. Das krisentheoretische Narrativ ist im Hinblick auf die *longue durée* offener angelegt, zwängt dafür aber die Zyklen heroischer Konjunkturen in ein funktionalistisches Erklärungsschema.

Keines dieser drei Großnarrative besitzt ein ausreichendes Sensorium für die Gleichzeitigkeit von Heroisierungen und Deheroisierungen in der Vergangenheit wie in der Gegenwart. Die Geschichte des Heroischen ist komplizierter, als dass sie auf ein Immer-schon, ein Nicht-mehr oder ein Mal-mehr-mal-weniger herunterzubrechen wäre. Fruchtbarer, zumal für die Analyse zeitgenössischer Konstellationen, ist ein Verständnis von Heroismen als Kraftfeldern, die sich ausgehend von außerordentlichen Herausforderungen und der Legitimierung von Opfern, von Distinktionswie Identifikationsbedürfnissen, vom Überdruss am Alltäglichen und der Faszination des Exzeptionellen herausbilden und die mit anderen Kraftfeldern konkurrieren und konfligieren. Ohne anthropologische Konstanten bemühen, Antiquiertheit behaupten oder langfristige Konjunkturkurven zeichnen zu müssen, lassen sich so die Frontverläufe und Vermischungszonen rekonstruieren, in denen Diagnosen einer postheroischen Gegenwart sich mit alten und neuen Heldenerzählungen überlagern. Zu *einer* Geschichte des Heroischen wird man aus einer solchen Perspektive nicht gelangen, dafür aber die disparaten Geschichten umso besser verstehen.

3. Heroismus und Moderne

Auch wenn der Topos des Postheroischen kein zeitliches Danach bezeichnet, hat er eine Vorgeschichte. Zweifellos gab es Zeiten, in denen Helden und ihre Taten unangefochtener waren als in der Gegenwart, zugleich sind die Problematisierungen des Heroischen älter als die rezenten Diagnosen einer postheroischen Gesellschaft. Problematisierung, das ist der Reflexionsmodus der Moderne, wenn man diese mit Michel Foucault nicht als historische Epoche versteht, der »eine mehr oder weniger naive oder archaische Prämoderne vorausgegangen und eine rätselhafte und beunruhigende ›Postmoderne‹ gefolgt sein soll«, sondern als eine Haltung. Sie wird getragen vom »hartnäckigen Bemühen«, den hohen Wert der Gegenwart »bildlich darzustellen, ihn anders bildlich darzustellen, als er ist, und ihn zu verwandeln, nicht indem man ihn zerstört, sondern indem man ihn in dem, was er ist, erfasst«.[1] Modernität ist demnach »eine Übung, in der die höchste Aufmerksamkeit für das Wirkliche mit der Praxis einer Freiheit konfrontiert wird, die dieses Wirkliche zugleich achtet und ihm Gewalt antut«.[2] Foucault sieht darin eine »ironische Heroisierung der Gegenwart«,[3] die – so wäre zu ergänzen – gerade in der ironischen Distanz den Keim ihrer Dekonstruktion schon in sich trägt. Die Reflexionsgeschichte des Heroischen *in der Moderne*, von der ich in diesem Kapitel einige Etappen nachzeichnen werde, ist als Geschichte der *modernen* Reflexion des Heroischen deshalb auch eine Geschichte seiner postheroischen Herausforderungen.

Hegels Helden[4]

Der Begriff »postheroisch« hat sich erst in den letzten beiden Dekaden des vergangenen Jahrhunderts verbreitet, der
Befund selbst ist weit älteren Datums: »Im Staat kann es keine Heroen mehr geben: diese kommen nur im ungebildeten
Zustande vor«, beschied bereits Hegel 1820 kategorisch in
seiner *Philosophie des Rechts*.[5] Je vermittelter die gesellschaftlichen Verhältnisse, desto weniger Platz bleibe für die eigen-
mächtigen Gestalten der Unmittelbarkeit. In dem Maße, in
dem die Wirklichkeit sich realhistorisch zu jenem System
zusammengeschlossen hat, dessen Vernünftigkeit Hegel
aus dem Prozess der Geschichte zu begründen versucht, hält
er Helden für ebenso unmöglich wie überflüssig. Derselbe
Hegel feiert jedoch an anderer Stelle enthusiastisch die »welthistorischen Menschen, die Heroen einer Zeit«, die mit ihren
»Taten einen Zustand und Weltverhältnisse hervorgebracht
haben, welche nur *ihre* Sache und *ihr* Werk zu sein scheinen«.[6] Beispiele dafür findet er nicht nur in der Vergangenheit, sondern auch in seiner eigenen Epoche: Der alles
überragende zeitgenössische Heros ist zweifellos Napoleon.
Seinen Einzug in Jena am 13. Oktober 1806 erlebt Hegel als
Augenzeuge und berichtet schwärmerisch noch am selben
Tag seinem Freund Friedrich Immanuel Niethammer, welche »wunderbare Empfindung« es doch sei, »ein solches Individuum zu sehen, das hier auf einen Punkt konzentriert,
auf einem Pferde sitzend, über die Welt übergreift und sie
beherrscht«.[7]

Hegels Äußerungen zum Heroischen sind also höchst widersprüchlich: Helden gelten ihm gleichermaßen als anachronistische und als weiterhin präsente sowie unverzichtbare Gestalten. Einerseits gehört unter den »gegenwärtigen
prosaischen Zuständen« jeder Einzelne »einer bestehenden

Ordnung der Gesellschaft an und erscheint nicht als die selbständige, totale und zugleich individuell lebendige Gestalt dieser Gesellschaft selber, sondern nur als ein beschränktes Glied derselben«.[8] Folglich kann er kein Held sein. Andererseits bleibt der Hunger nach Helden bestehen: »Das Interesse nun aber und Bedürfnis solch einer wirklichen, individuellen Totalität wird und kann uns nie verlassen.«[9] Der Weltgeist bedient sich weiterhin heroischer »Geschäftsführer«, um »die notwendige, nächste Stufe ihrer Welt« ins Werk zu setzen. Ohne es zu wollen und meist ohne in ihrer Rolle glücklich zu werden, wirken diese »großen Menschen in der Geschichte, deren eigene partikuläre Zwecke das Substantielle enthalten, welches Wille des Weltgeistes ist«, als Geburtshelfer des Fortschritts. Heroen sind sie, weil sie nicht bloß den »ruhigen, geordneten, durch das bestehende System geheiligten Lauf der Dinge« fortsetzen, sondern in ihren Handlungen aus einem Geist schöpfen, »der noch unterirdisch ist, der an die Außenwelt wie an die Schale pocht und sie sprengt, weil er ein anderer Kern als der Kern dieser Schale ist«.[10]

Auf der einen Seite steht also die Diagnose durch und durch vergesellschafteter und dadurch deheroisierter Subjekte, auf der anderen die Beschwörung heldenhafter Ausnahmegestalten. Hegel löst diesen Widerspruch nicht dialektisch auf, die gegenläufigen Aussagen bleiben vielmehr – verteilt auf unterschiedliche Schriften und Vorlesungen – unverbunden nebeneinander stehen. Damit spannt er den argumentativen Rahmen auf, in dem die Diskussionen über das Schicksal des Heroischen in der Moderne sich bis heute bewegen.

Für die Antiquiertheitsthese stellt er der »individuellen Selbständigkeit« im »staatslosen Zustande« der Heroenzeit – gemeint ist die Ära der mythischen Helden des antiken Griechenlands – die »untergeordnete Stellung des einzelnen Subjekts in ausgebildeten Staaten« gegenüber, wo »jedes Individuum nur einen ganz bestimmten und immer beschränkten Anteil am Ganzen erhält«.[11] Staat steht hier für die Gesamtheit sozialer Institutionen, welche die Einzelnen in ein Geflecht wechselseitiger Verpflichtungen und Abhängigkeiten einbinden und so ihre Freiheit gewährleisten, er steht also – in Hegels Terminologie – für das System der Sittlichkeit und schließt die bürgerliche Gesellschaft mit ein.

Dass Helden unter solchen Bedingungen obsolet werden, zeigt er vor allem an der Institution des Rechts: In einer verrechtlichten Gesellschaft ist das individuelle Handeln immer schon eingebettet in die legale Ordnung. Gleich ob der Einzelne dem Gesetz gehorcht oder es bricht, stets tritt das Besondere seines Tuns hinter das Allgemeine der Regel zurück. Keine noch so großartige oder abscheuliche Tat ist der rechtlichen Beurteilung entzogen; das Verbrechen büßt damit sein transgressives Moment ein. Unter der Herrschaft des Gesetzes wird es in ein Delikt transformiert, einem geordneten Verfahren zugeführt und sanktioniert. »Heroen dagegen sind Individuen, welche aus der Selbständigkeit ihres Charakters und ihrer Willkür heraus das Ganze einer Handlung auf sich nehmen und vollbringen und bei denen es daher als individuelle Gesinnung erscheint, was das Rechte und Sittliche ist.«[12] Sie sind ihre eigene moralische Instanz und übernehmen deshalb auch die alleinige Verantwortung für ihr Tun. Hegel beschreibt sie als Grenzfiguren, situiert an der Schwelle zwischen Natur- und Gesellschaftszustand. Selbst keinem Gesetz unterworfen, werden sie zu dessen Stifter. Ihre Gewalt ist gerechtfertigt, weil »es einerseits noch keine etablierte Ordnung gibt, auf die man sich prinzipiell berufen könnte, und andererseits, weil sie die faktische Wende darstellt, durch welche der Bereich des Politischen überhaupt begründet wird und in Kraft treten kann«.[13] Die Willkür der Helden ist der Ursprung des Gesetzes, Unrecht steht am Anfang des Rechts. Ist die *rule of law* allerdings einmal konstituiert, mutiert die heroische Überschreitung zur gemeinen Straftat.

Hegel argumentiert hier soziologisch *avant la lettre*: Helden haben ihre Daseinsberechtigung verloren, so könnte man seine These der Unvereinbarkeit von Heroismus und Moderne übersetzen, weil sich im Zuge der sozialen Evolution institutionelle Problemlösungsstrategien herausgebildet haben, die zuverlässiger und effizienter erledigen, was ehedem Sache heroischer Ausnahmegestalten war. Individuelles Heldentum und gesellschaftliche Institutionen bilden in dieser Perspektive funktionale Äquivalente. Auf eine Formel gebracht: Je mehr Vergesellschaftung, desto weniger Heroismus. Entweder werden gesellschaftliche Herausforderungen durch das souveräne Handeln Einzelner bewältigt, oder man arbeitet sie mithilfe von Verfahrensregeln, administrativen Arrangements und professionellen Zuständigkeiten ab, welche »die Tat durch den Auftrag, den Impuls durch die Organisation und Tapferkeit durch Teamwork«[14] ersetzen. Institutionalisierung bedeutet nicht zuletzt Arbeitsteilung: »Der Heros schultert die Last des Allgemeinen, der Bürger dagegen verteilt sie auf seinesgleichen. Er entlastet sich dadurch in mannigfacher Art, aber macht sich auch abhängig und verliert jene Selbständigkeit, die den Heros auszeichnet.«[15] Nicht nur die Verteilung der Aufgaben, sondern auch deren Charakter verändert sich grundlegend: Helden bewähren sich angesichts von Gefahr. Müssen stattdessen kalkulierbare Risiken gemanagt werden, übernehmen Versicherungsagenten und Präventionsexperten die Regie, und für den Rest gibt es den Katastrophenschutz. Auf heroische Retter

muss man nur hoffen, sofern kein leistungsfähiger Rettungsdienst existiert.

Komplexe Problemlagen erfordern komplexere Lösungs-
strategien als das beherzte Eingreifen mutiger Einzelner. Umgekehrt verhindern die institutionellen Verflechtungen, dass
außerordentliche Ereignisse auf individuelles Handeln zugerechnet und die Akteure heroisiert werden können. Selbst
die Monarchen seiner Zeit sind nach Hegels Urteil alles andere als souverän; ihre Versuche, sich als heroische Führer
aufzuspielen, verkommen zur Pose. Ein König, der lediglich
regiert, aber nicht herrscht, taugt nicht zum Helden. In »einer vollendeten Organisation« schrumpft er zum bloßen
Funktionsträger, zum Monarchen braucht es dann nicht
mehr als »einen Menschen, der ›Ja‹ sagt und den Punkt auf
das I setzt«.[16] Dasselbe gilt umso mehr für demokratische
Repräsentanten, so wären Hegels Gedanken weiterzuführen,
deren Autonomie und Handlungsmacht nicht nur durch
Verfassung, Haushaltszwänge und Staatsräson beschnitten
werden, sondern obendrein von unsteten Mehrheitsverhält-
nissen abhängen.

Was bleibt, sind Heldengeschichten. In den antiken Tra-
gödien oder Shakespeares Dramen findet Hegel jene mythischen Gestalten »der vollkommenen Freiheit des Willens
und Hervorbringens«,[17] welche *in personam* die Ideale verkörpern, die längst in die gesellschaftlichen Institutionen
eingewandert sind und dabei ihre Anschaulichkeit eingebüßt haben. Im Reich der Kunst behaupten sich die Helden, weil hier das Allgemeine »mit der Partikularität und
deren Lebendigkeit noch in unmittelbarer Einheit ist«.[18]
Künstler und Heroen, Kunstwerke und Heldentaten verbindet, dass sie etwas sinnlich anschaulich machen, das zugleich über sie hinausweist. Diese formale Verwandtschaft
bringt Hegel dazu, das Heroische als ästhetisches Phäno-

men zu konzipieren und ihm damit auch in der modernen Gesellschaft ein Residuum zuzugestehen. Selbst wenn die Wirklichkeit ansonsten keine Heldengeschichten mehr hervorzubringen vermag, können die alten Mythen auf der Theaterbühne, in Literatur und bildender Kunst – aus heutiger Sicht wäre zu ergänzen: in Filmen, Comics und Computerspielen – weiterhin ihre Kraft entfalten. Das historisch Überlebte erhält sich zumindest als ästhetische Imagination. So weit Hegels These von der Antiquiertheit des Heroischen.

Ganz anders dagegen seine Elogen auf die welthistorischen Individuen, die »ein Großes, und zwar nicht ein Eingebildetes, Vermeintes, sondern ein Richtiges und Notwendiges gewollt und vollbracht haben«.[19] Hier trägt das Heroische nicht die Signatur vergangener Epochen, sondern wird zum seltenen Ereignis, das der Geschichte auf die Sprünge hilft. Seiner impliziten Modernisierungstheorie, welche die Helden aus der Zeit fallen lässt, setzt Hegel ein Narrativ entgegen, das sie zur Avantgarde dessen macht, was jeweils »an der Zeit ist«.[20] Sie erscheinen als personifizierte Geschichtszeichen, eine Entsprechung zum Erhabenen in der Kunst, als der Energiepol eines Kraftfelds, auf den hin sich alle anderen ausrichten. Man mag sie verehren oder fürchten, bewundern oder verabscheuen, aber es ist unmöglich, von ihnen *nicht* affiziert zu werden. Ihr Charisma beruht auf einer spontanen Identifikation: In der schieren Wucht ihres Auftretens wird ihre Größe jedem unmittelbar evident. Sie verkörpern »die innerliche Seele aller Individuen« und bringen sie diesen zum Bewusstsein. »Deshalb folgen die anderen diesen Seelenführern, denn sie fühlen die unwiderstehliche Gewalt ihres eigenen inneren Geistes, der ihnen entgegentritt.«[21]

Scharf wendet sich Hegel gegen »die sogenannte psychologische Betrachtung« der geschichtlichen Menschen: Neid-

erfüllte Kleingeister versuchen die Heroen zu sich hinab-
zuziehen, so der Vorwurf, indem sie mit Vorliebe deren persönliche Eigenheiten ans Licht zerren und deren Taten »aus
irgendeiner kleinen oder großen Leidenschaft, aus einer
Sucht« erklären. Aus dieser Kammerdiener- beziehungsweise Schulmeisterperspektive erscheinen die welthistorischen
Individuen dann als rücksichtslose und leichtsinnige Kraftmenschen bar jeder moralischen Legitimation. Den Weltgeist im Rücken und die Weltseele zu Pferde vor Augen,
hat Hegel für derartige Nivellierungen wenig übrig. Allzu
menschliche Schwächen der Helden, ihre Borniertheiten,
Eskapaden und Gewaltexzesse sind irrelevant, wenn es darum geht, dem Allgemeinen zur Geltung zu verhelfen. Die
historische Mission verlangt besondere Maßstäbe: »[S]olch
große Gestalt muß manche unschuldige Blume zertreten,
manches zertrümmern auf ihrem Wege.«[22] Häufig genug
zahlt der Heros dafür auch mit dem eigenen Leben oder wird
vom Sockel gestürzt. Napoleons militärische Niederlage und
Verbannung mindern für Hegel allerdings nicht im Gerings-
ten dessen Ruhm, sondern zeigen nur, dass der Fortschritt,
dem der Feldherr der *Grande Armée* Geltung verschafft hatte, am Ende auch ihn selbst hinwegfegte. Große Menschen
handeln demnach lediglich als Werkzeuge einer noch weit
größeren Macht – der Geschichte: »Hegels historische Helden sind mediatisiert durch den Gang des Weltgeistes«, fasst
Heinz Dieter Kittsteiner zusammen, »sie sind Mittel zum
Zweck, sie sind noch einmal in eine affirmativ bewertete
Totalität eingespannt, die sich hinter ihrem Rücken herstellt,
auch wenn sie ihren individuellen Untergang dabei finden«.[23]
   In diesem Punkt berühren sich Hegels konträre Ausführungen zum Heroischen: Auch die mythischen Helden des
Heroenzeitalters sind Schwellenfiguren und erfüllen einen
historischen Auftrag. Gegen Widerstände und meist gewalt-

sam stiften sie jene Ordnung, deren Institutionen heroisches Handeln dann überflüssig und unmöglich machen. Die Stunde der modernen Helden wiederum schlägt, wenn die Geschichte feststeckt, die bestehende Ordnung sich überlebt hat, eine neue aber noch nicht etabliert ist. Helden sind Katalysatoren unter Bedingungen eines erschwerten Übergangs, Ausdruck einer Krise und zugleich die Instanz, die sie disruptiv überwindet. Ihr Auftreten ist gebunden daran, dass die Entwicklung reif für sie ist. »Die Geburt kann zwar durch einen Eingriff erfolgen, aber das Kind muß zum Eintritt in die Welt entsprechend vorentwickelt sein. Ein himmelstürmender Prometheus-Wille ist zum Scheitern verurteilt, wenn nicht schon in den herrschenden Verhältnissen der Keim für sein Vorhaben beschlossen liegt.«[24] Helden bedürfen heldenbedürftiger Zeiten, die Geschichte muss den Boden für sie bereitet haben. Ist aber der historische Moment gekommen, kann man sicher sein, dass sie sich finden.

An dieser geschichtsphilosophischen Aufladung der Heroen hängt auch ihre Nähe zum Krieg, der heroische Kräfte weckt, so Hegel, weil er den geschichtlichen Prozess dynamisiert. In Friedenszeiten dagegen »dehnt sich das bürgerliche Leben mehr aus, alle Sphären hausen sich ein, und es ist auf die Länge ein Versumpfen der Menschen; ihre Partikularitäten werden immer fester und verknöchern«,[25] kurzum: Friede führt zu postheroischer Lethargie. Der Krieg hingegen zeugt Helden, zumindest partiell löst er jene institutionellen Fesseln, die in der Moderne heroische Herausforderung und Bewährung verhindern. Das gilt für militärische Führer wie Napoleon, Hegel heroisiert implizit aber auch den gemeinen Soldaten, der sein individuelles Leben für die Souveränität des Staates aufs Spiel setzt. Anders als beim Abenteurer, der das intensive Erlebnis sucht, anders als beim Ritter, der nach Ehre strebt, oder beim Verbrecher, dem es um materiellen Vorteil geht, dient die Tapferkeit des Soldaten nicht partikularen Zwecken. Er bringt vielmehr »die Idealität an sich selbst zur Existenz«, in dem er in Erfüllung seiner militärischen Pflicht individuelles »Besitzen, Genuß und Leben« zu negieren bereit ist. Im soldatischen Gehorsam bis zum Tode gelangen Besonderes und Allgemeines zur höchsten Form ihrer Vermittlung: »Die wahre Tapferkeit gebildeter Völker ist das Bereitsein zur Aufopferung im Dienste des Staates, so daß das Individuum nur eines unter vielen ausmacht. Nicht der persönliche Mut, sondern die Einordnung in das Allgemeine ist hier das Wichtigste.«[26] Auch wenn Hegel selbst ihm diesen Titel vorenthält, ist der tote Soldat der eigentliche Heros der Rechtsphilosophie.

Modern ist diese Form des Heldentums aus mindestens zwei Gründen: Zum einen wird die Verpflichtung dazu im Rahmen der allgemeinen Wehrpflicht, wie Napoleon ein Kind der Französischen Revolution, tendenziell auf sämtliche männlichen Staatsbürger ausgedehnt. »[D]ie Aufopferung für die Individualität des Staates« ist nunmehr »das substantielle Verhältnis aller«. Der Ideologie nach beruht sie zudem nicht auf äußerem Zwang, der die Söldnertruppen des *Ancien Régime* zusammenhielt (und oft genug auch daran scheiterte), sondern ist Ausdruck verinnerlichten Pflichtbewusstseins. Zum anderen sorgt der rüstungstechnische Fortschritt dafür, dass die Soldaten in der Geschlossenheit eines disziplinierten Kollektivkörpers kämpfen und »der persönliche Mut als ein nicht persönlicher erscheint«. In Zeiten des »Feuergewehrs« zeigt sich militärisches Heldentum »nicht als Tun dieser *besonderen* Person, sondern nur als [Tun des] *Gliedes* eines Ganzen« und richtet sich umgekehrt auch »nicht gegen einzelne Personen, sondern gegen ein feindliches Ganzes überhaupt«.[27] Der Heroismus des gemeinen Soldaten zeichnet sich durch todesmutige Pflichterfüllung aus, ihm fehlen jedoch der transgressive Eigensinn, die autonome Handlungsmacht und das Charisma der antiken Heroen wie auch der zeitgenössischen »großen Menschen«. Er überragt nicht die Menge, sondern reiht sich ins Glied ein.

Aber ist das überhaupt heroisch? Es fällt auf, dass Hegel dem Wehrpflichtigen der nationalen Massenheere zwar Attribute des Heroischen – Opferbereitschaft, Kampfwillen, Tugendhaftigkeit – zuschreibt, ihn aber im Kontrast zur Glorifizierung Napoleons nicht ausdrücklich als Helden feiert. Den Widerspruch, einerseits die Unmöglichkeit von Heroen in der Moderne zu diagnostizieren, andererseits ihre unverzichtbare Rolle im Modernisierungsprozess zu behaupten, löst er nicht auf. Aber er kittet ihn mit der paradoxen Figur eines depotenzierten, entindividualisierten und in eine totale Organisation eingebundenen, kurzum: eines postheroischen Helden, den er nicht einmal einen Helden nennt.

Sozialistischer Heroismus

Die Idee, Heroen seien Agenten des Fortschritts, die wieder von der Bühne abzutreten hätten, sobald ihre historische Mission erfüllt sei, übernimmt Karl Marx von seinem Lehrer Hegel. Napoleon und vor ihm die Heroen der Revolution von 1789 »vollbrachten in dem römischen Kostüme und mit römischen Phrasen die Aufgaben ihrer Zeit, die Entfesselung und Herstellung der modernen *bürgerlichen* Gesellschaft«, resümiert er im *Achtzehnten Brumaire*. »[U]nheroisch, wie die bürgerliche Gesellschaft ist, hatte es jedoch des Heroismus bedurft, der Aufopferung, des Schreckens, des Bürgerkriegs und der Völkerschlachten, um sie auf die Welt zu setzen.«[28] Die Anleihen bei antiken Vorbil-

dern, die den geschichtsphilosophischen Einsatz der bürgerlichen Revolutionäre verbürgen sollten, wesen allenfalls als
lächerliche Karikaturen fort. Die heroischen Inszenierungen erscheinen in dem Maße als Parodien, wie der Kampf
gegen die vorbürgerliche feudale Ordnung abgeschlossen
und die Bourgeoisie selbst zum Hemmschuh des geschichtlichen Fortschritts geworden ist.

Die bevorstehende, weil historisch fällige »soziale Revolution des neunzehnten Jahrhunderts«,[29] zu deren Kollek-
tivheros Marx das Proletariat berufen sieht, hat einen solchen Rückbezug auf historische Präfigurate nicht länger
nötig. Ihre Protagonisten können auf imaginative Überhö-
hungen zum Zwecke der Selbstautorisierung verzichten,
weil sie nicht überkommene Partialinteressen verteidigen,
sondern ihre Emanzipation als Klasse mit jener der Menschheit als ganzer zusammenfallen soll. In einem historischen
Moment, in dem der Klassenkampf zum offenen Krieg gegen das Proletariat eskalierte, lässt allerdings auch Marx es
nicht an heroischem Pathos fehlen: Die Arbeiterklasse weiß,
kommentiert er den Aufstand der Pariser Kommune, dass
sie »lange Kämpfe, eine ganze Reihe geschichtlicher Prozesse durchzumachen hat, durch welche die Menschen wie die
Umstände gänzlich umgewandelt werden. Sie hat keine Ideale zu verwirklichen; sie hat nur die Elemente der neuen Gesellschaft in Freiheit zu setzen, die sich bereits im Schoß der
zusammenbrechenden Bourgeoisgesellschaft entwickelt haben. Im vollen Bewußtsein ihrer geschichtlichen Sendung
und mit dem Heldenentschluß, ihrer würdig zu handeln«.[30]
Wo Kampf und Opfer für die große Umwälzung gefordert
sind, liegt der Ruf nach einem revolutionären Heroismus
nicht fern. Dieser unterscheidet sich allerdings von seinem
bürgerlichen Pendant nicht nur im Hinblick auf die politisch-
ökonomischen Ziele, sondern benötigt auch keinen Perso-

nenkult. Ein Heroismus nicht der großen Männer, sondern der kleinen Leute, die bei der Niederschlagung der Kommune einen hohen Blutzoll entrichteten. Im »selbstopfernde[n] Heldenmut, womit das Pariser Volk – Männer, Weiber und Kinder – acht Tage lang nach dem Einrücken der Versailler fortkämpften«, erstrahlt »die Größe ihrer Sache«.[31]

Für die Heldenkostümierungen des Bürgertums hat Marx indes nur Spott über. Man kann durch seine Brille die Begeisterung des 19. Jahrhunderts für große Männer geradezu als Kompensationsgeschichte lesen – als Krisensymptom statt als Ausweis von Stärke. Die Inflation der Helden erscheint dann als ein verzweifelter Abwehrkampf der Bourgeoisie, die sich feudaler Verkleidungen bedient, um sich mit vergangener Größe gegen aktuelle Bedrohungen zu armieren. Sie feiert den heroischen Einzelnen, um ihre eigene Bedeutungslosigkeit gegenüber den geschichtlichen Mächten zu kaschieren. In der Nation finden die bürgerlichen Heroismen einen Fluchtpunkt, für den sich dann auch weite Teile der Arbeiterschaft mobilisieren und damit von ihrem historischen Auftrag abbringen lassen, wie sich spätestens bei Ausbruch des Ersten Weltkriegs zeigen sollte.

Wie weit die historistische Verklärung großer Männer allerdings auch in der sozialistischen Bewegung Fuß fassen konnte, dokumentiert Georgi Plechanows 1898 erschienene Schrift *Über die Rolle der Persönlichkeit in der Geschichte*, in welcher der marxistische Philosoph in Hegels Fußstapfen heroische Tat und geschichtliche Gesetzmäßigkeit miteinander zu verknüpfen sucht: »Ein großer Mann ist nicht dadurch groß, daß seine persönlichen Besonderheiten den großen geschichtlichen Geschehnissen ein individuelles Gepräge verleihen, sondern dadurch, daß er Besonderheiten besitzt, die ihn am fähigsten machen, den großen gesellschaftlichen Bedürfnissen seiner Zeit zu dienen, die unter dem Einfluß der allgemeinen und besonderen Ursachen entstanden sind. In seinem bekannten Werk über die Helden nennt Carlyle die großen Männer *Beginner* (Beginners). Das ist eine sehr gelungene Bezeichnung. Der große Mann ist eben ein Beginner, denn er blickt weiter als die anderen und will *stärker* als die anderen. Er löst die wissenschaftlichen Aufgaben, die der vorhergegangene Verlauf der geistigen Entwicklung der Gesellschaft auf die Tagesordnung gesetzt hat; er weist die neuen gesellschaftlichen Bedürfnisse auf, die durch die vorhergegangene Entwicklung der gesellschaftlichen Verhältnisse erzeugt worden sind; er ergreift die Initiative zur Befriedigung dieser Bedürfnisse. Er ist ein Held.«[32]

Die Herausforderung für den historischen Materialisten besteht darin, die überindividuelle Macht des geschichtlichen Prozesses anzuerkennen und zugleich die Bedeutung individuellen Handelns zu verteidigen. Welche Rolle kann der Einzelne spielen, wenn »wir Geschichte nicht machen können, sondern abwarten mü[ss]en, daß sie sich vollzieht«?[33] Das ist eine Frage mit unmittelbar politischen Implikationen, denn wie sollen Menschen, die Produkt der gesellschaftlichen Verhältnisse sind, diese umstürzen können? Wenn die Entwicklung der Produktivkräfte unaufhaltsam voranschreitet, wozu braucht es dann noch exzeptionelle Persönlichkeiten? Wie lässt sich verhindern, dass Fortschrittszuversicht in Attentismus mündet und den revolutionären Elan lähmt? Plechanow versucht diese Dilemmata aufzulösen, indem er das Gespür für das historisch Fällige und Mögliche zur entscheidenden Qualität des Revolutionshelden erklärt. Der muss nicht nur wissen, woher der Wind weht, sondern auch, ob die Windstärke ausreicht, und bleibt selbst in Zeiten der Flaute nicht untätig: »Wenn ich aber weiß, in welcher Richtung sich dank den gegebenen Veränderungen im ökonomischen Produktionsprozeß der Gesellschaft die gesellschaftlichen Verhältnisse verändern, dann weiß ich ebenfalls, in welcher Richtung sich auch die soziale Geistesverfassung verändern wird, so habe ich folglich die Möglichkeit, sie zu beeinflussen. Die soziale Geistesverfassung beeinflussen heißt die geschichtlichen Geschehnisse beeinflussen. In gewissem Sinne *kann ich* also doch *Geschichte machen*, und ich brauche nicht zu warten, bis sie ›*sich vollzogen hat*‹.«[34] Heroische Größe offenbart sich demnach nicht ausschließlich in revolutionären Situationen, aufklärerische Arbeit ist vielmehr der Heroismus im Wartesaal der Geschichte. Selbstverständlich zweifelt Plechanow nicht daran, dass der historische Materialismus das dafür erforderliche Wissen bereitstellt. Zur geschichtsmächtigen Persönlichkeit kann folglich jeder avancieren, der die Zeichen der Zeit erkennt und auf der Seite des Fortschritts kämpft. Und das ist weniger eine Frage intellektueller Fähigkeiten als der moralischen Entscheidung.

Dass Plechanow mit Karl Löwith gesprochen »Weltgeschichte als Heilsgeschehen«[35] denkt, zeigt sich nicht zuletzt daran, dass er die historischen Beginner mit religiösen Weihen versieht: »[N]icht allein den ›großen‹ Männern steht ein weites Tätigkeitsfeld offen«, beschließt er seine Abhandlung. »Dieses Feld steht allen offen, die Augen haben, um zu sehen, Ohren, um zu hören, und ein Herz, um ihre Nächsten zu lieben. Der Begriff groß ist ein relativer Begriff. Im sittlichen Sinne ist jeder groß, der, um mit den Evangelisten zu reden, ›sein Leben lässet für seine Freunde‹.«[36] Am Ende ist es auch hier das Opfer, das den Helden macht. Ist es bei Hegel die Gestalt des toten Soldaten, sind es bei Marx die ermordeten Arbeiter der Pariser Kommune, so trägt Plechanows sozialistischer Heros die Züge eines christlichen Märtyrers.

Wieder ringen zwei konträre Auffassungen über das Schicksal des Heroischen in der Moderne miteinander: Einerseits eine geschichtsphilosophisch-analytische Auffassung, die auf die Gesetzmäßigkeit der gesellschaftlichen Entwicklung pocht und Heldengeschichten ins Reich romantischer Mythisierungen verweist; andererseits eine politisch-appellative, die den heroischen Einzelnen oder das heroische Kollektiv als Avantgarde des geschichtlichen Fortschritts inauguriert und ihnen aufgibt, die unvollendete Moderne zum Abschluss zu bringen. Doch auch in der Rolle von Beschleunigern sind Plechanows wie schon Marx' Helden geschrumpft, degradiert zu bloßen Gehilfen des auf die materialistischen Füße gestellten Weltgeists. Sie exekutieren, was der Stand der Produktivkräfte verlangt. Transgressiv sind sie nur gegenüber den Mächten der alten Welt, ihre Autonomie erschöpft sich in der Einsicht in das Notwendige, und ihr politischer Auftrag lautet zuallererst Abwehr fatalistischer Passivität. Heroisierungen brauchen eine Dosis Voluntarismus. Wo die Geschichte nach ehernen Gesetzen voranschreitet, kann sich der Einzelne nicht heldenhaft bewähren. Plechanow will den subjektiven Faktor als Energiequelle für den revolutionären Kampf anzapfen, aber der deterministische und damit deheroisierende Sog erweist sich als stärker. Auch wenn er die Persönlichkeit als geschichtsmächtige Instanz zu retten versucht, so kann sie dies nur sein, soweit sie die Macht der Geschichte anerkennt und in ihre Bewegung einschwingt. Wenn postheroisch bedeutet, dass Heroismen problematisch werden, dann sind auch die Helden des historischen Materialismus postheroisch.

Zumindest so lange, bis sie die Macht erobert haben. Der Aufbau des Sozialismus benötigt dann wieder heroische Menschen – und bringt sie, so die Ideologie, auch hervor: Die sozialistische Persönlichkeit entwickelt sich »auf antiindividualistischer Grundlage«, ihre Interessen sind »mit den Interessen des Kollektivs identisch«, deshalb kämpft sie »organisch mit selbstlosem Mut für die gemeinsame Sache wie für die eigene«, schwärmt Nikolai Bucharin, Bolschewik der ersten Stunde und 1938 Opfer der Stalinschen Säuberungen, in seiner bereits im Gefängnis verfassten Schrift *Der Sozialismus und seine Kultur*. Ihr »*Heroismus* ist die Krone des Ruhms«, fährt er fort, »weil er die Erscheinung des *Maximums des Gesellschaftlichen im Persönlichen ist, das das Persönliche bereichert und es auf das Niveau des Allgemeinen hebt*.«[37] Hegels Versöhnung des Besonderen und Allgemeinen im toten Soldaten kehrt wieder in der Beschwörung des sozialistischen Neuen Menschen, und auch hier geht die unterstellte Koevolution von Gesellschaft und Individuum zu Lasten des Letzteren. Die Bereitschaft zur Selbstentäußerung als »ein inneres Bedürfnis, eine immanente Eigenschaft der ›Seele‹, eine Eigenschaft der Persönlichkeit selbst«[38] zu verklären, verdeckt den Terror der Kollektivierung.

Skeptischer ist da Bertolt Brecht, der nach dem Sieg des Nationalsozialismus das Oxymoron eines sozialistischen Heroismus dialektisch auflöst. In seinen *Flüchtlingsgesprächen* lässt er Ziffel, einen der beiden aus Deutschland vertriebenen Protagonisten, über die »großen Zeiten« klagen, die alle und jeden mit »wahnsinnigsten Forderungen und Zumutungen« konfrontieren: »Über dem ganzen Kontinent nehmen die Heldentaten zu, die Leistungen des gemeinen Mannes werden immer gigantischer, jeden Tag wird eine neue Tugend erfunden. Damit man zu einem Sack Mehl kommt, braucht man eine Energie, mit der man früher den Boden einer ganzen Provinz hätte urbar machen können. Damit man herausbringt, ob man schon heut fliehen muß oder erst morgen fliehen darf, ist eine Intelligenz nötig, mit der man noch vor ein paar Jahrzehnten hätt ein unsterbliches Werk schaffen können.« Ziffel schließt mit einem leidenschaftli-

chen Bekenntnis: »Ich sage Ihnen, ich habe es satt, tugend-
haft zu sein, weil nichts klappt, entsagungsvoll, weil ein un-
nötiger Mangel herrscht, fleißig wie eine Biene, weil es an
Organisation fehlt, tapfer, weil mein Regime mich in alle
Kriege verwickelt. Kalle, Mensch, Freund, ich habe alle Tugenden satt und weigere mich ein Held zu werden.« Sein
Gefährte ist zuständig für die Volte von der Ideologiekritik
zum revolutionären Appell: »Sie haben mir zu verstehen ge-
geben, daß Sie auf der Suche nach einem Land sind, wo ein
solcher Zustand herrscht, daß solche anstrengenden Tugenden wie Vaterlandsliebe, Freiheitsdurst, Güte, Selbstlosigkeit so wenig nötig sind wie ein Scheißen auf die Heimat,
Knechtseligkeit, Roheit und Egoismus. Ein solcher Zustand
ist der Sozialismus«, antwortet Kalle. »Gleichzeitig mach ich
Sie darauf aufmerksam, daß für dieses Ziel allerhand nötig
sein wird. Nämlich die äußere Tapferkeit, der tiefste Freiheitsdurst, die größte Selbstlosigkeit und der größte Egoismus.« Der Dialog schließt mit Ziffels lakonischem »Ich
habs geahnt«, das offenlässt, ob er *dieser* Forderung nachzu-
kommen bereit ist oder vor ihr einfach nur kapituliert.[39]
  Wie ein verzweifelter Nachhall klingt demgegenüber Ernst
Blochs Apotheose des »roten Helden«, dessen atheistischer
Todesmut im Angesicht des nationalsozialistischen Terrors
noch das Selbstopfer der christlichen Blutzeugen überbietet: »Sein Karfreitag ist durch keinen Ostersonntag gemil-
dert, gar aufgehoben, an dem er persönlich wieder zum Leben erweckt wird«.[40] Nicht Aussicht auf ewiges Leben oder
unsterblichen Ruhm trieb demnach die kommunistischen
Widerstandskämpfer an, sondern »die sich zu den Opfern
der Vergangenheit, zu den Siegern der Zukunft gegenwärtigst
sich erstreckende« Solidarität. Ihre Selbstnegation macht
selbst vor der Memoria nicht halt, doch erhält ihr Tod seinen Sinn durch das kollektive Ziel. Das Bewusstsein des

Einzelnen fällt so sehr mit dem Klassenbewusstsein zusammen, »daß es der Person nicht einmal entscheidend bleibt, ob sie auf dem Weg zum Sieg, am Tag des Siegs erinnert ist oder nicht«.[41] Blochs materialistischer Heldenmythos markiert eine Rückzugsposition: In dem Maße, wie Fortschrittszuversicht sich zum »Prinzip Hoffnung« verdünnt hat, muss individuelle Standhaftigkeit ausgleichen, was der Klasse versagt bleibt. Der Philosoph zollt immerhin den Opfern Respekt. Am Ende des sozialistischen Heroismus steht dagegen ein Disziplinierungsprogramm: Wo immer die kommunistischen Kader die Staatsmacht übernahmen, kürten sie »Helden der Arbeit« und versuchten so – meist ohne Erfolg – die Leistungsnormen zu erhöhen.[42]

Heroische Moderne

Der »geschichtsphilosophische Synergismus« Hegels und der Linkshegelianer erwies sich als brüchig. Er delegierte an die Vernunft des historischen Ganzen, was »die Handelnden in ihrem begrenzten Aufeinandereinwirken« auch bei heroischer Anstrengung nicht bewerkstelligen konnten.[43] Totalität, das zeigte spätestens die Erfahrung des totalen Kriegs von 1914 bis 1918, gibt es nur als Herrschaft der Unvernunft. Einige Jahrzehnte zuvor schon hatte Nietzsche dem »historischen Optimismus« und seiner »Vergötterung des Nothwendigen« eine Absage erteilt. »Wenn man nach Plan in der Geschichte sucht«, notierte er 1875, »so suche man ihn in den Absichten eines gewaltigen Menschen, vielleicht in denen eines Geschlechtes, einer Partei. Alles Übrige ist ein Wirrsal.«[44] Jeder Versuch, dieses chaotische Geschehen teleologisch zu ordnen, muss scheitern. Auf den Rückenwind der Geschichte zu setzen, ist eine trügerische

Hoffnung, den Sturm aufhalten zu wollen, eine übermenschliche Aufgabe. Nietzsches Assoziation von abwesendem historischen Telos und »gewaltigem Menschen« deutet es an: Wenn nicht länger davon auszugehen ist, dass es so etwas wie Fortschritt im emphatischen Sinne gibt und die Geschichte selbst mithilft, sich zu verwirklichen, dann bleiben ihr gegenüber nur zwei Haltungen möglich: »[E]ine nihilistische Konfrontation mit dem sinnlosen Weltgeschehen, ein heroisch-leidendes Standhalten – oder ein letzter Bändigungsversuch mit heroischen Kräften.«[45]

Heinz Dieter Kittsteiner hat für Deutschland die Epoche, in der diese Alternative das historische Bewusstsein prägte, unter das Rubrum der »heroischen Moderne« gestellt und zwischen etwa 1880 und 1945 für Westdeutschland beziehungsweise 1989 für die DDR datiert.[46] Er setzt sie ab zum einen von der »Stabilisierungsmoderne«, die er Mitte des 17. Jahrhunderts beginnen lässt, zum anderen von der um 1770 einsetzenden »evolutiven Moderne«, die seither nicht aufgehört hat, durch die heroische Moderne aber zeitweise überlagert wurde. Hatte die Geschichtsphilosophie im Gefolge Hegels trotz aller Begeisterung für große Männer und heroische Kollektive die Position der Helden geschwächt, so provozierte das radikalisierte Kontingenzbewusstsein, dem Nietzsche Ausdruck verlieh, einen geradezu inflationären Heldenbedarf. »Der durchschnittliche Dummkopf vom Jahrhundertende sprach vom Übermenschen, als ob es sein großer Bruder wäre«, karikierte Johan Huizinga das Heldenideal der Zeitgenossen des Unzeitgemäßen.[47] Dass die Geschichte als Bündnispartnerin ausfiel oder sogar als Gegenspielerin auftrat, hinterließ eine Leerstelle, die anfällig machte für Imaginationen exzeptioneller Größe, mythischer Sendung, kämpferischer Bewährung und tragischem Untergang. Heroische Moderne, das bedeutete, sich der als problematisch erfahrenen Gegenwart heldenhaft zu stellen oder ebenso heldenhaft über sie hinauszudrängen, entweder stoisches Aushalten *in* oder radikaler Auszug *aus* der Moderne.[48]

Für die eine Variante steht exemplarisch Max Webers asketischer »Heroismus der Sachlichkeit«,[49] der keinen Ausweg aus dem »stahlharten Gehäuse« sieht, zu dem der Geist des Kapitalismus geronnen ist,[50] aber gerade daraus die Forderung ableitet, »das Schicksal unserer Zeit, mit der ihr eigenen Rationalisierung, Intellektualisierung, vor allem: Entzauberung der Welt« männlich zu ertragen, nüchtern »an unsere Arbeit [zu] gehen und der ›Forderung des Tages‹ gerecht [zu] werden«.[51] Die Einsicht, dass ein Exodus aus der Moderne unmöglich oder nur als Regression vorstellbar ist, findet auch Weber schwer erträglich. Sein Ethos der Soziologie als Wirklichkeitswissenschaft, die »niemanden zu lehren [vermag], was er *soll*, sondern nur, was er *kann* und – unter Umständen – was er *will*«,[52] verbietet ihm jedoch, die Strenge empirischer Forschung zugunsten eines vielleicht zwar tröstlichen, aber von den Tatsachen nicht gedeckten Ermächtigungsdiskurses preiszugeben. Jenseits der für ihn inakzeptablen Optionen apologetischen Schönredens, revolutionärer Illusion, gesinnungsethischer Bekenntnisse oder kulturkritischen Lamentos bleibt deshalb nur die Option, sich dem Unabänderlichen kühl zu stellen, ohne daran zu zerbrechen. »Denn Schwäche ist es«, heißt es in seinem Vortrag über »Wissenschaft als Beruf«, »dem Schicksal der Zeit nicht in sein ernstes Antlitz blicken zu können«.[53] Zu diesem asketischen Pathos gehört auch die Einsicht in die unwiderrufliche Spezialisierung moderner Wissenschaft, die jeden Zugriff aufs Ganze verstellt. Die Größe des heroischen Forschers hat sich deshalb an seiner Bereitschaft zur leidenschaftlichen Versenkung ins Kleinste zu beweisen:

»[W]er also nicht die Fähigkeit besitzt, sich einmal sozusagen Scheuklappen anzuziehen und sich hineinzusteigern in die Vorstellung, daß das Schicksal seiner Seele davon abhängt: ob er diese, gerade diese Konjektur an dieser Stelle dieser Handschrift richtig macht, der bleibe der Wissenschaft nur ja fern.«[54]

Weit wirkmächtiger als Webers Heldentum des Standhaltens wurde insbesondere nach dem Ersten Weltkrieg indes ein militanter Heroismus, der einerseits die Moderne entschieden bejahte, andererseits ihre Widersprüche ein für alle Mal hinter sich lassen wollte und für dieses Ziel einen entfesselten Willen zur Macht sowie die rückhaltlose Bereitschaft zum Selbstopfer einforderte. Max Horkheimer identifiziert in seinen zwischen 1926 und 1931 verfassten, 1934 unter dem Titel *Dämmerung. Notizen in Deutschland* veröffentlichten Aufzeichnungen das Schwelgen in Grausamkeit als ideologisches Zentrum dieser »heroischen Weltanschauung«, hält jedoch – ein Indiz für die diskursive Macht des Heldencodes in der Zwischenkriegszeit? – am positiven Gegenentwurf eines »wahren Heroismus« fest: »Der Kampf gegen den Individualismus, der Glaube, es müsse der Einzelne sich opfern, damit das Ganze lebe, paßt genau zur heutigen Lage. Im Unterschied zum wirklichen Helden begeistert sich diese Generation nicht für ein klares Ziel in der Wirklichkeit, sondern für die Bereitschaft, es zu erreichen. Konnten die Herrschenden in Deutschland je Besseres erträumen, als daß die von ihnen selbst ruinierten Schichten ihre eigene Avantgarde bildeten und nicht einmal den kargen Sold, sondern das Opfer, mindestens Ergebenheit und Disziplin zum Ziele hätten!«[55]

Exemplarisch für diese Weltanschauung, deren Anhänger freilich »in der Praxis gewöhnlich mehr das Töten als das Getötetwerden im Auge«[56] hatten, stehen Ernst Jüngers

Schriften der 1920er- und frühen 1930er-Jahre, die im Zeichen eines »heroischen Realismus«[57] wortreich »die totale Mobilmachung«[58] beschwören, eine von allen Friktionen gereinigte Vision entgrenzter staatlicher Machtentfaltung, in der kriegerische Destruktion und industrielle Produktion zusammenfallen. Auch wenn die Semantiken von heroischer Sachlichkeit einerseits, heroischem Realismus andererseits eine Nähe suggerieren – beide dramatisieren durch eine Rhetorik der Alternativlosigkeit –, mit Webers stoischer Weltsicht angesichts des okzidentalen Rationalisierungsprozesses haben Jüngers Forderungen nach Ausweitung der im Weltkrieg bereits ausgeweiteten Kampfzone ansonsten wenig gemein. Wo Weber gegen eine moralische Prinzipienpolitik das Ethos der Verantwortung stark macht, postuliert Jünger ein erklärtermaßen amoralisches Kriegerethos. Webers Helden sind Virtuosen des nüchternen Ausharrens, Jüngers Helden kalte Enthusiasten eines zum ausschließlichen Lebenssinn verallgemeinerten Kampfes.

Welten liegen auch zwischen dem heroischen Realismus und dem Modernismus der Neuen Sachlichkeit. Deren Fürsprecher, zum Beispiel der Literaturkritiker Arno Schirokauer, waren der Helden müde, »die ja zumeist ein unruhiges, lautes, ekelhaftes, anspruchsvolles und viel stänkerndes Geschlecht sind,« und begrüßten enthusiastisch den Aufstieg einer antiindividualistischen Kultur, die allenfalls noch entpersonalisierte Heroen kannte: »Romane werden Berichte; Afrika, Asien, Tiere, Hunde, Städte werden Helden. Der Glaube an das heroische Handlung bewirkende Individuum schwindet. Der Heros wird tausendköpfig, ein Kollektiv.«[59] In ähnlicher Weise lässt Robert Musil seinen Mann ohne Eigenschaften vom »Beginn eines ungeheuren neuen, kollektiven, ameisenhaften Heldentums« träumen, das man »rationalisiertes Heldentum nennen und sehr schön finden«

werde. Die Größe Einzelner sei darin durch die Addition minimaler Energiequanta ersetzt: »Die Muskelleistung eines Bürgers, der ruhig einen Tag lang seines Weges geht, ist bedeutend größer als die eines Athleten, der einmal im Tag ein ungeheures Gewicht stemmt; das ist physiologisch nachgewiesen worden, und also setzen wohl auch die kleinen Alltagsleistungen in ihrer gesellschaftlichen Summe und durch ihre Eignung für diese Summierung viel mehr Energie in die Welt als die heroischen Taten; ja die heroische Leistung erscheint geradezu winzig, wie ein Sandkorn, das mit ungeheurer Illusion auf einen Berg gelegt wird.«[60] Ihre individuellen Züge abgelegt haben auch Jüngers Arbeiter-Krieger, doch während Schirokauer und Musil die Vielfalt des großstädtischen Gewimmels beziehungsweise die Ästhetik organisierter Gewöhnlichkeit feiern, proklamiert der heroische Realist einen auf Dauer gestellten Ausnahmezustand, der Gleichschaltung und Verausgabung sämtlicher Kräfte erfordert.

Jüngers Ausgangspunkt ist eine Deutung des Weltkriegs, die diesen einerseits als ersten totalen Krieg begreift, andererseits aber der vermeintlich unzureichenden Ausrichtung aller gesellschaftlichen Kräfte auf den Krieg, mit anderen Worten: der fehlenden Totalisierung, die Schuld an der deutschen Niederlage gibt. Der logische Widerspruch – ein Krieg, der zugleich total und nicht total gewesen sein soll – bezeichnet ideologisch die Triebkraft von Jüngers Mobilmachungsprosa: Was er als Index der Gegenwart deklariert, soll zugleich die Zeitgenossen auf unbedingte und uneingeschränkte Leistungs-, Gehorsams- und Opferbereitschaft für künftige Kriege einschwören. Das Attribut »total« markiert einen absoluten Richtpunkt, der allen Forderungen den Charakter des gleichermaßen Unabweisbaren wie Unabschließbaren verleiht. Verpflichtend soll die totale Mobilmachung schon deshalb sein, weil sich in ihr die Signatur der Epoche ausspricht. Sie ist »Ausdruck des geheimnisvollen und zwingenden Anspruches, dem dieses Leben im Zeitalter der Massen und Maschinen uns unterwirft«, und wird deshalb »weit weniger vollzogen, als sie sich selbst vollzieht«.[61] Unter den Postulaten der vollständigen Erfassung, konsequenten Ausrichtung und erschöpfenden Ausnutzung sämtlicher sozialer und technischer Ressourcen amalgamieren Soldat und Arbeiter zu einer Einheit. Es genügt nicht, lediglich »den Schwertarm zu rüsten«, erforderlich ist vielmehr »eine Rüstung bis ins innere Mark, bis in den feinsten Lebensnerv«.[62] Die Nation solle sich in eine Kraftmaschine verwandeln, zu der jeder Einzelne die größtmögliche Leistung beizutragen hat. Buchstäblich niemand, nicht einmal »das Kind in der Wiege« solle davon ausgenommen bleiben.[63] Ob die Mobilmachung der Gesellschaft im Zeichen totalen Krieges oder totaler Arbeit erfolgt, bleibt letztlich schon deshalb gleichgültig, weil die Herrschaft der Maschinen beide tendenziell ununterscheidbar werden lässt.

Jünger erkennt durchaus die Krise traditionellen militärischen Heldentums: In den Materialschlachten des Weltkriegs hatten Technik und Organisation über persönlichen Mut triumphiert, soldatische Kampfkraft war nicht länger ein »individueller, sondern ein funktionaler Wert«, selbst im Tod blieb der Einzelne austauschbar – »man fällt nicht mehr, man fällt aus«.[64] Mit der Verachtung des Frontsoldaten für die Etappe mokiert sich Jünger über »das läppische Zeitungsgewäsch, die ausgelaugten Worte von Helden und Heldentod«,[65] aber er antwortet auf diese Entwertung nicht mit der Verabschiedung, sondern mit einer Radikalisierung und Generalisierung des Heroischen. Zeitgemäßes Heldentum soll sich nicht länger in der exzeptionellen Größe einiger weniger erschöpfen, sondern verlangt die totale Verausgabung aller. Es ist keine Auszeichnung für außerordentliche Taten, sondern fortwährende Pflicht für jedermann. Gleichwohl ist dieser Heroismus alles andere als egalitär. Er manifestiert sich entweder als Führertum, das sich selbst nicht schont und andere kommandiert, oder in der Anonymität einer Masse, die willig ins Feld zieht.[66] Am Rande der Materialschlachten, im Bewegungskrieg und in den Aktionen der Stoßtrupps gibt es insbesondere für Offiziere durchaus Gelegenheit, sich als kämpferisches Vorbild hervorzutun. Der Heroismus des Grabenkriegs dagegen verlangt, unerschütterlich in der Todeszone auszuharren und sich den Maschinen unterzuordnen.

Prototyp des neuen Helden ist die Gestalt des Frontkämpfers. Jünger überhöht ihn zur Eigentlichkeitsform des Menschen, der die Zerrissenheit der Vorkriegsmoderne überwunden hat. Was er in den Schützengräben erlebt hat, war die Hölle – »nun gut, es liegt im Wesen des faustischen Menschen, auch aus der Hölle nicht mit leeren Händen wiederzukehren«, und so hat er »erst an der Furchtbarkeit des Opfers [...] den Wert des Menschen und die Verschiedenheit seiner Rangordnung ganz erkannt«.[67] Sein Heroismus besteht in der Mimesis an die Kriegsmaschinerie – ein Anpassungsvorgang, der bis in die Physiognomie reicht. Futuristische Modernität fällt bei dieser Inkarnation militarisierter Männlichkeit zusammen mit mythischer Archaik. Das Gesicht des Mannes unter dem Stahlhelm hat, so Jünger, im Verlauf des Krieges an Schärfe und Bestimmtheit gewonnen, was es an Individualität eingebüßt hat. »Es ist metallischer geworden, auf seiner Oberfläche gleichsam galvanisiert, der Knochenbau tritt deutlicher hervor, die Züge sind ausgespart und angespannt. Der Blick ist ruhig und fixiert, geschult an der Betrachtung von Gegenständen, die in Zuständen hoher Geschwindigkeit zu erfassen sind.«[68]

Die Technisierung der Kriegführung, das heißt die Substitution menschlicher Arbeits- und Kampfkraft durch Maschinen sowie die damit verbundene Entfesselung und Entpersonalisierung der Gewalt, erzeugen in Jüngers Sicht gerade keine deheroisierende Dynamik, die individuelle Heldentaten ausschließt, die Technik liefert vielmehr Modell und Rahmen für das geforderte neue Heroentum. Sich mobil zu machen, bedeutet einerseits selbst maschinengleich, zu einem Instrument technischer Rüstung zu werden, andererseits die Apparaturen so zu dirigieren, wie ein Feldherr seine Truppen befehligt. In der Fusion von Mensch und Maschine soll der Verlust menschlicher Handlungsmacht umschlagen in ihre unermessliche Steigerung: »Der Kampf der Maschinen ist so gewaltig, daß der Mensch fast ganz davor verschwindet. [...] Und doch: Hinter allem steckt der Mensch. Er gibt den Maschinen erst Richtung und Sinn. Er jagt aus ihnen Geschosse, Sprengstoff und Gift. Er erhebt sich in ihnen als Raubvogel über den Gegner. Er hockt in ihrem Bauche, wenn sie feuerspeiend über das Schlachtfeld stampfen. Er ist das gefährlichste, blutdürstigste und zielbewußteste Wesen, das die Erde tragen muß.«[69] Dieser monströse neue Heros setzt nicht nur – vorstürmend oder standhaltend – sein eigenes Leben aufs Spiel, sondern zeichnet sich dadurch aus, dass er das Leben anderer mit größter Effizienz vernichtet.

Eine solche Selbstentäußerung in pure kriegerische Energie ist ohne Jenseitspathos nicht zu haben. Und weil jeder Einzelne nur insofern von Bedeutung ist, als er mitleidlos tötet und sich vorbehaltlos aufopfert, steht im Zentrum des Heroenkults die Verklärung des Todes. Wichtiger als das Ziel des Kampfes ist dabei die Unbedingtheit, für es einzutreten: »Der Tod für eine Überzeugung ist das höchste Vollbringen. Er ist Bekenntnis, Tat, Erfüllung, Glaube, Liebe, Hoffnung und Ziel. Er ist auf dieser unvollkommenen Welt ein Vollkommenes und die Vollendung schlechthin. Dabei ist die Sache nichts und die Überzeugung alles. Mag einer sterben, in einen zweifellosen Irrtum verbohrt; er hat sein Größtes geleistet. [...] Der Wahn und die Welt sind eins, und wer für einen Irrtum starb, bleibt doch ein Held.«[70] Für Walter Benjamin spricht aus solchen Schwärmereien nicht religiöser Eifer, er erkennt darin vielmehr »eine hemmungslose Übertragung der Thesen des L'art pour l'art auf den Krieg«, der »ihre Herkunft aus der rabiatesten Dekadenz an der Stirne geschrieben« steht.[71]

Hatte Hegel den gefallenen Soldaten noch zur Verkörperung höchster Sittlichkeit erklärt, weil er sein Leben für »die Unabhängigkeit und Souveränität des Staats«[72] hingegeben hatte, so erschöpft sich das Opfer von Jüngers Arbeiter-Krieger-Heroen in der dezisionistischen Radikalität subjektiven Wollens. Der Heldentod zugleich als Selbsterfahrungstrip und Realisierung völkischer Gemeinschaft: »[T]ief unter den Gebieten, in denen die Dialektik der Kriegsziele von Bedeutung ist«, schließt Jünger seinen Essay »Die totale Mobilmachung«, »begegnete der deutsche Mensch einer stärkeren Macht: er begegnete sich selbst. So war dieser Krieg ihm zugleich und vor allem das Mittel, sich selbst zu verwirklichen. Und daher muß die neue Rüstung, in der wir bereits seit langem begriffen sind, eine Mobilmachung des Deutschen sein, – und nichts außerdem.«[73] Heroischer Einzelner und heroisches Kollektiv stehen hier in einem Verhältnis wechselseitiger Verstärkung: Individuelle Pflicht und völkische Wesensbestimmung fallen zusammen, »damals wie heute bedeutet deutsch sein: im Kampfe sein«.[74] Indem die Individuen sich in diesen Kampf stürzen und aufopfern, konstituieren sie erst das Volk, dessen Apotheose ihr Opfer dienen und rechtfertigen soll.

Jüngers Essayistik der 1920er- und frühen 1930er-Jahre zeigt deutlicher als die anderer Protagonisten der heroischen Moderne, dass, wer nach Helden ruft, mobilmachen will, und wer mobilmacht, Heldengeschichten braucht. Der imperativische Duktus überlagert alle anderen Aspekte. Heroismus erscheint als Kraftressource, die sich aus der Aktivierung von Todes- und Tötungsbereitschaft speist, um so »die Perspektive der Zweckmäßigkeit bis ins Unendliche auszuziehen«.[75] Im gleichen Zuge, in dem alle zu Helden aufsteigen sollen, werden sie auch zu bloßem Menschenmaterial degradiert. In seiner radikalisierten Vernutzungslogik erweist sich das universalisierte Kampf-als-Arbeit- beziehungsweise Arbeit-als-Kampf-Syndrom als hypermodern. Jüngers heroische Moderne hat kein Telos und birgt kein Versprechen; sie ist für den Einzelnen in höchstem Maße bedrohlich, löscht das Individuum aus und ersetzt es durch einen entpersönlichten Typus. Jünger beschreibt die Geschichte nicht nur als schicksalhafte Macht, der sich entgegenzustellen aussichtslos wäre, sondern verlangt, ihre Dynamik zu beschleunigen und die von ihr geforderten Opfer bedingungslos zu bejahen. Heroischer Realismus meint nichts anderes als diesen vorauseilenden Gehorsam des modernen Subjekts, das seine Entmachtung zu kompensieren sucht, indem es vorantreibt, wodurch es vernichtet zu werden droht. Psychoanalytisch gedeutet, handelt es sich hierbei um eine Identifikation mit dem übermächtigen Aggressor. Jünger propagiert einen Heroismus des Absurden, dessen objektive Unmöglichkeit erst die subjektive Größe eines Helden beweist. Zu bewähren hat dieser sich in Kampfsituationen, so Harald Müller, »die sich nach keinem heroischen Interpretationsschema mehr deuten lassen, weil der jederzeit mögliche Tod keinen Sinn ergibt: nicht in bezug auf den Ausgang des Kampfes, nicht in bezug auf den Gegner, nicht in bezug auf die Verewigung des Namens, nicht in bezug auf die Heimat, die ihn nicht registriert«.[76]

Nietzsches *amor fati* klingt hier – verhärtet zu einer unbedingten Bejahungspflicht – nach; mit dessen Feier des »souveraine[n] Individuum[s]«, das von der »Sittlichkeit der Sitte« losgekommen ist[77] und dem »Heerden-Instinkt« der Masse widersteht, hat Jüngers »neues Heldengeschlecht«[78] indes wenig gemein. Wie Nietzsche verabscheut er zwar die liberale Fortschrittsidee mit ihrem deheroisierenden Nivellierungssog, doch statt wie dieser als Remedium »das Vornehm-sein, das Für-sich-sein-wollen, das Anders-sein-können, das Allein-stehn und auf-eigne-Faust-leben-müssen«, kurz: statt ein aristokratisches »Pathos der Distanz« in Anschlag zu bringen,[79] überbietet Jünger den liberalen durch einen extremistischen Modernemythos, der das heroische Opfer als Index entgrenzter Arbeits- und Kampfbereitschaft verallgemeinert.

Exzess und Zusammenbruch heroischer Mobilmachung

Jüngers in der Phase zwischen *In Stahlgewittern* und *Der Arbeiter* entstandene Schriften stehen für die nationalistische Variante der heroischen Moderne. Auch wenn er spätestens ab 1929 Distanz zu den Nationalsozialisten hielt – die Massenbewegung erschien ihm nicht radikal genug[80] –, faschistisch war (und ist) sein Programm totaler Mobilmachung allemal. Seine Exegeten streiten darüber, ob sie in ihm den Protagonisten einer »Konservativen Revolution«,[81] eines »soldatischen Nationalismus«,[82] eines »planetarischen Imperialismus«,[83] eines »Gesinnungsmilitarismus«,[84] eines »militanten Modernismus«[85] oder eines »preußischen Leninismus«[86] sehen sollen. Vom nationalsozialistischen Heldenkult unterscheiden sich seine Beschwörungen heroischer Existenz vor allem darin, dass Hitler und seine Anhänger die Berufung des deutschen Volkes zu kollektivem Heldentum aus dessen rassischer Überlegenheit ableiteten und in ihrer Propaganda die Gegengestalt, das Feindbild »des Juden«, ins Zentrum rückten, während Jünger einen biologisch begründeten Rassismus ablehnte und der Antisemitismus in seinen Schriften keine prominente Rolle spielt.[87] In ihrer Fixierung auf den Tod als heroische Bewährung, die gleichermaßen die Rechtfertigung rücksichtslosen Tötens wie die Forderung nach unbedingter Opferbereitschaft einschloss, gingen Jünger und die Nationalsozialisten dagegen konform. Im Unterschied zu Jünger, der mit seiner Heldenprosa vor allem publizistische Wirkung entfaltete, machten die braunen Machthaber mit ihrer Version des heroischen Realismus allerdings blutigen Ernst.

Der nationalsozialistische Helden- als Todeskult deutete die Niederlage von 1918 in eine historische Verpflichtung um, er schürte Imaginationen völkischer Größe und bediente die Sehnsucht nach Hingabe an einen heroischen Führer. Mit seiner Verherrlichung des Kampfes und seinem extremen Feindbild wirkte er zudem als Wahrnehmungsfilter, der mögliche Skrupel neutralisierte und so jener beispiellosen Brutalität den Weg bereitete, welche die Täter im Vernichtungskrieg, beim Judenmord, aber auch im Umgang mit Kriegsgefangenen und der Zivilbevölkerung in den eroberten Gebieten an den Tag legten.[88] Heroisch zu werden, war nicht zuletzt ein Abhärtungsprogramm.

Je länger der Krieg dauerte und je absehbarer die deutsche Niederlage wurde, desto deutlicher zeigte sich die selbstzerstörerische Dynamik dieses Heldenmythos: Nicht obwohl, sondern gerade weil der Endsieg und damit die Erfüllung der historischen Mission unerreichbar blieben, sollten die Deutschen nach dem Willen ihres Führers weiterkämpfen, um wenigstens im Untergang ihr Heldentum zu beweisen. Den Nationalsozialisten erschien die Geschichte, anders als Hegel und Marx, nicht als gerichteter Prozess, der durch den heroischen Einsatz »welthistorischer Individuen« oder einer revolutionären Klasse lediglich beschleunigt wurde, sondern als endlose Schlacht ohne Waffenstillstand und Friedensschluss, in der nur die Alternative Sieg oder Tod existierte und die bereits im Kampf gefallenen Helden die Lebenden mitreißen sollten, es ihnen nachzutun. Weil Heldentum oberste Deutschenpflicht und unbedingte Todes- wie Tötungsbereitschaft ihr Ausweis war, galt jeder Versuch, seine individuelle Haut zu retten, schon als Wehrkraftzersetzung.

Der Sinn, den dieser Heldenkult stiften sollte, verlor in der Endphase des Krieges jedoch an Bindungskraft: »Der heroische Mythos vom Selbstopfer für die Gemeinschaft wurde durch die erzwungene Konsequenz und ohne die Bindung des Opfers an einen unverfügbaren Wert *ad absurdum* geführt. Als Sinndeutung von Lebenserfahrungen wurde er unattraktiv, als Hilfe zur Bewältigung von Todeserfahrungen erschien er untauglich. Das Paradigma des heroischen Einzeltodes bewährte sich angesichts einer dauerhaft und massenhaft lebensbedrohlichen Situation nicht. Die Verabsolutierung als Kollektivopfer stand dem pragmatischen Überlebenswunsch des Volkes entgegen.«[89] Mit dem Sieg der Alliierten kollabierte der ins Extrem getriebene Heroismus; hinübergerettet in die Nachkriegszeit wurde lediglich der Aspekt des Opfers, das sich allerdings von einer heroischen Forderung in eine wehleidige Selbstbeschreibung verwandelte. Helden wollten die Nachkriegsdeutschen nicht länger sein, dafür sahen sie sich als Opfer der Siegermächte, aber auch der Nationalsozialisten, von denen sie sich nun betrogen fühlten; und selbstverständlich waren immer nur die anderen Nazis gewesen.

Folgt man Kittsteiners Epochengliederung, so endete die heroische Moderne in Westdeutschland, sieht man von gelegentlichen Wiederbelebungsversuchen bis in die 1950er-Jahre ab, im Jahre 1945. In der DDR und den übrigen Staaten des sowjetischen Machtblocks existierte sie dagegen, in sich gebrochen, noch bis 1989 weiter. Auch für den Aufbau des Sozialismus waren heroische Kräfte zu mobilisieren, wenn nötig mit terroristischen Mitteln. Der sozialistische Heldenkult stand allerdings nicht im Zeichen eines zum historischen Essential aufgeladenen Endkampfs, sondern diente einer forcierten Industrialisierung unter Bedingungen globaler Systemkonkurrenz. Trotz der ebenfalls forcierten Rüstungsanstrengungen und einer im Vergleich zum Westen massiven Militarisierung des Alltags in den Jahrzehnten des Kalten Kriegs war der prototypische Heros des Realsozialismus nicht der Soldat, sondern der Arbeiter. In sich gebrochen war die heroische Moderne östlicher Prägung insofern, als sie einen heroischen Voluntarismus mit einem historischen Determinismus koppelte: »Einerseits war die Geschichte feindlich, und man mußte ihr heldenhaft entgegentreten. Andererseits erfüllten ihre – nur von der marxistisch-leninistischen Wissenschaft erkennbaren – Gesetzmäßigkeiten die Helden mit gläubiger Zuversicht.«[90] In der DDR kam hinzu, dass der historische Einschnitt des Nationalsozialismus nicht gänzlich zu glätten war, auch wenn die offizielle Geschichtsschreibung ihn dialektisch als Voraussetzung für die Gründung des sozialistischen Staates auf deutschem Boden einzuordnen versuchte, wie Kittsteiner am Beispiel der DDR-Kunst aufzeigt: »Die mit Marx definierte Befreiung der Arbeiterklasse wird in Grundzügen als bereits existent unterstellt – der weiterwährende Kampf erfordert aber weiterhin hohe Opfer, und der Rückblick in die Vergangenheit kann nicht wirklich überdecken, daß man bereits eine vollständige Niederlage hinter sich hatte.«[91]

Kittsteiners geschichtsphilosophisch grundierter Epochenbegriff interpretiert die heroische Moderne vor allem als Antwort auf den Zerfall teleologischer Zukunftskonzepte. Die radikalisierte Kontingenzerfahrung eines historischen Prozesses ohne Sinn provozierte entweder stoisch aushaltende oder militante Heroismen, die nach dem Ersten Weltkrieg insbesondere in Deutschland einen Resonanzraum fanden und sich während der nationalsozialistischen Herrschaft zu einem totalitären Kampf- und Opfersyndrom radikalisierten. Dieser »durchgedrehte« Heroismus, der jeden Deutschen auf kriegerisches Heldentum einschwor, um eine rassistische Vernichtungspolitik ins Werk zu setzen, konnte aus sich heraus selbst dann nicht haltmachen, als die militärische Überlegenheit der Alliierten unübersehbar wurde und jedes Weiterkämpfen auf Selbstvernichtung hinauslief. Es ist diese Steigerungs- und Überbietungslogik, welche die nationalsozialistische Mobilmachung des Heroischen zu einem modernen Phänomen und eben nicht zu einer Regression auf vor- oder antimoderne Verhaltensmuster macht. Kittsteiner deutet die heroische Moderne denn auch insgesamt als temporäre Abweichung von der ihr vorausliegenden und nach ihrem Ende sich erneut durchsetzenden »evolutiven Moderne«, die von Fortschrittserwartungen getragen wird, welche sich auf die ökonomische Dynamik des Weltmarkts gründen.[92]

Die Grenze dieses Schichtenmodells liegt in seiner Engführung auf die deutsche Geschichte, die Ungleichzeitigkeiten und gegenläufige Entwicklungen in anderen Ländern und Weltregionen ausblendet.[93] So konnte bei den westlichen Siegermächten nach dem Ende des Weltkriegs von einer Abkehr vom kriegerischen Heldentum zunächst keine Rede sein. Die Gefallenen und auch die überlebenden Veteranen des *good war* ließen sich umstandslos als Helden verbuchen und in eine ungebrochene militärische Tradition einordnen. In den USA, Großbritannien und Frankreich hatte die heroische Moderne keine so exzessiven Züge angenommen wie in Deutschland, dafür endete sie dort auch weniger abrupt und wirkt in verdünnter Form bis heute nach. Für die um ihre Unabhängigkeit ringenden ehemaligen Kolonialgebiete wiederum begann die heroische Moderne erst mit den nationalen Befreiungskämpfen der 1950er- und 1960er-Jahre, erkennbar an der Vielzahl antikolonialer Heldengestalten.

Helden im Püree

Dass es in der frühen Bundesrepublik zunächst wenig Bedarf an Heldengeschichten gab, ist angesichts der vorausgegangenen Überdosis kaum verwunderlich. Nach dem Zusammenbruch von 1945 erschien das Heroische insgesamt kontaminiert. Selbst die Erinnerung an die Toten des Weltkriegs und der Massenvernichtungsaktionen ließ sich schwerlich als Heldenkult inszenieren: Die von den Nationalsozialisten Ermordeten nachträglich zu heroisieren, lag den Deutschen ohnehin fern; die ehemaligen Täter wiederum waren als gehorsame Diener eines verbrecherischen Regimes moralisch zu sehr diskreditiert, um sie posthum als Helden zu feiern. Stattdessen ordnete man sie pauschal unter die »Opfer von Krieg und Gewaltherrschaft« ein und benannte den Heldengedenktag wieder in Volkstrauertag um.[94] Streit gab es um die Würdigung der hingerichteten Männer und Frauen des Widerstands: Für die einen verbürgten sie stellvertretend moralische Integrität, als tragisch gescheiterte Helden schienen sie zugleich die Aussichtslosigkeit widerständigen Handelns zu belegen und so das Mitläufertum der gewöhnlichen Deutschen zu rechtfertigen. Andere verdammten sie umstandslos als Hoch- und Landesverräter.[95] Generell wollte man im manischen Aufbaueifer des Wirtschaftswunders vom vergangenen Krieg und seinen Heroen eher nichts mehr hören. Höher im Kurs standen zivile Bewährungsfelder wie der Sport, das prominenteste Beispiel waren »die Helden von Bern«.

Gegenüber diesen Symbolen vorerst mehr herbeigesehnter denn bereits zurückgewonnener nationaler Größe mussten die widersprüchlichen Heldenfiguren, denen Georg Baselitz Mitte der 1960er-Jahre eine Folge großformatiger Bilder widmete, wie Wiedergänger aus der mühsam entsorgten Vergangenheit erscheinen. Die Serie, als Werkgruppe erstmals 1973 in Hamburg unter dem Titel »Ein neuer Typ« ausgestellt, zeigt in provokativer Weise eher die Gebrochenheit des alten Heldentyps: »Ihre stets männlichen Figuren beanspruchen eindeutige Bilddominanz, doch die knappen Formate zwängen sie in die Unfreiheit enger Grenzen; sie verweisen durch Kostüm, Attribut und landschaftliche Kontextualisierung auf historische Ereignisse, werden kompositorisch aber vollkommen enthistorisiert; ihre oft mit zu kleinen Köpfen ausgestatteten Körper sind von kraftvoller Virilität, schwankend und mit linkischem Unbehagen scheinen die Gestalten allerdings in sich selbst gefangen; martialisch ist ihr Auftreten nur auf den ersten Blick, letztlich bestimmen Verwundung, Verunsicherung und Ohnmacht ihr bildliches Dasein.«[96] Solch lädierte Helden taugen weder für Gedenkkalender und repräsentative Erinnerungsräume noch als Ikonen politischen Protests. In Baselitz' wuchtigen Bildern ist die heroische Moderne auch ästhetisch an ihren Endpunkt gelangt, sich von ihr zu lösen, blieb allerdings einem anderen Künstler vorbehalten, der – im Medium der Literatur – die Helden und ihre Versehrungen mit ironischer Leichtigkeit hinter sich ließ.

Niemand hat die Abkehr der Nachkriegsdeutschen von den Exzessen des Heroismus scharfsichtiger beobachtet und nachdrücklicher begrüßt als Hans Magnus Enzensberger. In seinen Essays skizziert er eine andere Moderne als jene, in der heroisch auszuharren Weber verlangt und deren Mobilmachungsimperativen sich heroisch zu unterwerfen Jünger gefordert hatte. Nicht die metallische Metaphorik von »stahlhartem Gehäuse« und »Stahlgewittern«, sondern »Püree« ist sein Bild für den Aggregatzustand der Gegenwart.[97] Dieser erzeugt zwar eine notorische »Sehnsucht nach dem Eindeutigen«, mit Durchhaltewillen und einem »Pathos der Entschlossenheit« ist der amorphen Konsistenz jedoch nicht beizukommen: »Man kann den Brei nicht bis aufs Messer bekämpfen – dazu ist er zu nachgiebig; man kann ihn nicht widerlegen – dazu ist er zu zäh; man kann ihn nicht beseitigen – dazu ist er zu voluminös. Aber am Brei stirbt man nicht.« Zu Selbstaufopferung besteht deshalb ebenso wenig Anlass wie zu anderen Rigorismen. Enzensberger empfiehlt seinen Landsleuten stattdessen die »Freuden der Inkonsequenz«, verteidigt die Normalität und preist Mittelmaß wie Opportunismus als zivilisatorische Errungenschaften.[98] Kompromisslose Helden, unfähig und unwillig, halbe Sachen zu machen, haben die Welt an den Abgrund geführt, die »einzige Überlebenschance« besteht fortan in einer ganz und gar unheroischen Politik des Sichdurchwurstelns: »Schlechte Zeiten für charismatische Heldenväter und echte Führerfiguren. Glücklicherweise lassen sich Ganz Große Männer nirgends blicken. Die Weltpolitik gleicht zunehmend einer Reparaturwerkstatt, wo sich sorgenvolle Mechaniker, über stotternde Motoren gebeugt, am Hinterkopf kratzen und überlegen, wie sie ihre Karren wieder flott machen könnten. (Die Rechnungen fallen entsprechend hoch aus.) Alexander der Große wäre hier ebenso fehl am Platze wie Napoleon oder Stalin.«[99] – Geschrieben Anfang der 1980er-Jahre.

Kittsteiner lässt es am Ende seines zuerst 2003 veröffentlichten programmatischen Aufsatzes zu den »Stufen der Moderne« offen, ob die Deheroisierung endgültig ist oder nach 9/11 »ein nun im Rahmen anderer Kulturen und Religionen sich entfaltender neuer ›Heroismus‹« in Erscheinung tritt, möglicherweise gerade als Reaktion auf die subjektlose Gewalt des entfesselten Weltmarkts.[100] Das Ende der heroischen Moderne ist für ihn jedenfalls nicht gleichbedeutend mit dem Anbruch postheroischer Zeiten; das Attribut postheroisch sucht man in den Texten des 2008 verstorbenen Historikers (wie übrigens auch bei Enzensberger) vergebens. Helden gab und gibt es, daran lässt er keinen Zweifel, auch jenseits der ohnehin nur für die deutsche Geschichte konzipierten Epocheneinteilung. Dass nicht nur ihre heroische Ausprägung, sondern die Moderne insgesamt erschöpft sein könnte, hat er vehement bestritten. Gegenüber den Kündern einer fragmentierten Postmoderne hält er an der Vorstellung von der Einheit der Geschichte fest und plädiert für eine neue »große Erzählung« mit dem Kapital als automatischem Subjekt (dem Weltmarkt als auf die Füße gestelltem Weltgeist). Weil sie ohne teleologische Absicherung auskommt, soll sie auf die Rechtfertigung von Menschenopfern als Kollateralschäden des Fortschritts und auch auf die damit verbundenen heroischen Anrufungen verzichten können.[101]

Indem Kittsteiner die heroische Moderne als Abweichung fasst, schließt er implizit an jene von Hegel begründete Argumentationslinie an, die auf die grundsätzliche Antiquiertheit von Helden in der modernen Gesellschaft abhebt und sie allenfalls in Kriegs- und Umbruchszeiten für unverzichtbar hält. Hegel hatte dies an der Institution des Rechts deutlich gemacht, die das Handeln der Einzelnen in ein umfassendes Regelwerk einbindet. Die deheroisierenden Dynamiken lassen sich jedoch auch an anderen für die Moderne konstitutiven Prozessen wie demokratischer Partizipation, Ökonomisierung, Technisierung, der Depotenzierung des Individuums in der Massengesellschaft sowie der Erosion traditioneller Männlichkeitsmuster aufzeigen.

So privilegieren die Demokratisierungsprozesse, die seit dem 19. Jahrhundert stärker werden und in der zweiten Hälfte des 20. Jahrhunderts zum Index gesellschaftlicher Modernisierung aufsteigen, ein Ethos der Egalität, gegenüber dem die Verehrung großer Männer und ihrer außerordentlichen, das heißt regelverletzenden und/oder das im statistischen Sinne Normale übersteigenden Taten anstößig erscheint. Die beiden elementaren Formen der Heldenselektion, Auserwähltsein und Selbstermächtigung, geraten in Verruf. Demokratische Führer werden gewählt, nicht auserwählt; sie reißen die Herrschaft nicht an sich, sie wird ihnen auf Zeit übertragen. Unter dem Ideal der Gleichheit verliert das Exzeptionelle seine Legitimität und Vorbildfunktion.

Mit der globalen Ausbreitung kapitalistischer Produktions- und Tauschverhältnisse liefern Leistungs- und Erfolgsorientierungen die elementaren Richtpunkte für die individuelle Lebensführung. Das uneigennützige Opfer des Helden wird in dem Maße unplausibel, wie das Konzept der Ehre an Bindungskraft einbüßt und von einem Ethos der Nutzenmaximierung abgelöst wird. Rationale Interessenkalküle konfligieren mit dem Pathos heroischer Leidenschaft. Die zeitgenössischen Unternehmer ihres eigenen Lebens streben nach Alleinstellungsmerkmalen im verallgemeinerten Wettbewerb, nicht nach heroischer Größe. An die Stelle des Ruhms als Goldstandard gesellschaftlicher Anerkennung treten die weit volatileren Währungen des Prestiges und der Prominenz. *Celebrities* sind allenfalls Heldenkarikaturen, die durch *glamour* wettmachen, was ihnen an *glory* fehlt. Ihre Funktion besteht nicht darin, »irgendwelche Maßstäbe zu setzen; sie liegt in ihrem Unterhaltungswert«.[102]

Eine Problematisierung heroischer Subjektvorstellungen folgt auch aus der Komplexitätssteigerung gesellschaftlicher Interdependenzgeflechte: Administrative Entscheidungsprozesse, wie sie zur Lenkung von Unternehmen und anderen Großorganisationen gehören, aber auch politisches Krisenmanagement und Kriegführung sind zu vielschichtig, ihre Auswirkungen sind zu gravierend, um sie von der Willenskraft, dem Mut und der Entschiedenheit Einzelner abhängig zu machen. Das »Pathos des bombastischen Heroismus der Aktion«[103] klingt schon lange hohl. Statt tollkühn das Ganze aufs Spiel zu setzen, werden Probleme kleingearbeitet und Kompromisse ausgehandelt. Für die Moderation von Selbstorganisationsprozessen ist ein heroischer Führungsstil eher hinderlich. Nicht das brachiale Durchschlagen gordischer Knoten, sondern das kunstvolle Knüpfen von Netzen ist gefragt.

Die Weiterentwicklung der Technik – bereits in früheren Epochen ein Motor von Deheroisierungen – radikalisiert die Substitution von Menschen durch Maschinen. Angesichts selbstlernender Apparaturen wirkt selbst die *Homofaber*-Gestalt des Ingenieurs wie ein Anachronismus. Die

Marginalisierung heroischer Agency durch die Technik gilt insbesondere für die Sphäre des Militärischen: Spätestens mit dem Nuklearzeitalter hat sich die für Imaginationen des Heroischen unverzichtbare Vorstellung verflüchtigt, »durch das eigene Opfer andere zu retten, sie aus einer großen Gefahr zu befreien oder ihnen die Möglichkeit zu verschaffen, sich in Sicherheit zu bringen«.[104] Der Einsatz von Massenvernichtungsmitteln und unbemannten Drohnen lässt keinen Platz für Szenarien heldenhafter Bewährung. Soziotechnische Arrangements werden wichtiger als exzeptionelle Taten, automatisierte Zerstörungsarbeit ersetzt die Leidenschaft des Kampfes. Die todesverachtende Mimesis an die übermächtigen Maschinen, wie Jünger sie für die faschistischen Arbeiter-Krieger proklamiert hatte, ist der »prometheischen Scham« (Günther Anders)[105] von Nerds gewichen, die ihr Inferioritätsgefühl gegenüber der Technik durch beflissene Coolness kompensieren. (Im Solutionismus der *Silicon Valley*-Kultur bricht sich jedoch auch ein Techno-Heroismus Bahn, der schnelle und einfache Lösungen für sämtliche Probleme suggeriert und zugleich subversive Gegenhelden wie den Hacker hervorbringt.[106])

Hegel hatte, wie gezeigt, die Möglichkeit des Heroischen an der »individuellen Selbständigkeit« festgemacht, die mit der Einbettung der Einzelnen in gesellschaftliche Institutionen verloren gegangen sei. Die hypertrophe Vorstellung eines autonomen Subjekts, das seine Taten souverän aus sich selbst heraus setzt und für sie volle Verantwortung übernimmt, war immer schon phantasmagorisch; unter den Bedingungen der Moderne entbehrt sie jeglicher Plausibilität. Wie soll ein Ich, das nach Freud nicht einmal Herr im eigenen Haus ist, dessen Handeln durch kulturelle Prägungen, habitualisierte Rollenerwartungen und disziplinierende Zurichtungen geformt wird, für sich und andere glaubhaft jene menschlich-übermenschliche Unabhängigkeit, Exzeptionalität und moralische Autorität reklamieren, die Heldenfiguren auszeichnet? Selbst das wirtschaftswissenschaftliche »Göttlichkeitsmodell« rationaler Wahl mit seiner Als-ob-Anthropologie eines »heroischen Menschen, der umfassende Entscheidungen in einem vollständig integrierten Universum trifft«,[107] hat spätestens mit dem Aufkommen der Verhaltensökonomik Risse bekommen.

Die Dynamik der Individualisierung, von der Soziologie seit ihren Anfängen immer wieder als Herauslösung der Einzelnen aus traditionalen Bindungen und ihre Nötigung zur Freiheit beschrieben, läuft parallel zu den Prozessen der Normalisierung, die das Außerordentliche ins Kontinuum statistischer Häufigkeitsverteilungen einordnen. Selbst die zeitgenössische »Gesellschaft der Singularitäten«,[108] die Konformismus verachtet und das Einzigartige feiert, produziert allenfalls paradoxe Heroen, die sich daran bewähren (oder daran scheitern), die widersprüchlichen Anforderungen verallgemeinerter Distinktion auszubalancieren. Wenn alle gehalten sind, ihre individuelle Besonderheit auszustellen, sind alle – zumindest darin – gleich. Heldengeschichten gehen anders. Aber sie verschwinden nicht, im Gegenteil: Heroen mögen als Relikte vergangener Zeiten erratisch in die Gegenwart hineinragen, aber das Heldenschema hat sich bis jetzt als flexibel genug erwiesen, um seinen Platz zu behaupten. Die Figuren wandeln sich, doch für Nachschub ist weiter gesorgt. Sie mögen die postheroische Ordnung stören, aber es sind nicht zuletzt die Zumutungen dieser Ordnung, die den Bedarf an Heldengeschichten aufrechterhalten.

Ich werde in den nächsten drei Kapiteln die Konturen des Postheroischen für jene Felder nachzeichnen, in denen der Topos prominent verhandelt wurde und wird. Ihrer Dramaturgie nach folgen die inspizierten Diskurse, gleich ob sie sich auf veränderte Subjektivierungsweisen, neue Managementkonzepte oder Transformationen der Kriegführung beziehen, einem ähnlichen Muster: Sie diagnostizieren erstens die Antiquiertheit heroischer Rollenmodelle, an deren Stelle postheroische, hier verstanden als deheroisierte beziehungsweise aheroische Verhaltensorientierungen getreten sind oder treten sollen. Zweitens konstatieren sie, dass komplementär zu diesen Abgesängen auf das Heldentum neue Heroismen auftauchen. Beide Anrufungen stehen einander unversöhnlich gegenüber und/oder verteilen sich auf unterschiedliche Gruppen und Milieus. Drittens lassen die Diskurse erkennen, dass in die postheroischen Dispositionen selbst heroische Momente eingelassen sind, und postulieren flexible Registerwechsel. Die Logiken temporaler Abfolge, antagonistischer Kopräsenz und eines Wiedereintritts schließen einander aus, aber sie markieren zugleich Schritte der reflexiven Bearbeitung jenes Problems, das postheroische Helden in einer postmodernen Moderne darstellen.

4. Konturen des Postheroischen I: Subjekte

Helden gibt es nicht in der ersten Person. Die Aussage »Ich bin ein Held!« ist ein sich selbst dementierender Sprechakt. Auch im Plural funktioniert sie allenfalls ironisch. »Das muß echt mit dem Teufel zugehen, daß das jemand ernst nimmt«, kommentierte Mark Tavassol, Bassist der Gruppe Wir sind Helden, den Bandnamen: »Der bedeutet ja, daß wir den Heldenbegriff verinflationieren wollen. Und die Frechheit besitzen zu sagen: ›Wir sind auch Helden!‹«[1] Heroentum und Pop sind symbolische Währungen, ihr Wertmaß ist Bewunderung und Verehrung. Doch während Pop vom augenzwinkernden Spiel mit Selbststilisierungen lebt, haftet Heroisierungen der eigenen Person stets etwas Anmaßendes an. Oder etwas Komisches. Don Quixote hat es als *wannabe-hero* immerhin in die Weltliteratur geschafft. Möglich ist die Ego-Aussage dagegen auf dem Umweg der Negation. Nur wer den Titel zurückweist, darf ihn beanspruchen: »Mein Papa ist ein Held«, verkündet ein kleiner Junge in einem Werbeclip des Notfallmedizin-Geräteherstellers corpuls. »Ich bin kein Held. Das ist mein Job«, erwidert darauf eine Männerstimme, während Großaufnahmen erschöpfter, aber entschieden dreinblickender Rettungsärzte, Feuerwehrmänner und Sanitätssoldatinnen den Bildschirm füllen und das Gegenteil bezeugen.[2]

Markiert das Personalpronomen »ich« in Heldenangelegenheiten also eine prekäre Sprecherposition, so taugen umgekehrt heroische Narrative nur bedingt als Ego-Generatoren: Auf der einen Seite befördern sie zweifellos Grandiositätsphantasmen. Wie Jan-Philipp Reemtsma schreibt, kann es Helden »nicht geben, ohne dass ihr Ich in ungewöhnlicher Weise ihre Person bestimmt. Helden kann es nicht geben, wo sie nicht als Personen bewundert werden. Und Helden kann es nur geben, wenn sie jene narzisstische Seite in uns zum Klingen bringen, die wir normalerweise nicht Gelegenheit haben, kräftig anzuschlagen.«[3] Auf der anderen Seite erinnern uns die bewunderten Helden unweigerlich daran, dass wir selbst keine sind. Was den Narzissmus nährt, das kränkt ihn zugleich: Mein Papa mag ein Held sein, ich bin es nicht. Wo Heroismen walten, sind deshalb Ambivalenzkonflikte vorprogrammiert.

Vom heroischen Ich …

Der heroischen Moderne im Sinne Kittsteiners, in der keine List der Vernunft mehr die gesellschaftlichen Antagonismen versöhnt, entspricht denn auch das Modell eines Ego im Widerstreit von Größenimaginationen und Selbstzweifeln, gesellschaftlichen Normen und Transgressionsimpulsen, Realitäts- und Lustprinzip, wie es die frühe Psychoanalyse zeichnet. Der Innenraum der Seele ist demnach eine Kampfzone: Das Freudsche Ich hat gleich »drei gestrengen Herren« zu dienen, fühlt sich folglich »von drei Seiten her eingeengt, von dreierlei Gefahren bedroht, auf die es im Falle der Bedrängnis mit Angstentwicklung reagiert«. »[V]om Es getrieben, vom Über-Ich eingeengt, von der Realität zurückgestoßen«, ringt es heldenhaft »um die Bewältigung seiner ökonomischen Aufgabe, die Harmonie unter den Kräften und Einflüssen herzustellen, die in ihm und auf es wirken«.[4] Freud kleidet diesen Konflikt in das Familiendrama des Ödipus und erkennt in der prekären Stellung des (männlichen) Kindes zwischen Eifersucht auf und Bewunderung für den Vater, zwischen Kastrationsangst und Tötungswunsch auch den Grund für die Attraktionskraft populärer Heldengeschichten. Wie das kindliche Spiel vermitteln sie Befriedigung durch phantasmatische Wunscherfüllung. Dass ihre Protagonisten am Ende stets obsiegen, gibt dem Ich, das sich mit ihnen identifiziert, zumindest imaginär jenes Gefühl der Sicherheit, um das es im Alltag kämpft: »Wenn ich am Ende eines Romankapitels den Helden bewußtlos, aus schweren Wunden blutend verlassen habe«, beschreibt Freud die entlastende Lektüreerfahrung, »so bin ich sicher, ihn zu Beginn des nächsten in sorgsamster Pflege und auf dem Wege der Herstellung zu finden, und wenn der erste Band mit dem Untergange des Schiffes im Seesturme geendigt hat, auf dem unser Held sich befand, so bin ich sicher, zu Anfang des zweiten Bandes von seiner wunderbaren Rettung zu lesen, ohne die der Roman ja keinen Fortgang hätte. [...] [A]n diesem verräterischen Merkmal der Unverletzlichkeit erkennt man ohne Mühe – Seine Majestät das Ich, den Helden aller Tagträume wie aller Romane.«[5] Der Herrschaftsbereich dieses Regenten bleibt freilich auf das Reich der Phantasie beschränkt, jenseits von dessen Grenzen bekommt er die eigenen Limitierungen nur allzu deutlich zu spüren.

Ein solches, zwischen Souveränität und Heteronomie oszillierendes Ego entsprach einer gesellschaftlichen Ordnung, die Ich-Stärke sowohl prämierte (gegenüber den Ansprüchen des Es) als auch sanktionierte (gegenüber den Forderungen des Über-Ichs) und die Einzelnen in unlösbare Dilemmata zwischen Wollen und Sollen verstrickte. Wenn sie ihre Mitglieder auf heroische Tugenden einschwor, musste sie zugleich jene psychische Instanz schwächen, an deren Heldentum sie appellierte. Je schmerzhafter das Ich wiederum sein Ungenügen gegenüber den heroischen Anrufungen spürte, desto rückhaltloser lehnte es sich an Autoritäten an, die das Heldenideal zu verkörpern schienen, und desto entschiedener verachtete es jene, die ihm noch unheroischer vorkamen beziehungsweise präsentiert wurden als es selbst. Die Resonanz, die insbesondere völkische und kriegerische Heroismen in der ersten Hälfte des 20. Jahrhunderts fanden, erscheint in dieser Perspektive als Introjektion des Aggressors: Dem nur rudimentär entwickelten Ich fehlt es aufgrund der gesellschaftlichen Depotenzierung väterlicher Autorität an Gelegenheit, innerhalb der Familie jene Kämpfe zu führen, an denen es wachsen und Autonomie gewinnen kann. Deshalb kompensiert es seine Schwäche durch Bindung an externe Autoritäten, die ihm Schutz und Anteil an der Beute versprechen, wenn es sich ihrem Kommando unterwirft, und ihm zugleich mit Vernichtung drohen, sollte es sich gegen sie stellen. Im Typus der autoritären Persönlichkeit, wie ihn die frühe Kritische Theorie in den 1930er- und 1940er-Jahren als Schrumpfform des Freudschen Modells der Psyche herauspräparierte, findet die »heroische Weltanschauung«, die Max Horkheimer bereits Ende der 1920er seziert hatte, ihr sozialcharakterologisches Pendant.[6]

Das Ich, das Freud noch programmatisch zum Kulturhelden erhöht hatte – »Wo Es war, soll Ich werden. Es ist Kulturarbeit etwa wie die Trockenlegung der Zuydersee«[7] –, war mit der ihm zugedachten Aufgabe zunehmend überfordert. Seine Deheroisierung ging jedoch einher mit einer gegen jede Reflexion abgedichteten Heroisierung externer Autoritätsinstanzen, die gleichermaßen geliebt wie gefürchtet wurden. Die Sehnsucht, sich ihnen zu unterwerfen, wuchs mit der Zurschaustellung ihrer Macht und dem Schrecken, den sie verbreiteten. Der Führer, dem man bedingungslosen Gehorsam zu schulden glaubte und zu leisten bereit war, erschien zwar viel zu groß, um ihn nachzuahmen, aber seinen Befehlen zu folgen, verschaffte den »beherrschten Klassen« nicht nur eine angstmindernde »›Prothesen‹-Sicherheit«, sondern auch die Prothesen-Befriedigung, selbst Teil von etwas Größerem zu sein, das heroischen Einsatz verlangte und jedes Opfer wert war. Gerade weil das Ich seinen ohnehin prekären inneren Heldenstatus eingebüßt hatte, lieferte es sich äußeren Heroen aus, die keine Vorbehalte duldeten. »Man kann diesen Mechanismus nicht als Identifizierung bezeichnen«, erläuterte Erich Fromm die Eigenart der affektiven Bindung. »Diese findet sich eher noch in der demokratischen Autoritätsstruktur, wo die Distanz zwischen Führer und Geführtem als grundsätzlich überbrückbar erscheint. In der extremen Autoritätsstruktur aber gehört es zum Wesen des Führers, dass er zum Führer geboren ist und dass er über solche herrscht, die von Natur aus zum Folgen bestimmt sind. Mit diesem geborenen Führer kann man sich nicht identifizieren, aber man kann an ihm partizipieren, und dieses Partizipieren ersetzt dem Autoritätsgläubigen vieles von den narzisstischen Befriedigungen, die ihm aufgrund seiner armseligen gesellschaftlichen Position versagt sind. Diese narzisstische ›Ersatzbefriedigung‹ durch masochistische Hingabe an eine höhere, gewaltige Macht wird nicht nur durch das Verhältnis zum Herrscher, sondern auch durch das Partizipieren am Glanz der Nation oder Rasse erreicht. Je höher der Einzelne die Macht und den Glanz der Gewalt einschätzt, an der er partizipiert, desto größer ist seine Befriedigung.«[8] Entschädigt wird die autoritäre Persönlichkeit für ihre Unterwerfung nicht nur mit der imaginären Teilhabe an einem im Führer-Helden verkörperten Größen-Wir und der Verschmelzung mit dem Kollektiv zu einem Massen-Ich, sondern vor allem mit dem

Freibrief, sich an jenen schadlos zu halten, die zu Feinden der heroisierten Gemeinschaft deklariert werden.

Sozialcharaktere ändern sich zwar nicht so rasch wie politisch-ökonomische Regime, gleichwohl erodierte nach 1945 nicht nur die heroische Moderne, mit der Wendung von Kampf und Opfer zu Wohlstand und Konsum lockerten sich vielmehr Schritt für Schritt auch die autoritären Fixierungen. Die mit diesen verbundenen Verhaltens- und Affektdispositionen waren zu rigide, um auf Dauer den Anforderungen einer sich ökonomisch und politisch liberalisierenden Gesellschaft gewachsen zu sein, die auf lernbereite und kooperationsfähige Individuen angewiesen war. In den 1950er- und 1960er-Jahren dominierten zunächst konformistische Persönlichkeitsmodelle, prominent auch in der Bundesrepublik der von David Riesman für die US-amerikanische Gesellschaft beschriebene »außen-geleitete Charakter«, der die Bindung an *eine* Autorität durch Orientierung an den *Vielen* und das Freudsche Konfliktmodell eines heroischen Ichs im Kampf mit Es, Über-Ich und Realität durch die aheroische Vorstellung eines Selbst als Feedbackmaschine ersetzt. Statt sich auf den Kompass verinnerlichter Normen zu verlassen, navigiert dieser »Radar-Typ« mithilfe seiner weit ausgefahrenen Antennen: »Die von dem außen-geleiteten Menschen angestrebten Ziele verändern sich jeweils mit der sich verändernden Steuerung durch die von außen empfangenen Signale. Unverändert bleibt lediglich diese Einstellung selbst und die genaue Beachtung, die den von den anderen abgegebenen Signalen gezollt wird.«[9] Auffällig ist, dass Riesman den Konformismus des Außen-Geleiteten nicht mit Heteronomie gleichsetzt und umgekehrt dessen Selbstbestimmung deheroisiert: »Heldentum zeugt nicht unbedingt von Autonomie. Unsere Definition von Autonomen bezieht sich auf jene, die ihrem Charakter nach fähig sind, sich frei zu entscheiden, wenn sie vielleicht auch nicht in der Lage sind oder keinen Wert darauf legen, das Wagnis auf sich zu nehmen, offen von der Norm abzuweichen.«[10] Ein feedbackgesteuertes Selbst braucht zumindest die Freiheit, auf externe Impulse flexibel reagieren zu können. Fluchtpunkt seiner Autonomieregungen ist jedoch nicht Exzeptionalität, sondern Normalität. Identifikation mit Heldenfiguren kennt der Außen-Geleitete deshalb nur in abgeschwächter Form, Partizipation an ihrer Größe durch bedingungslosen Gehorsam ist ihm fremd. Weder interessiert er sich besonders für die Dramatik heroischer Kämpfe noch für die Sache, um die sie geführt werden. Zu den Siegen anderer nimmt er vielmehr eine »Konsumentenhaltung« ein. Für ihn zählt der Erfolg, nicht das hehre Ziel. Entsprechend schlicht ist sein moralischer Anspruch: »wenn der Held siegt, ist er sittlich«.[11]

William H. Whyte, dessen 1956 erschienene sozialcharakterologische Zeitstudie über den *organization man* auch in Westdeutschland viel beachtet wurde, diagnostiziert ebenfalls ein Abschleifen äußerer wie innerer Konflikte. Statt in den Kampf zu ziehen, neigen die Helden der Nachkriegszeit »eher dazu, sich rings um den Marktplatz aufzuhalten«.[12] Das Ideal ist der wohlausgeglichene »Gruppenmensch«. Die zeitgenössische Populärliteratur, aus deren Lektüre Whyte die dominante Persönlichkeitsstruktur herauspräpariert, entlastet ihre Protagonisten von den Zumutungen des Nonkonformismus. Gemessen an traditionellen heroischen Maßstäben sind diese Helden keine und müssen auch keine sein: »In der älteren Literatur gab es einen gewissen Zwiespalt zwischen dem Menschen und seiner Umwelt; ganz gleich, wie sehr der Zufall ihm half, mußte der Held etwas *tun* – oder es mußte zumindest so aussehen, als täte er etwas –, ehe er seine Belohnung erhielt. Heute ist das selten so. Die Gesellschaft ist so wohlwollend, daß es keinen Zwiespalt mehr gibt, der einen zur Rebellion treiben könnte. Der Held *bildet sich nur ein*, daß es einen gäbe.«[13]

Riesman und Whyte nahmen vorweg, was Herbert Marcuse Mitte der 1960er-Jahre zum Negativbild des »eindimensionalen Menschen« verdichtete[14] und Frank Böckelmann 1971 als »schlechte Aufhebung der autoritären Persönlichkeit« kritisierte, in deren Zuge der »Narzißtisch-Ich-Schwache« den »Autoritär-Ich-Schwachen« abgelöst habe.[15] Die »absorbierende Macht der Gesellschaft«, so Marcuse, hat mittels »repressiver Entsublimierung« die individuellen Wünsche so zugerichtet, dass sie mit den gesellschaftlichen Anforderungen tendenziell zur Deckung kommen und folglich zumindest so weit befriedigt werden können, dass antagonistische Konflikte – und heroische Anstrengungen zu ihrer Überwindung – ausbleiben: »Im seelischen Apparat scheint die Spannung zwischen dem Ersehnten und dem Erlaubten beträchtlich herabgesetzt, und das Realitätsprinzip scheint heute keine durchgreifende und schmerzhafte Umgestaltung der Triebbedürfnisse zu erfordern. Das Individuum muß sich einer Welt anpassen, die die Verleugnung seiner innersten Bedürfnisse nicht zu verlangen scheint – eine Welt, die nicht wesentlich feindlich ist.«[16] Und die doch auf die Katastrophe zusteuert. Dass eine solche Welt weder Platz für triumphierende noch für tragische Helden hat, bestreitet Marcuse allerdings vehement. Zwar hätten »die Herren der Welt« ihre metaphysischen Züge verloren, ihr »Auftreten im Fernsehen, auf Pressekonferenzen, im Parlament und bei öffentlichen Kundgebungen« sei kaum für ein Drama geeignet, »das über das der Reklame hinausgeht«, dennoch, so die dialektische Volte: »der sagenhafte revolutionäre Held, der selbst Fernsehen und Presse trotzen kann, existiert noch – seine Welt ist die der ›unterentwickelten‹ Länder«.[17] Dafür spreche die zeitgenössische Strahlkraft von kämpferischen Märtyrergestalten wie Che Guevara, dessen Nachleben als globale Pop-Ikone allerdings auch Marcuses These von der Absorptionskraft der Massenkultur bestätigt.[18]

Die Aufbrüche von 68 und ihre dem Pathos der »Großen Weigerung« verpflichteten Heroen scheinen das Schreckbild pazifizierter Subjekte in einer »Gesellschaft ohne Opposition«[19] zu widerlegen. Rückblickend betrachtet markieren die Protestbewegungen jedenfalls einen Einschnitt, der auch Verschiebungen in den Charakterstrukturen anzeigt. Angestoßen wurden diese Transformationen sowohl durch gegenkulturelle Impulse als auch durch Modernisierungsanforderungen. Der verbreitete Konformismus in den westlichen Gesellschaften war bereits nach dem Sputnik-Schock als Fortschrittshemmnis identifiziert worden, der Ruf nach Spitzenleistungen und herausragenden Persönlichkeiten (sowie nach Bildungsreformen, welche sie hervorbringen sollten) lauter geworden.[20] Nicht nur der Typus der autoritären Persönlichkeit, sondern ebenso Riesmans »Außen-Geleitete« erschienen zunehmend als dysfunktional, weil zu wenig flexibel. Beweglichkeit zeichnete zwar auch die feedbackgesteuerten Radar-Typen aus, aber ihre fortlaufende Selbst*normalisierung* blieb reaktive Anpassung an die Mehrheit. Jetzt war Selbst*aktivierung* gefordert, und Nonkonformismus avancierte zum Innovationsmotor im globalen Wettbewerb. Was der revoltierenden Jugend massive Anfeindungen einbrachte, nämlich ihr Widerspruchsgeist und Eigensinn, ihre Kritik an überkommenen Autoritäten und ihre Experimente mit nichthierarchischer Kooperation, das wurde – in gezähmter Form und mit einiger Verzögerung – als Remedium gegen bürokratische Erstarrung oder konsumistische Erschlaffung in Anschlag gebracht.[21]

... zur postheroischen Persönlichkeit

Zu den anhaltenden Einflüssen der Gegenkultur zählt nicht zuletzt das Ideal kommunikativer Verständigung, das in den Erziehungspraktiken ebenso wie in den Geschlechterbeziehungen an Bedeutung gewann und auch auf das Verhältnis zwischen Ich, Es und Über-Ich abfärbte. Folgt man neueren sozialpsychologischen Arbeiten, so hat sich Freuds notorisch überforderter Konfliktmanager der eigenen Seele inzwischen zu einem kompetenten, wenn auch gelegentlich überforderten Teamplayer gemausert, der einen demokratischen Führungsstil mit sich selbst pflegt. Statt herkulisch die innere Zuydersee trockenzulegen, sorgt er für kommunikativen Flow zwischen den psychischen Instanzen. Seine Charakterstärke ist nicht länger mit Charakterstarre, sondern mit Geschmeidigkeit und Dialogfähigkeit assoziiert.

Paradigmatisch für diese »Modernisierung der Seele« steht der Typus der »postheroischen Persönlichkeit«, die sich »von einer ›heroischen‹ Unterdrückung eigener Impulse ebenso verabschiedet [...] wie von einem ›heroischen‹ Durchhalten einmal getroffener (Lebens-)Entscheidungen«.[22] Ihr Namensgeber, der Frankfurter Sozialisationsforscher Martin Dornes, bis 2014 Mitglied der Leitung des Instituts für Sozialforschung, skizziert ein Porträt dieser zeitgenössischen Sozialfigur: »Ihre psychische Grundkonfiguration ist aufgelockert, ohne deswegen übermäßig fragil zu sein. Sie fühlt sich Werten verpflichtet, die sie aber nicht prinzipien- oder konformitätsgeleitet verwirklicht, sondern kontextsensitiv. Ihre Flexibilität ist nicht erzwungen, sondern psychisch verankert. Sie lässt vormals tabuisierte Impulse zu und befindet sich in einem inneren Dialog mit ihnen. Ihre Flexibilität ist nicht Ausdruck von Angst, sondern der einer psychischen Verfassung, die nicht Anpassung, sondern einen Zuwachs neuer Selbst- und Weltgestaltungsmöglich-keiten impliziert. Wegen des hohen Tempos sozialer Wand-lungs- und Enttraditionalisierungsprozesse ist die Psyche allerdings vermehrt auf Selbststeuerungsleistungen ange-wiesen und deshalb von Selbststeuerungs(über)anstrengun-gen stärker herausgefordert.«[23]

Den Aufstieg der postheroischen Persönlichkeit führt Dornes vor allem auf einen Wandel der Erziehungsvor-stellungen und -praktiken zurück. Kindliche Lebensäuße-rungen würden zunehmend ernst genommen und wertge-schätzt, die Selbständigkeit gefördert, Deliberation und Kontraktpädagogik ersetzten Anpassungsforderungen und Disziplinierungsmaßnahmen. Auch wenn man Gegenten-denzen wie die fürsorgliche Belagerung durch Helikopter-Eltern in Rechnung stelle, schlügen die Autonomiegewinne doch stärker zu Buche. Mit dem Zuwachs an psychischer Freiheit gehe allerdings eine gesteigerte Verletzlichkeit ein-her. Überdies bestehe das Risiko, »dass dieselben Sozialisa-tionsbedingungen, die eine fundamentalismus- und kriegs-averse, postheroische Persönlichkeit hervorbringen, zugleich den sozialen Zusammenhalt schwächen, weil unter libera-len und individualisierten Sozialisationsbedingungen die Individuen nicht mehr durch Identifizierungen mit einer gemeinsamen symbolischen Ordnung zusammengehalten werden«.[24] Je mehr Ich, desto weniger Wir.

Von Katastrophenszenarien drohender Anomie und ei-nes besorgniserregenden Ansteigens seelischer Erkrankun-gen will Dornes indes nichts wissen. In seiner »gemäßigt modernisierungsoptimistischen Sichtweise« überwiegen die Chancen allemal die Risiken.[25] Die Fähigkeit und Bereit-schaft des Ichs, sich zusammenzureißen und Widrigkeiten heldenhaft zu trotzen, mögen schwinden, stattdessen entwi-ckelt es jene »psychostrukturelle Flexibilität«, die es »für die erfolgreiche Bewältigung des modernen Familien- und Arbeitslebens« braucht.[26] Die beschwichtigende Botschaft hat eine kritische Stoßrichtung: Dornes schreibt gegen zeitdiagnostische Krisensemantiken an, die er für empirisch nicht gedeckt und für politisch gefährlich hält, weil »die Fokussierung auf problematische Phänomene im Sinne einer sich selbst erfüllenden Prophezeiung wirken«[27] und die wortreich beschworene Krise erst herbeiführen könne.

Sozialcharakterologien wie die der postheroischen Persönlichkeit unterstellen ein grundsätzliches, wenn auch von Friktionen nicht freies Passungsverhältnis zwischen gesellschaftlichen und psychischen Strukturen. Deshalb bleibt ihre Reichweite historisch wie sozialstrukturell begrenzt. Sie liefern ein Zeitbild. Andere Vergesellschaftungsformen treiben andere Subjektivierungsweisen hervor: »In einem Krieg, einem Slum, einer Misshandlungsfamilie ist die flexible Persönlichkeitsstruktur dysfunktional und wird sich dort weder ausbilden noch überleben. In befriedeten Zonen moderner Gesellschaften wird sie florieren und ihr kreatives Potential entfalten.«[28] Aus der modernisierungstheoretischen Grundierung seiner Sozialfigur macht Dornes keinen Hehl. Er stellt die postheroische Persönlichkeit in eine charakterologische Ahnenreihe, die bei den Hysterikerinnen und Neurasthenikern des *Fin de siècle* beginnt und bis zu Richard Sennetts »flexiblem Menschen« sowie Alain Ehrenbergs »erschöpftem Selbst« der späten 1990er-Jahre reicht.[29] Im Gegensatz zu den aktuellen Verfallsgeschichten eines dauerüberforderten, in digitaler Demenz versinkenden oder ausschließlich um sich selbst kreisenden Egos[30] verlässt Dornes sich allerdings nicht auf die Suggestivkraft kulturpessimistischer Dramatisierung, sondern betont, gestützt auf empirische Befunde, die Zwiespältigkeit zeitgenössischer Ich-Formierung. Postheroische Persönlichkeiten halten nicht um jeden Preis durch, aber sie halten doch einiges aus; sie sind Produkte, aber nicht bloße Opfer der Verhältnisse. Weder behaupten sie ihr Ego gegenüber den gesellschaftlichen Zwängen, noch verzweifeln sie an diesen. Sie beherrschen vielmehr die Kunst des Coping: »Was ›von außen‹ geboten oder gefordert wird, kann ›von innen‹ erbracht werden.«[31] Nur so lässt sich erklären, dass gesellschaftliche und psychische Organisation zumindest so weit aufeinander abgestimmt sind, dass massive gesellschaftliche Verwerfungen bislang die Ausnahme bleiben. Die Passung erweist sich als Angepasstheit.

Den Anteil postheroischer Persönlichkeiten schätzte Dornes 2012 auf etwa dreißig Prozent der bundesdeutschen Bevölkerung.[32] Das wirft die Frage auf, wie es sich mit den übrigen siebzig Prozent verhält. Stecken sie noch in der heroischen Moderne fest? Sind sie Überbleibsel vergangener Subjektivierungsregime, die als personifizierte Ungleichzeitigkeiten in die Gegenwart hineinragen? Dornes schweigt sich darüber aus, aber seine Modernisierungserzählung legt es nahe, dass er die postheroische Minderheit für die Avantgarde des zivilisatorischen Fortschritts hält und davon ausgeht, dass die Mehrheit schon nachziehen wird. Statt in die Lamentos über vermeintliche Schrumpf-Ichs auf der einen, hypertrophe Ego-Kulte auf der anderen Seite einzustimmen, präsentiert er eine Erfolgsstory, deren Helden keine mehr sind.

Das Ich auf Heldenreise

Während die kritische Psychologie Frankfurter Observanz die Antiquiertheit des Helden-Ichs verkündet, machen spirituell gestimmte Therapeuten, neurolinguistische Programmierer und Personaltrainer aus dem Heros eine zeit- und geschlechtslose, wenngleich durch und durch maskulin codierte Selbsterfahrungsvorlage: »Der Held ist weder eine archaische Gestalt noch ein strikt männliches Bild, sondern ein Aspekt der menschlichen Natur, der Aspekt, der den Ruf aus dem tiefen inneren Selbst hört und darauf antwortet«, schreibt der Gestalttherapeut Paul Rebillot. »Der Ausdruck ›Held‹ bezieht sich sowohl auf Frauen als auch auf Männer, denn ich halte das Wort ›Heldin‹ für eine abgeschwächte Form, der es an Würde fehlt. Der Held ist das Potential eines jeden menschlichen Wesens, dem Impuls zu ›etwas Größerem‹ zu folgen.«[33] Ihre Ideen beziehen die psychagogischen Heldenkundler aus Joseph Campbells *Der Heros in tausend Gestalten*. Dessen »Monomythos« der Heldenreise gilt nicht nur als Vorbild für das Blockbuster-Kino – Starregisseure wie George Lucas und Steven Spielberg berufen sich ebenso auf Campbell wie populäre Ratgeber für angehende Drehbuchschreiber[34] –, sondern er liefert auch eine Blaupause für Intensivseminare zur Persönlichkeitsentwicklung, Managerschulungen und andere Formate des gepflegten Ego-Tunings.[35]

So bietet die Universität der Künste Berlin einen Lehrgang »Heldenprinzip®. Kompass für Innovation und Wandel« an, in dem »UnternehmerInnen, Führungskräfte, interne und externe BeraterInnen für Change, Personal- und OrganisationsentwicklerInnen, Coaches etc.« sich zum »Zertifizierten Veränderungsbegleiter« ausbilden lassen können.[36] Nachdem ein interdisziplinäres Team aus Theaterwissenschaftlern und Organisationspsychologen in einem vom Bundesministerium für Bildung und Forschung geförderten Projekt über mehrere Jahre der »Analogie zwischen den Veränderungsdynamiken in der Arbeitswelt und der Charakteristik eines Heldenweges« nachgegangen ist, vermarkten die Beteiligten ihre Erkenntnisse nun im Rahmen einer »archetypischen Dramaturgie«, die »Mythos und Logos zu einem neuen Bewusstsein« verbinden soll. »Dabei steht HELD für jene Aspekte in Menschen und Organisationen, die für den Wandel aktiviert werden müssen: Etwa das Feuer für eine lohnende Vision, die Kraft für einen schwierigen Kampf, die Fähigkeit, sich für unbekannte Ziele zu motivieren und die Klugheit, das Erreichte zu festigen. PRINZIP beschreibt die dazugehörige Grundstruktur in den drei großen Akten des Wandels: Aufbruch | Abenteuer | Rückkehr. HELD & PRINZIP zusammen bilden ein transrationales Referenzmodell, das Zugang schafft zu bislang nicht gekannten Potenzialen im Unsichtbaren (der Unternehmenskultur) oder im Unbewussten (der Persönlichkeit).«[37]

Während man an der Kunsthochschule im Transrationalen schwelgt, schlägt Managementtrainerin Angelika Höcker in ihrer Campbell-Adaption einen eher geschäftsmäßigen Ton an. Auf den ersten Blick lasse das Arbeitsleben zwar keinen Platz für Helden: »Magische Kräfte, märchenhafte Züge und mythische Aufträge sind in tristen Büros und im trüben Alltag nicht vorgesehen.« Allerdings gelte das nur für ruhige Zeiten. »Sobald eine Krise an der Tür klopft, werden Helden mit übernatürlichen Kräften unüberhörbar gefordert. [...] Im Ausnahmezustand werden Netzwerke, Organisationseinheiten, Systeme und rationale Prozesse gesprengt – und der heroische Diktator, dieser sehr alte Typus des Helden, betritt die Bühne.«[38] Der sei freilich eine höchst problematische Gestalt: Weil er als Alleinherrscher kraft seines Charismas bestimme, wo es langgehen soll, könne er auch »Katastrophen von großem Format« anrichten. Für Höcker ist das kein Grund für einen »Abgesang auf den ökonomischen Helden«, wohl aber für einen gründlichen Relaunch. Spätestens hier wechselt auch sie ins Register der Pathosformeln. Der Business Hero, der Titelheld ihres Ratgebers, zieht nicht in den Krieg, »um Schlachten zu gewinnen, sondern in die Welt, um sie zu einem besseren Platz nicht nur für sich, sondern für uns alle zu machen. [...] Er arbeitet für sein eigenes Wohl, denn er ist ehrgeizig und hat Ambitionen, aber eben auch für das seiner Mitarbeiter, ohne die er keine solchen Erfolge verbuchen könnte. Seine Sorge gilt zudem seiner Gesellschaft und ihrer Ökonomie. Und er begreift sich als verantwortungsvoller Weltbürger des einzigen bewohnbaren Planeten, den die Menschen kennen.«[39] Dabei pflegt er einen partizipatorischen Führungsstil, verzichtet auf dramatische Selbstinszenierungen und stürzt sich nicht in unnötige Kämpfe. Agonalität ist ihm kein Selbstzweck, sondern strategisches Kalkül. Deshalb dosiert er sie. »Er weiß, dass er nicht alle Gegner niederringen kann – und er weiß vor allem, dass er nichts davon hätte, jeden und alle zu besiegen. Ein Business Hero, der alle als Gegner sieht und alle zu Boden schickt, hätte schließlich keine Kunden mehr, er hätte niemanden, mit dem er einen Vertrag abschließen könnte, niemanden, mit dem er kooperieren könnte, niemanden, mit dem er zusammenarbeiten könnte.«[40] In der deutschen Tradition figurierte der Händler lange Zeit als Gegenspieler des Helden,[41] im Business Hero sind beide nun zur Deckung gekommen.

Wie fast alle neueren Selbstoptimierungsmanuale arbeitet auch Höcker mit einer Analogie von Unternehmen und psychischem Apparat.[42] Die Heldenreise ist Selbstexploration und Führungstraining, befördern soll sie gleichermaßen das innere Wachstum wie die Ertragszahlen. Ihre Dramaturgie zielt auf jene mentalen Dispositionen, die auch das zum Leitbild avancierte unternehmerische Selbst auszeichnen: Risikoaffinität und Entschlossenheit – nur wer Wagnisse eingeht und innere wie äußere Widerstände überwindet, wird gewinnen; Exzeptionalität und Innovationswille – nur wer Alleinstellungsmerkmale besitzt und neue Wege beschreitet, wird die Konkurrenz ausstechen. Der Business Hero, der selbstverständlich auch eine Frau sein kann, weiß, »dass Erfolg haben und die Fähigkeit, ›Ich‹ sagen zu können, sich keineswegs widersprechen – übrigens entgegen anders lautender Gerüchte. Die Eroberung von Ich-Anteilen und Marktanteilen, das sind die Ziele des modernen Helden.«[43] Eroberung muss sein, zumindest das verbindet die Heroen der Wettbewerbsgesellschaft mit den archaischen Gestalten, deren Abenteuer sie im Seminarhotel nachspielen.

Was den Königsweg zu Persönlichkeitsentwicklung und Geschäftserfolg weisen sowie als Patentrezept populärer Unterhaltung funktionieren soll, beruht auf einem schlichten und daher wiedererkennbaren Erzählmuster, das Spannungselemente und ihre Auflösung ausbalanciert und mit einem narzisstischen Identifikationsangebot verknüpft: Wer würde sich nicht gern als Held oder Heldin imaginieren und sich Herausforderungen stellen, wenn man weiß, dass die Geschichte gut ausgeht? Das Happy End ist schließlich garantiert. Die Heldenreiseführer kombinieren ein Postulat und ein Versprechen: Brich auf ins Ungewisse, lautet die Botschaft, schwere Prüfungen erwarten dich dort, aber du wirst sie bestehen und als ein neues, grandioseres Selbst daraus hervorgehen, das berufen ist, andere zu führen.

Die immer gleiche Geschichte heroischer Individuation dementiert sich indes selbst, wenn alle sich nach demselben Muster individuieren sollen. Sie produziert bestenfalls Außerordentlichkeit von der Stange. Zugleich zeigt sich im Schematismus der Heldenreise die Entlastungs- und Zurichtungsfunktion eines Mythos, der affiziert und Orientierung bietet, gerade weil er eine Universalschablone für Einzigartigkeit bereitstellt. Das monomythische Helden-Ich ist immer schon ein Serienfabrikat, seine Individuation ein autoritäres Subjektivierungsprogramm, das alle über denselben Leisten schlägt und die Flexibilitätszumutungen heutiger Arbeits- und Lebenswelten zu Herausforderungen verklärt, an denen es sich zu beweisen gilt.

Zwischen Durchhalten und Durchhangeln

Die von ihren Heldenreisen-Workshops heimgekehrten Selbsterfahrer und Dornes' postheroische Persönlichkeiten haben mehr miteinander gemein, als ihre disparaten Herkünfte vermuten lassen. Beide sind anpassungsfähig, ohne konformistisch zu sein, responsiv, aber zugleich auf Autonomie bedacht; sie wollen die Welt gestalten, ohne sich selbst aufzugeben, ergreifen Chancen, ohne Hasard zu spielen; Nichtplanbares gilt ihnen »als Normalität in stark veränderlichen Umwelten«,[44] »der Zuwachs an Freiheits-, Entscheidungs- und Optionsmöglichkeiten« als Gelegenheit zu fortlaufender Fehlerkorrektur.[45] Mit »Fähigkeiten wie Kreativität, Initiative, Ambivalenztoleranz und Komplexitätsbewältigung«[46] oder, so viel Alliteration muss sein, »Klarheit, Kompetenz, Kongruenz, Konsistenz«[47] verfügen sie über jene Soft Skills, die Stellenanzeigen heute einfordern.

Differenzen zeigen sich allenfalls im einmal offen appellativen, das andere Mal eher deskriptiven Gestus der Anrufung. Wozu die angehenden Veränderungsbegleiter und Business Heroes sich qua Mythenarbeit am eigenen Ego erst noch modeln sollen, das haben Dornes' modernisierte Seelen dank elterlicher Erziehungspraktiken und Sozialisation in einer enttraditionalisierten Gesellschaft längst verinnerlicht. Doch auch sie sollen und wollen weiter an sich arbeiten – flexibel ist man nie genug – und nutzen dazu die Angebote der Coaching-Industrie.

Nimmt man beide zusammen, so stellt sich die Lage des Ichs als verworren dar: Postheroische Persönlichkeiten entdecken ihren inneren Heros und gehen mit ihm auf Heldenreise, um sich für postheroische Zeiten zu wappnen. »Was nun, heroisch oder postheroisch? Entscheidet euch!«, möchte man ihnen zurufen. Aber die Logik des Entweder-oder greift hier zu kurz: Weder sind heroische Subjektanrufungen bloß anachronistische Restbestände einer verflossenen Epoche, noch impliziert die Diagnose einer postheroischen Gegenwart, diese sei per se heldenlos oder heldenfeindlich. Beide Momente sind ineinander verschränkt. Postheroisch wäre demnach ein Ich, das die Kunst beherrscht, zwischen heroischem Handeln und postheroischem Aushandeln, zwischen Durchhalten und Durchhangeln, zwischen Selbstermächtigung und Dezentrierung des Selbst virtuos hin- und herzuspringen. Und das ist wahrlich eine heroische Aufgabe und allemal anstrengend genug. Die Anforderungen an die Einzelnen steigern sich schließlich noch einmal, wenn man beide Register bedienen können und obendrein wissen soll, wann welches angemessen ist.

Vielleicht allerdings hat sich auch das Rollenmodell des postheroisch-heroischen Managers der eigenen Person inzwischen schon wieder überlebt. Wenn es zutrifft, dass politische Leitbilder und individuelle Selbstbilder miteinander verwoben sind, dann ist davon auszugehen, dass die gegenwärtige Konjunktur starker Männer mit der Lizenz zum Durchregieren auch einen von postheroischem Realismus unangefochtenen Heldentypus wieder erstarken lässt, der sein Ego über äußere Feinde stabilisiert, Ambivalenzen verabscheut und die Bewältigung von Komplexität lieber an Algorithmen delegiert.

5. Konturen des Postheroischen II: Management

Heroentum und Menschenführung liegen dicht beieinander: Wer seinen Willen durchsetzt, hat gute Chancen, als Held verehrt zu werden; umgekehrt darf Gefolgschaft erwarten, wer zum Held erkoren wird. Krisen der Führung sind deshalb immer auch Krisen des Heroischen. Ebenso eng ist die Verbindung von Heroentum und Innovation: Es braucht heldenhaften Mut, um ausgetretene Pfade zu verlassen, umgekehrt muss ins Unbekannte aufbrechen, wer Heldenruhm erwerben will. Wo alles in vertrauten Bahnen läuft, ist für Heroen kein Platz.

Unternehmen pflegen daher ein ambivalentes Verhältnis zu heroischen Figuren: Einerseits lässt man sie gern gewähren, wenn es darum geht, Veränderungen gegen interne und externe Widerstände durchzusetzen, die Belegschaft zu begeistern und auseinanderstrebende Interessen zusammenzuführen. Andererseits stört ihre Ungeduld Organisationsroutinen, ihr Eigensinn erschwert rationale Entscheidungsprozesse, und ihr Dirigismus blockiert Initiative und Engagement. Sie gelten sowohl als Protagonisten des Wandels wie auch als Kräfte der Beharrung, als charismatische Vorbilder wie als abschreckende Beispiele egozentrischer Despotie. Entsprechend widersprüchlich sind die Anrufungen des Heroischen im Feld der Wirtschaft.

Paradigmatisch ist hier die Gestalt des Unternehmers. Ihr Bild schillert zwischen Abenteuerkapitalist, Spekulant, Gründer, Industriekapitän, Aktionär und Manager, um nur einige historische Ausprägungen anzuführen.[1] Unternehmertum setzt nicht zwingend Kapitaleignerschaft voraus, auch die angestellte Geschäftsführerin, in letzter Konsequenz sogar jeder Mitarbeiter kann unternehmerisch handeln und heroisch aufgeladen oder aber für seine Heldenallüren abgestraft werden. Zwar wurden und werden auch andere ökonomische Akteure heroisiert – Arbeiterinnen, die Leistungsrekorde brechen, Ingenieure, die technische Probleme lösen –, doch der Entrepreneur verkörpert wie kein anderer Führung und Innovation, die beiden Funktionen, an denen wirtschaftliches Heldentum sich bewährt oder eben scheitert. Nationalökonomie, Organisationstheorien und Managementliteratur feiern diesen »Archetyp der Moderne«[2] denn auch einerseits als »cultural hero« und postulieren andererseits Modelle postheroischen Managements.[3]

Vom schöpferischen Zerstörer…

Die Blaupause für Heroisierungen des Unternehmers liefert bis heute Joseph Schumpeters nietzscheanische Gestalt des schöpferischen Zerstörers. Auch wenn der österreichische Ökonom den Begriff der schöpferischen Zerstörung erst in den 1940er-Jahren prägte, explizierte er das Prinzip bereits in seiner 1912 erschienenen *Theorie der wirtschaftlichen Entwicklung*. Darin sucht er nach einer Erklärung für die dynamische Seite wirtschaftlichen Handelns, die Tatsache, dass die Menschen nicht immer nur eingefahrenen Mustern folgen und »aus gegebenen Verhältnissen unter dem Gesichtspunkte der bestmöglichen Befriedigung ihrer Bedürfnisse die Konsequenzen« ziehen.[4] Solch statisches Handeln bildet zweifellos den Regelfall, aber daneben existiert, wenn auch weit seltener, ein anderer Handlungsmodus, den Schumpeter mit dem psychologischen Typus des Tatmenschen identifiziert. Dieser zeichnet sich dadurch aus, dass er sich nicht bloß auf die gegebenen Verhältnisse einstellt, um sie zu seinen Gunsten zu nutzen, sondern diese Verhältnisse selbst umgestaltet: »Er gibt ihnen neue Formen und stellt sie in neue Zusammenhänge, so wie das der große Künstler mit den überkommenen Elementen seiner Kunst tut. Er ändert die Wirtschaftsweise, die die ›Statiker‹ nur jahraus, jahrein durchführen können«.[5] Sein Motto: »*Plus ultra.*«[6]

Weil der heroische »Mann der Tat« innere wie äußere Widerstände überwinden und gegen den Strom schwimmen muss, lässt sich sein Verhalten auch nicht aus dem Streben nach Bedürfnisbefriedigung ableiten. Es ist »nichthedonisch«, der Lustgewinn resultiert aus dem Tun, nicht aus dessen Erträgen: »Die Männer, die die moderne Industrie geschaffen haben, waren ›ganze Kerle‹ und keine Jammergestalten, die sich fortwährend ängstlich fragten, ob jede Anstrengung, der sie sich zu unterziehen hatten, auch einen ausreichenden Genußüberschuß verspreche. [...] Solche Männer schaffen, weil sie nicht anders können.«[7] Sowenig sie sich von Kosten-Nutzen-Kalkülen leiten lassen, so wenig folgen sie freilich einer protestantischen Ethik der Askese. Drei Motive für ihr unbändiges Vorwärtsdrängen bringt Schumpeter in Anschlag: erstens den Traum und Willen, »ein privates Reich zu gründen, meist, wenngleich nicht notwendig, auch eine Dynastie«; zweitens »Siegerwille[n], Kämpfenwollen einerseits, Erfolghabenwollen des Erfolgs als solchen wegen andrerseits«; und drittens »Freude am Gestalten«.[8] Pekuniärer Gewinn mag sich dabei einstellen, handlungsleitend ist er allenfalls für das erste Motiv. Entscheidender sind der Anspruch zu führen und der Drang, Neues zu schaffen.

Das gesteigerte Energiepotenzial der Tatmenschen macht

sie zu Ausnahmegestalten. Die innere Disposition zur »Durchsetzung neuer Kombinationen«[9] besitzen nur wenige und selbst diese nicht in allen Lebensphasen und Lebenslagen. Der Menge dagegen geht der Sinn fürs Experimentieren ab: »Mag ihnen auch einmal einfallen, daß das oder jenes viel besser oder einfacher getan werden könnte – der moralische Mut fehlt ihnen, zu versuchen. Sie haben die Kraft und Muße nicht, die Sache durchzudenken, sie können die bisherige Basis ihrer Existenz nicht riskieren. Die tägliche Arbeit hält sie nieder, Organisation, Einflüsse ihrer Genossen legen ihnen unzerreißbare Ketten auf.«[10] Heroische Größe gewinnt der schöpferische Zerstörer erst in Absetzung zu den Vielen, die er überragt. Was bei ihnen bestenfalls Idee bleibt, gerät ihm zur Tat. Die in ihren Routinen gefangene Mehrheit folgt ihm allerdings schwerlich aus freien Stücken. Er muss sie dazu zwingen, muss ihr seinen Willen aufnötigen. Der Unternehmer hat daher nicht nur Tatmensch, sondern auch Machtmensch zu sein; seine Autorität ist mindestens so wichtig wie sein Genius. »Die Fähigkeit, andre sich zu unterwerfen und seinen Zwecken dienstbar zu machen, zu befehlen und zu überwinden, ist es, die – auch ohne besonders glänzende Intelligenz – zu erfolgreichem Handeln führt.«[11]

Der Gegensatz zwischen statischem und dynamischem Handlungsmodus und damit der zwischen bloßen Verwaltern des Status quo und heldenhaften Innovatoren existiert, so Schumpeter, in allen Formen des Wirtschaftens. Durchsetzer neuer Kombinationen gab es auch in archaischen Stammesgesellschaften oder sozialistischen Planökonomien, auch wenn sie dort nicht als Entrepreneure firmierten. Unter kapitalistischen Bedingungen gewinnt diese »besondere Klasse von Wirtschaftssubjekten« jedoch eine besondere Bedeutung. Sie ist es, welche die konstitutive Wettbewerbsdynamik am Laufen hält. Schöpferische Zerstörung hängt nicht an der rechtlichen Stellung oder den Eigentumsverhältnissen, sondern erweist sich *in actu*: »Nicht jeder, dem eine Unternehmung gehört und auch nicht jeder, der tatsächlich an der Spitze einer solchen steht, ist Unternehmer in unserem Sinne. Nur dann erfüllt er die wesentliche Funktion eines solchen, wenn er neue Kombinationen realisiert, also vor allem, wenn er die Unternehmung gründet, aber auch, wenn er ihren Produktionsprozeß ändert, ihr neue Märkte erschließt, in einen direkten Kampf mit Konkurrenten tritt usw.«[12]

Schumpeter beschreibt einen Idealtypus, zielt aber im strikten Sinne auf eine ökonomische Funktion. Die jedoch braucht eine personale Verkörperung. In ähnlicher Weise, wie Max Weber den charismatischen Herrscher dem stählernen Gehäuse des okzidentalen Rationalismus entgegenstellt, rückt Schumpeter in Absetzung von den statischen Gleichgewichtstheorien der ökonomischen Klassik die dynamische Unternehmergestalt ins Zentrum des wirtschaftlichen Geschehens. »In der Psyche einer kleinen Gruppe der Wirtschaftssubjekte«[13] findet er das energetische Zentrum kapitalistischer Entwicklung. Heroisierend ist schon diese Personifizierung des Prinzips schöpferischer Zerstörung, aber auch sonst vereinigt Schumpeters Unternehmer wesentliche Merkmale einer Heldenfigur: intrinsische Motivation, unbändigen Tatendrang, Nonkonformismus, Mut zum Aufbruch ins Ungewisse, Durchsetzungskraft und Führungsanspruch, die Bereitschaft zum Kampf gegen mächtige Widersacher und die Trägheit der Vielen, die Missachtung überkommener Regeln und nicht zuletzt seine Seltenheit. Die im 19. Jahrhundert populären Theorien der großen Männer, die Geschichte machen,[14] finden hier ihren ökonomischen Nachhall. Schumpeter zeichnet seinen Heros als virilen Kraftmenschen, wie aus Nietzsches *Zarathustra* direkt in die Welt des Kommerzes entsprungen.

Konzentrierte er sich in der *Theorie der wirtschaftlichen Entwicklung* darauf, die Notwendigkeit schöpferischer Zerstörung für die dem Kapitalismus inhärente Dynamik aufzuzeigen, so ließ er schon wenige Jahre später keinen Zweifel daran, dass die Resultate dieser Dynamik selbst die Unternehmerfunktion entwerten und die vormals heroische Figur deheroisieren. Schumpeter konstatiert nun, wiederum in Webers Spuren, einen Siegeszug technischer wie betriebswirtschaftlicher Rationalisierung, die den exzeptionellen Akt der Durchsetzung neuer Kombinationen normalisiert hat. Permanente Innovation ist zum Regelfall geworden, Rechenhaftigkeit an die Stelle der mutigen Entscheidung getreten: »Beide Umstände erleichtern und demokratisieren die Führerfunktion im allgemeinen und die Funktion des Unternehmers im besonderen nicht nur; sie drücken auch ihre Bedeutung herab: Manche Schwierigkeiten, deren Ueberwindung eine wesentliche Aufgabe des Unternehmers war und noch ist, tendieren wegzufallen. Und vielfach wird zur erlernbaren spezialisierten Facharbeit, was früher – und großenteils noch heute – ›Blick‹ und ›Persönlichkeit‹ erforderte und erfordert.«[15]

In seinem während des Zweiten Weltkriegs erschienenen Buch *Kapitalismus, Sozialismus und Demokratie* radikalisiert er diese Diagnose noch einmal und bescheinigt der kapitalistischen Zivilisation insgesamt einen »anti-heroischen« Charakter. Statt heldenhafter Entrepreneure bringe sie nur utilitaristische Bourgeois hervor. Spezialisierung und Automatisierung marginalisierten den exzeptionellen Einzelnen, kämpferische Bewährung bleibe ihm versagt. Industrie und Handel zeigten keinen Bedarf an ritterlichen Tugenden: »[K]ein Schwingen von Schwertern um sie, nicht viel physischer Heldenmut, keine Chance, mit gepanzertem Roß gegen den Feind, am liebsten einen Ketzer oder Heiden, zu galoppieren –, und die Ideologie, die die Idee des Kampfes um des Kampfes willen und des Sieges um des Sieges willen verherrlicht, verdorrt verständlicherweise im Bureau zwischen all den Zahlenreihen.«[16] Charisma kann im Kontor nicht wachsen, zu prosaisch sind die Aktivitäten, zu austauschbar die Akteure. Den Industriellen und Kaufmann umgibt »kein Schimmer eines mystischen Glanzes«, ihren Wirkstätten mangelt es an Aura: »Die Börse ist ein armseliger Ersatz für den Heiligen Gral.«[17] Nostalgisch blickt Schumpeter auf die Zeiten zurück, als Feldherrnkunst noch Führertum bedeutete und »die treibende Kraft des führenden Mannes – sogar seine tatsächliche Gegenwart auf einem prächtigen Pferde – […] wesentliche Elemente in den strategischen und taktischen Situationen« waren.[18] Diese Ära war mit Napoleon an ihr Ende gekommen, und dasselbe Schicksal hatte ein gutes Jahrhundert später auch den heroischen Unternehmertypus ereilt. Der Siegeszug wissenschaftlicher Betriebsführung, die Prozesse der Trust- und Monopolbildung und nicht zuletzt das verstärkte Auftreten des Staates als wirtschaftspolitischer Akteur hatten ihn zum Auslaufmodell gemacht. Doch während auch nach der Ära militärischen Heroentums noch Kriege geführt werden, sieht Schumpeter im Verblassen der Unternehmerfunktion ein Symptom für die Selbstzerstörung des Kapitalismus insgesamt. Die Schwächung seiner dynamisierenden Instanz treibe ihn in Richtung eines gleichgewichtsorientierten, statischen Staatssozialismus, der freilich wenig mit jener Zivilisation zu tun habe, »von der orthodoxe Sozialisten träumen«, sondern viel wahrscheinlicher »faschistische Züge« tragen werde.[19]

Die Theorie der schöpferischen Zerstörung changiert

zwischen einer anthropologischen und einer modernisierungstheoretischen Deutung des Heroischen. Lesen lässt sich Schumpeter sowohl als enthusiastischer Propagandist ökonomischer Heldenepen wie als kulturpessimistischer Prophet eines postheroischen Zeitalters. Einerseits sieht er im Unternehmerhelden einen universellen, wenn auch raren Persönlichkeitstypus, andererseits verortet er ihn historisch in der Aufstiegsphase des Kapitalismus und hält ihn deshalb für eine antiquierte Gestalt. Radikale Innovatoren und durchsetzungsstarke Anführer lassen sich entweder in allen sozialen Ordnungen finden, oder sie können nur so lange eine maßgebliche Rolle im ökonomischen Prozess spielen, wie hierarchische, vergleichsweise wenig differenzierte Formen der Organisation dominieren und die technische Komplexität überschaubar ist. Gleich ob Schumpeter den schöpferischen Zerstörer als transepochale Ausnahmeerscheinung oder als Repräsentanten einer unwiderruflich verflossenen Ära anruft, die gegenstrebigen Geschichten treffen sich in der Apologie des Unternehmerhelden. Er ist es, der die Dinge in Bewegung bringt, und sobald es keinen Platz mehr für ihn gibt, kommt das Wirtschaftssystem »in gleichmäßiger Routine zur Ruhe«,[20] mit anderen Worten, es erstarrt in Stagnation: Ende der Geschichte.

Es nimmt deshalb nicht wunder, dass neuere ökonomische Anschlüsse an Schumpeter sein heroisches Unternehmerbild wiederzubeleben suchen, seinen Abgesang auf den »anti-heroischen« Kapitalismus jedoch geflissentlich unter den Tisch fallen lassen. Das Interesse am Konzept der schöpferischen Zerstörung wuchs seit den 1980er-Jahren im selben Maße, wie der neoliberale Zeitgeist die Maxime »Handle unternehmerisch!« zum kategorischen Imperativ erhob[21] und mit der *New Economy* eine neue Generation von Gründerfiguren die Bühne betrat. Die Aktualisierungen des entrepreneurialen Mythos machten Anleihen bei Campbells archetypischer Heldenreise, deren Dreischritt Aufbruch in die Fremde, Bestehen schwerer Prüfungen und triumphale Rückkehr sich mühelos als Innovationszirkel deuten ließ.[22] Oder sie promovierten den schöpferischen Zerstörer zum Disruptor, der Auswege aus dem *innovator's dilemma*[23] weisen soll, jenem Paradox, dass marktführende Unternehmen häufig Opfer ihres eigenen Erfolgs werden. Da sie auf evolutionäre Technologien setzen, bestehende Produkte verbessern und sich an eingespielten Kundenbedürfnissen orientieren, versäumen sie die Chancen disruptiver Technologien, die neue Produkte hervorbringen und neue Märkte schaffen, auch wenn die Innovationen häufig zunächst weniger ausgereift sind und nur einen kleinen Kundenkreis ansprechen. Raum für disruptive Neuerungen zu schaffen, fordert von Führungskräften alle Eigenschaften eines Schumpeterschen Entrepreneurs: Auf Absatzprognosen können sie sich nicht stützen, weil für noch nicht vorhandene Märkte keine Marktforschung existiert; ob ihre Investitionen sich auszahlen werden, lässt sich nur mittels Versuch und Irrtum ermitteln; sie müssen sich über Kundenerwartungen ebenso hinwegsetzen wie über bewährte organisationale Arrangements, Ressourcenallokationen und Bewertungsmaßstäbe. Kurzum, sie müssen die Routinezonen verlassen, das Risiko des Scheiterns eingehen, neue Geschäftsmodelle entwickeln und sich vorerst mit bescheidenen Gewinnmargen zufriedengeben, um vielleicht später umso größer herauszukommen. Heldengeschichten, in denen Techno-Nerds mit außergewöhnlichen Ideen reüssieren, gehören denn auch zum elementaren Mytheninventar der Start-up-Kultur.[24] In den Biografien von Größen der digitalen Ökonomie wie Steve Jobs, Jeff Bezos oder Elon Musk haben sie ihre epische Gestalt gefunden.[25]

... zum postheroischen Manager

Wie schon bei Schumpeter, so steht auch in den jüngsten Adaptionen des schöpferischen Zerstörers die Führungsfunktion im Dienste der Innovationsfunktion. Ökonomisch gesehen, kommt es darauf an, *dass* neue Kombinationen durchgesetzt werden, nicht wer auf welche Weise dafür sorgt. Charismatische Persönlichkeiten mögen besonders prädestiniert sein, Widerstände gegen disruptive Veränderungen zu überwinden, und können doch konstitutiv damit überfordert sein, ein Unternehmen erfolgreich zu managen. Die Vorstellung, wirtschaftliche Organisationen ließen sich kraft individueller Regierungskunst – Schumpeter spricht von »›Autorität‹, ›Gewicht‹, ›Gehorsamfinden‹«[26] eines Führers – lenken, taugt vielleicht zur Legendenbildung, mit der Realität zeitgenössischer Unternehmensleitung hat sie wenig zu tun.

Kritik an heroischen (und das hieß immer auch: hierarchischen) Modellen der Führung war deshalb spätestens seit den 1970er-Jahren in der Organisationstheorie und -praxis weit verbreitet, und auch das Attribut »postheroisch« tauchte, lange bevor Militärexperten und Sozialpsychologen es für sich entdeckten, zuerst in einem populären Managementratgeber auf. Unter dem Titel *Managing for Excellence* veröffentlichten David L. Bradford und Allan R. Cohen 1984 einen *Guide to Developing High Performance in Contemporary Organizations*, in dem sie den heroischen Rollenbildern des »manager-as-technician« und »manager-as-conductor« die postheroische Alternative des »manager-as-developer« entgegensetzten.[27]

Wie in diesem Genre üblich, gaben die beiden zunächst einen dramatischen Problemaufriss, um dann emphatisch ihre Lösungsvorschläge zu präsentieren: Nach traditioneller

Auffassung, so das Argument, zeichnete sich ein guter Manager dadurch aus, dass alle Fäden eines Unternehmens beziehungsweise einer Abteilung bei ihm zusammenliefen. Er war es, der die Ziele setzte, die Aufgaben verteilte, ihre Durchführung überwachte und Fehler korrigierte. Mehr noch, ein guter Manager überblickte sämtliche Abläufe im Unternehmen, übertraf seine Untergebenen an technischer Expertise, hatte bei Konflikten das letzte Wort und trug die alleinige Verantwortung für Erfolg wie Misserfolg. Bradford und Cohen hielten das für ein ebenso romantisches wie unrealistisches Ideal, tief verwurzelt im Heroismus der US-amerikanischen Kultur mit ihren Ikonen »des militärischen Befehlshabers, der unter Beschuss die Ruhe bewahrt, stets die richtigen Befehle erteilt und so den Sieg davonträgt, des Außenseiters im Geschäftsleben, der verbissen seine Idee verfolgt und sie zum wirtschaftlichen Erfolg führt, und des Westernhelden, der eigenhändig die Probleme der Stadt beseitigt«.[28]

Solche John-Wayne-Filmen abgeschauten Leitbilder ließen sich allerdings schwerlich auf das Management eines modernen Großkonzerns mit komplexen Aufgaben und hochgradig vernetzten Arbeitsprozessen übertragen. Ein heroischer Führungsstil musste geradezu die Fähigkeit des Unternehmens sabotieren, sich auf rasch wandelnde Märkte einzustellen und im Wettbewerb zu bestehen. Die Managerhelden erwiesen sich als Exzellenzverhinderer. Ihre überschießenden Kontroll- und Steuerungserwartungen zeitigten fatale Folgen: Wurde alles *top-down* entschieden, wuchs die Neigung untergeordneter Instanzen, Informationen zurückzuhalten beziehungsweise positiv verzerrt oder zu spät weiterzuleiten. Fehlinformationen von unten führten wiederum zu Fehlentscheidungen von oben. Probleme wurden nicht dort gelöst, wo sie entstanden, sondern türmten sich auf dem Schreibtisch des Managers, der weder über die Zeit noch das Wissen verfügte, sie angemessen zu bearbeiten. Die Mitarbeiter waren demotiviert, weil ihre Kenntnisse und Problemlösungskompetenzen nicht abgefragt wurden. Lernanreize fehlten, Potenziale blieben ungenutzt. In der Summe ergab sich ein Teufelskreis: Je mehr Verantwortung der Manager an sich zog, desto weniger übernahmen die Mitarbeiter, was den Manager wiederum nötigte, noch mehr Verantwortung an sich zu ziehen, usw.[29] Seine Größe machte die anderen klein. Während der *manager-as-technician* dem Modell des Werkmeisters oder Ingenieurs verpflichtet blieb, sich auf die Autorität überlegenen Fachwissens berief und Organisationsfragen als technische Herausforderungen anging, konzentrierte sich der *manager-as-conductor* zwar auf die soziale Dimension, überforderte sich jedoch in der Rolle des omnipräsenten Kontrolleurs, der seine ganze Energie darauf richtete, die korrekte Erfüllung der delegierten Aufgaben zu überwachen und im Übrigen jedes Aufkeimen von Chaos, Trägheit, Inkompetenz oder Rebellion zu unterbinden. Beiden Varianten des heroischen Managers konnte durchaus persönliches Charisma zugesprochen werden, ihr Führungsstil war jedoch eher bürokratisch (oder technokratisch).

Aus der Diagnose ergibt sich die Therapie: Wenn heroisches Management insbesondere an den Aporien zentralisierter Verantwortung und exzessiver Kontrolle scheitert, muss der postheroische *manager-as-developer* gerade in dieser Hinsicht andere Wege gehen. Vor jeder Entscheidung hat er sich die Frage zu stellen: »Wie kann das Problem so gelöst werden, dass zugleich das Engagement und die Fähigkeiten meiner Untergebenen gefördert werden?«[30] Empowerment wird ebenso wichtig wie sachgerechte Aufgabenerledigung. Anders als für den Managerhelden existieren für sein postheroisches Pendant keine mythischen Vorbilder, am ehesten entspricht er dem Rollenmodell eines zwar fordernden, zugleich aber unterstützenden, wertschätzenden und inspirierenden Trainers. (Der Aufstieg des Coachings als Sozialtechnologie fällt in dieselbe Zeit.[31]) Mit ihrem Ratgeber zielen Bradford und Cohen zunächst auf einen grundlegenden Mentalitätswandel, praktisch postulieren sie den Aufbau von Teamverantwortung, die kontinuierliche Förderung von Mitarbeiterkompetenzen und die Festlegung übergreifender Unternehmensziele. All das geschieht selbstverständlich nicht im Dienste purer Menschenfreundlichkeit, sondern soll das Commitment stärken und die Arbeitsleistungen steigern. Postheroisches Management ist kein ethisches Ideal, sondern ein Optimierungsprogramm. Nachdrücklich betonen die beiden, der von ihnen propagierte Führungsstil laufe keineswegs auf Selbstabdankung und ein Management durch Abwesenheit hinaus. Lernprozesse anzuregen und Verantwortung zu teilen, sei ein aufreibendes Geschäft, das kontinuierlichen Einsatz fordere ohne Aussicht, irgendwann einmal das Ziel erreicht zu haben. Bisweilen bedürfe es heroischer Anstrengungen, nicht so heroisch zu sein.[32]

Ein postheroischer Führungsstil ist deshalb keine einfache Negation des heroischen, sondern ein Heroismus höherer Ordnung: die souveräne Größe, um der Sache willen auf heldenhafte Alleingänge zu verzichten. Ein solches Rollenverständnis lässt sich nicht auf eindeutige Prinzipien herunterbrechen. Bradford und Cohen schließen ihr Buch denn auch mit sechs paradoxen Handlungsmaximen: Erstens soll der postheroische Manager gleichzeitig weniger aktiv und aktiver sein als der heroische; zweitens muss er seinen Untergebenen mehr Autonomie gewähren und zugleich mehr Kontrollmechanismen einbauen; drittens soll er seine Macht steigern, indem er seinen Untergebenen mehr Macht überlässt; viertens den Aufbau eines Teams als den besten Weg betrachten, um die Individualität seiner Mitglieder zu fördern; fünftens soll er an die Potenziale seiner Mitarbeiter glauben, sie aber zugleich mit strengen Vorgaben konfrontieren; sechstens schließlich weiß der postheroische Manager, dass er sein eigenes Verhalten ändern muss, ihm das aber am besten gelingt, wenn er sich auf die Bedürfnisse der anderen konzentriert.[33] Paradoxen Anforderungen kann freilich auch ein postheroischer Held nicht genügen. Das Modell des *manager-as-developer* entlastet insofern nicht von den Überforderungen des Heldenmodus, sondern erhöht noch den Druck. Wer diesem Modell nacheifert, bleibt in Bewegung, weil er bei allem, was er tut oder lässt, stets das Gegenteil im Blick behalten muss. Postheroisch ist demnach vor allem die Fähigkeit, jederzeit vom einen ins andere Register wechseln zu können.

Bradfords und Cohens Buch bildet den Auftakt zu einer Fülle an Publikationen über *post-heroic leadership*, die bei allen Differenzen im Detail stets partizipatorische Modelle der Führung propagieren. Die einen inaugurieren das Team als Kollektivhelden,[34] andere stellen auf das transformatorische Potenzial des Konzepts ab oder verweisen auf seine Nähe zu feministischer Machtkritik.[35] Wieder andere verbinden eine postheroische Orientierung mit den Erfordernissen einer Wissensökonomie, in der Erfolg vor allem von Intelligenz, Information und Ideen abhängt und nur diejenigen Unternehmen eine Chance haben, die eine Kultur des Konsenses implementieren und ihre Mitarbeiter überzeugen, statt sie mit Anordnungen zu überziehen.[36]

Für das deutschsprachige Publikum hat insbesondere Dirk Baecker die Idee des postheroischen Managements aufbereitet und in systemtheoretischer Perspektive weitergeführt. Den Anfang machte eine Serie von Kommentaren für die mittlerweile eingestellte Spezialzeitung *Blick durch die Wirtschaft* der *Frankfurter Allgemeinen Zeitung*, die der Merve-Verlag 1994 zu einem *Vademecum* zusammenführte. Später skizzierte Baecker als Mitinitiator und Autor einer *Revue für postheroisches Management* sowie in weiteren Veröffentlichungen eine Führungslehre für komplexe Organisationen in einer komplexen Gesellschaft.[37] Ihr Grundton ist ironisch und setzt auf Irritation durch Paradoxa.

Wie Bradford und Cohen geht auch Baecker davon aus, dass heroische Führung dysfunktional geworden ist, weil sie eine allzu einfache Welt unterstellt: »Sie kennt nur Gewinne und Verluste. Und sie preist ihre Helden dafür, dass sie eine klare Orientierung bieten und mit leuchtendem Beispiel, das heißt mit Siegeswillen und Opferbereitschaft, vorausgehen.«[38] Der Preis für das Regime der *grands simplificateurs* ist indes hoch. Die Entscheider verdummen, weil sie sich das Lernen ersparen; die Übrigen werden in einem Teufelskreis erlernter Hilflosigkeit festgehalten oder in eine Haltung von Opposition und Verweigerung getrieben. Heroische Führung besitzt zwar den Vorteil, in jedem Fall Recht zu behalten: Ist ihre Strategie erfolgreich, bezeugt sie die Weisheit des Managerhelden, andernfalls liegt die Schuld an den inkompetenten Mitarbeitern, oder die Welt als ganze ist einfach noch nicht reif. Wer sich allerdings dergestalt gegen Selbstzweifel wie gegen Kritik von außen immunisiert, verliert die Fähigkeit, sich auf eine Wirklichkeit einzustellen, die sich laufend ändern kann und ändern muss. Mit einem heroischen Führungsstil lassen sich zwar Routinen optimieren, nicht aber Routinen für die Veränderung von Routinen entwickeln.

Baeckers postheroisches Management verzichtet demgegenüber darauf, Komplexität bewältigen zu wollen, sondern versucht sie produktiv zu machen. Statt Ungewissheit durch Entschiedenheit zu kompensieren, zielt es auf eine Dezentralisierung beziehungsweise Zirkulation von Verantwortung, welche die komplementären Zuschreibungen von heroischen Leistungs- und Leitungsrollen auf der einen, aheroischen Publikums- und Ausführungsrollen auf der anderen Seite unterläuft: »Eine postheroische Entscheidung wird so getroffen, dass sie gleich anschließend auch von anderen getroffen werden kann. Der Rückschluss von der Entscheidung auf eine Person, die exklusiv die Kompetenz hat, diese Entscheidung zu treffen, wird unterbrochen. Stattdessen wird die Kompetenz, diese Entscheidung zu treffen, markiert und zirkulationsfähig gemacht.«[39] Verteilt und verallgemeinert wird damit zugleich »die Fähigkeit zur Identifikation eines Problems als Problem, das heißt die Fähigkeit zur Problemstellung und daher auch zur Problemverschiebung«.[40] Das wiederum hat weitreichende Konsequenzen: Wenn alle zu Entscheidern werden sollen und können, vervielfältigen sich auch die Entscheidungsmaßstäbe. Die Berufung auf unabweisbare Vernunftgründe, auf Sachzwänge oder den zwanglosen Zwang des besseren Arguments hilft hier wenig, weiter kommt man nur »mit der Anerkennung einer Differenz der aus unterschiedlichen Perspektiven beteiligten Rationalitäten«.[41] Postheroische Führung und postmoderne Verabschiedung absolutistischer Wahrheitsansprüche bedingen sich wechselseitig. Plurale Entscheider und Entscheidungsgründe anzuerkennen, impliziert jedoch keinesfalls ein Plädoyer für Beliebigkeit oder den generellen Verzicht auf Führung. Der asymmetrischen Unterscheidung zwischen Führenden und Geführten steht vielmehr die symmetrische Annahme gegenüber, dass die Besetzung der beiden Positionen fortlaufend wechseln kann.

Baecker geht noch einen Schritt weiter und fordert, nicht

nur den Platz des Entscheiders allenfalls situativ festzulegen, sondern auch die Entscheidungen so anzulegen, dass sie neue Entscheidungsnotwendigkeiten und Entscheidungsspielräume schaffen. Problematisch seien weniger die Probleme selbst als der unbedingte Wille, sie zu lösen, sowie der unbeirrbare Glaube, das auch zu können. Während Helden versuchten, Dinge ein für alle Mal zu erledigen, wisse der postheroische Manager, dass dies weder möglich noch wünschenswert sei. Der »Nutzen ungelöster Probleme« liege vielmehr darin, dass sie fortwährend daran erinnern, dass man etwas noch nicht im Griff habe. »Dies bedeutet, dass man ständig Ressourcen mentaler, aber auch faktischer Art mobilisiert, um sich zu fragen, ob man nicht doch dieses bislang ungelöste Problem lösen kann. Das heißt, man denkt immer auch an etwas anderes als an das, woran man gerade denken will. Und das bedeutet, dass man immer mehr Möglichkeiten hat, auf eine Situation zu reagieren, als es von dieser Situation vielleicht gerade nahegelegt wird.«[42] Auf der Ebene des Unternehmens trügen ungelöste Probleme, also »Zweideutigkeiten, ja sogar Widersprüchlichkeiten im Verhältnis von Mitteln und Zwecken, Fähigkeiten und Ressourcen, Handlungen und Ergebnissen«, dazu bei, für die Konkurrenten weitgehend undurchschaubar zu bleiben und so Bewegungsspielräume zu gewinnen. Verkomplizierung als Wettbewerbsvorteil: »Nichts wäre einfacher, als ein Unternehmen zu imitieren, das überzeugende Lösungen für klar definierte Probleme hat.«[43] Wer dagegen nicht auf den *one best way* vertraut, hat gute Chancen, am Ende mehr Lösungen zur Hand zu haben, als sich Probleme stellen. »Das heißt, man kann wählen. Und man verfällt, wenn man Glück hat, auf kleine Lösungen, die manchmal mehr bewegen als die großen und die für andere immer ein Rätsel bleiben.«[44]

Was für Probleme gelte, gelte erst recht für ihre Dramatisierungsform, die Krise: Weil es der postheroische Manager darauf anlege, Optionen zu steigern, suche und pflege er Krisen, statt sie heroisch zu bekämpfen. Verlassen könne er sich ausschließlich auf Verhältnisse, »in die eine unabdingbare Unruhe eingebaut ist«. Seine bevorzugte Gangart sei das Stolpern: »Wenn man nicht immer ein wenig auf dem falschen Fuß erwischt wird, ist man nicht richtig unterwegs.« Ein wenig Camouflage helfe, dies nicht als Schwäche aussehen zu lassen: »Man muss das ja nicht unbedingt jedem zeigen. Wir verfügen über hinreichend viele Gelassenheitstechniken, um Ruhe und Unruhe bestens miteinander zu verbinden. Denn darin besteht die auszuhaltende Paradoxie: Beruhigt kann ich nur sein, wenn ich beunruhigt bin.«[45]

Die Zeit der von ihm selbst erzeugten Paradoxiengewitter hielt Baecker allerdings schon 2007 für abgelaufen und rief die Phase des »Postheroischen Managements 2.0« aus. Fortan reiche es nicht mehr, Komplexität lediglich ironisch vorzuführen, ihre paradoxe Form sei vielmehr »in rekursive Formen der Entscheidungsfindung« zu überführen.[46] Dazu müsse Komplexität einerseits unsichtbar gemacht werden, um nicht in endloser Reflexion und damit Entscheidungsunfähigkeit zu verharren. Andererseits sei sie präsent zu halten, indem jede Entscheidung sowohl daraufhin beobachtet werde, welche Ungewissheit sie absorbiert, als auch darauf hin, welche neuen Ungewissheiten sie erzeugt. In ähnlicher Weise dekonstruiert Baecker schließlich auch die Unterscheidung zwischen heroischer und postheroischer Führung, indem er die Differenz auf sich selbst anwendet: »Eine so eindeutige Unterscheidung [...] ist ihrerseits heroisch. Sie macht die Dinge zu einfach. Stattdessen wird man es in der Realität immer mit Heroen zu tun haben, die wissen, wann sie auf eine postheroische Intelligenz umstellen müssen, um einen neuen Ansatz zu finden, wenn der alte sich nicht bewährt. Und man wird es immer mit einer postheroischen Führung zu tun haben, die ab und an Helden auszeichnet, wenn es darauf ankommt, an jene heroischen Affekte zu appellieren, die man zuweilen braucht, um eine unmögliche Entscheidung zu treffen.«[47] Auch hier steht das Attribut postheroisch weder für ein zeitliches Danach noch für eine grundsätzliche Abkehr vom Heroischen, sondern kennzeichnet einen Führungsstil, der beide Modi beherrscht und jederzeit vom einen auf den anderen umzuschalten vermag. Der Platz des Helden bleibt nicht leer, nur weil offen ist, wer ihn einnimmt, und Gelegenheiten, sich heroisch zu bewähren, selten auftauchen. Im Gegenteil, letztlich sollen alle zu Helden werden können, wenn auch immer nur für den Moment und ohne jede Gewissheit, ihre exzeptionelle Position längerfristig zu behaupten. Ebenso aber sollen auch alle ihre heroischen Ambitionen zurückstellen, wenn die Situation es verlangt. Um zu wissen, wann das eine und wann das andere angesagt ist, bedarf es politischer Klugheit, und »politisch klug ist, wer Unterscheidungen nicht nur anbieten, sondern sie auch verschwinden lassen kann, um dort, wo andere in ihr Verderben rennen, ein neues Spiel eröffnen zu können«.[48] Postheroische Führung in diesem Sinne ist eine Kunst, keine Regelanwendung.

Das Tribunal des Marktes

Am Ende landet also Baeckers Skizze des postheroischen Managers dort, wo Schumpeters Porträt des schöpferischen Zerstörers begann: bei persönlichen Tugenden, die sich zwar einüben, nicht aber im strikten Sinne didaktisch vermitteln lassen. Weder der Neuerungswille und die Durchsetzungskraft des unternehmerischen Tatmenschen noch die Empowermentqualitäten des postheroischen Managers und sein Geschick im Umgang mit Komplexität lassen sich aus ökonomischen Abhandlungen, Managementratgebern oder systemtheoretischen Klugheitslehren extrahieren, was dem Boom entsprechender Literatur indes keinen Abbruch tut. Nicht nur das souveräne Durchsetzen neuer Kombinationen, sondern auch die Befähigung der Mitarbeiter zu Eigenverantwortung und Entrepreneurship verlangt außergewöhnliche Charaktere. Wo immer es um Führung geht, ist der Ruf nach Führungspersönlichkeiten nicht weit, wo immer man sich Innovation auf die Fahnen schreibt, sucht man schöpferische Querdenker, ganz gleich, nach welchen Modellen auch immer die Leitungsfunktion oder der kreative Prozess ausbuchstabiert werden.

Sowohl Schumpeter als auch Baecker suchen Agenten der Dynamisierung. Status-quo-Bewahrer und Beharrungskünstler tauchen beim einen wie beim anderen dagegen nur als Negativfolien auf; sie sind das konstitutive Außen der Unterscheidung zwischen heroischer und postheroischer Führung. Dass Transformationsprozesse angestoßen werden sollen, steht für beide außer Frage, gewandelt haben sich aber die Vorstellungen, auf welche Weise und durch wen dies am besten geschieht beziehungsweise überhaupt geschehen kann. Umgekehrt hat sich zwischen Schumpeter und Baecker auch das Verhältnis von Rationalisierung und Heroischem: Das Attribut heroisch impliziert einmal – positiv besetzt – den Bruch mit der kalkulierenden Vernunft, das andere Mal steht es – negativ besetzt – für einen Kontrollanspruch, der diese auf die Spitze treibt. Sieht Schumpeter im übermächtigen Rationalisierungsdruck ein deheroisierendes Moment des Kapitalismus, das dessen Ende ankündigt, so erkennt Baecker im Vertrauen auf rationale Steuerung die fixe Idee eines heroischen Managements, das der Komplexität eines fortgeschrittenen Kapitalismus nicht mehr gewachsen ist. Während der eine umgekehrt die schöpferische Zerstörung einzig heldenhaften Ausnahmegestalten zutraut, sind für den anderen heroische Alleingänge gerade dann kontraproduktiv, wenn neue Antworten auf neue Fragen gefunden werden sollen.

Baecker gibt einen Hinweis auf die externen Dynamiken, die dieser Perspektivenverschiebung zugrunde liegen: »Das postheroische Management kann auf die Rituale des Heldentums verzichten, weil die paradoxen Interventionen, die den Organisationen ihre Struktur geben, nicht mehr nur von oben, von der Spitze der Hierarchie, kommen, sondern zunehmend auch von außen, aus der Marktumwelt der Organisation.«[49] Spielte der Schumpetersche Unternehmer noch seine Autorität aus, um neue Kombinationen durchzusetzen und damit das Unternehmen zum Erfolg zu führen, so propagieren nicht zuletzt jene Management-Gurus, deren Schriften Baecker in seinem *Vademecum* dem deutschen Publikum vorstellt, dass zeitgenössische Unternehmen sich im Wettbewerb am ehesten dann behaupten können, wenn sie auch ihre internen Abläufe wettbewerbsförmig gestalten und sich in miteinander konkurrierende *profit centers* zergliedern. Letztlich soll sich jede Mitarbeiterin als Unternehmerin im Unternehmen verhalten. Schöpferische Zerstörung wird zur Regelanforderung und kann schon deshalb nicht einigen wenigen Tatmenschen vorbehalten bleiben. Im Gegensatz zu Hierarchien liegt auf Märkten nicht qua Position fest, wer das Sagen hat, sondern alle Akteure begegnen einander als Konkurrenten, und derjenige reüssiert, der mehr Abnehmer findet und höhere Preise erzielt als die anderen. Postheroisches Management zieht aus dieser Ausweitung des Wettbewerbsprinzips die organisatorischen Konsequenzen: Die Führungsrolle wird selbst zum Gegenstand eines kompetitiven Prozesses; die Verantwortung in dem Sinne verallgemeinert, dass jeder sein Handeln vor dem »ständigen ökonomischen Tribunal«[50] des Marktes zu rechtfertigen hat. Exzeptionalität, beziehungsweise in die Sprache des Managements übersetzt: Exzellenz, realisiert sich als Antizipation von Kundenwünschen und als Kampf um Alleinstellungsmerkmale. Die Heldenreise schrumpft zum Projektzyklus.

Postheroisches Management dekonstruiert somit die Heldenposition, ohne von den Zumutungen heroischer Rollenzuschreibungen zu entlasten. Der Abschied von den unmöglich oder nutzlos gewordenen Helden erzeugt eine Leerstelle, die offenzuhalten selbst wiederum heroische Anstrengungen erfordert. Zugleich aber erinnert sie schmerzhaft daran, dass der ökonomische Wettbewerb nicht aufopferungsvolle Hingabe und beherztes Durchgreifen belohnt, sondern Kundenentscheidungen prämiert. Es ist diese Entkopplung von Leistung und Gratifikation, die das Heroische untergräbt, ohne den Heldenhunger zu stillen. Im Gegensatz zum Markterfolg ist Heldentum ein meritokratisches Konzept: Die exzeptionelle Tat macht den Helden. Deshalb muss die Tat selbst und müssen damit auch ihre bahnbrechenden, segensreichen oder gefahrenabwendenden Wirkungen dem prospektiven Heros eindeutig zugerechnet werden können. Genau das ist unter Bedingungen marktförmiger Konkurrenz nicht möglich. Der Markt funktioniert, in einer Formulierung von Friedrich August von Hayek, »nach dem Prinzip eines Spiels, in dem Geschicklichkeit und Chancen kombiniert werden und bei dem das Endergebnis für jeden einzelnen genauso gut von völlig außerhalb seiner Kontrolle liegenden Umständen abhängen kann wie von seiner Geschicklichkeit oder Anstrengung«.[51] Wo die Zurechenbarkeit von Erfolg fraglich bleibt und bleiben muss, steht Heldenruhm unter Generalverdacht. Und doch kommt auch das Regime ökonomischer Konkurrenz nicht ohne heroische Appelle an die Leistungsbereitschaft aus. Selbst wenn der Triumph keineswegs eigenes Verdienst und das Scheitern nicht unbedingt mangelndem Einsatz geschuldet ist, muss jeder all seine Kräfte mobilisieren, ohne je Gewissheit zu haben, ob die Mühe sich auszahlt. Auch so lässt sich das Schumpetersche *plus ultra* lesen. Sein Vorbild wäre dann nicht Prometheus, sondern Sisyphos – der postheroischste aller mythischen Heroen.

6. Konturen des Postheroischen III: Kriege

Der Krieg ist traditionell eine Heldenmaschine, die gleichermaßen Heroisierungsbedarf wie Heroisierungsgelegenheiten erzeugt. Als Ausnahmezustand ruft er nach exzeptionellen Gestalten, die sich durch außeralltägliche Taten bewähren; als Kampf auf Leben und Tod fordert er die Bereitschaft zum Selbstopfer wie zur Auslöschung anderer und stellt dafür ruhmvolles Gedenken in Aussicht. Posthume Erhebung der getöteten Soldaten in den Heldenstand soll ihrem Sterben Sinn abtrotzen, Orden und andere Ehrbezeigungen sollen die Veteranen wenigstens symbolisch für das Erlittene entschädigen und außerdem das kollektive Gewissen beruhigen. Militärische Organisation verlangt Führertum und Gefolgschaft, der effiziente Einsatz der Waffen ihre technische Beherrschung. Das eine lässt sich als persönliches Charisma, das andere als individuelle Virtuosität heroisch verbuchen. Die exzessive Gewalt wiederum suspendiert moralische Tabus und zivilisatorische Hemmungen. Umso mehr bedarf sie der Legitimation und ist auf Vorbilder angewiesen, die diese verkörpern. Heldenruhm erringen können indes auch Krieger, die zum Tugendhelden nicht taugen: Das Kampfgeschehen liefert dramatische Anlässe für Regelbruch und rauschhafte Transgression, deren Ambiguität die Faszinationskraft des *furor heroicus* nur steigert. Dass Helden Normübererfüller sind, gilt auch im Hinblick auf ihre militärische Lizenz zum Töten. Der Einfluss des Zufalls schließlich, die unwägbaren Friktionen, die nach Clausewitz das Handeln im Kriege zu einer »Bewegung im erschwerenden Mittel«[1] machen, nähren den Glauben an persönliche Fortune und schüren die Sehnsucht nach großen Männern, die den Kairos ergreifen und im richtigen Moment intuitiv das Richtige tun.

Angesichts dieser in gesellschaftlichen Institutionen und sozialen Praktiken, in Rechtfertigungsordnungen und im kulturellen Imaginären fest verankerten Affinitäten zwischen Krieg und Heldentum klingt die Gegenwartsdiagnose vom Zeitalter postheroischer Kriegführung wie ein Oxymoron. Hat die Heldenmaschine ausgedient? Braucht der Krieg keine Heroen mehr, bringt er keine mehr hervor? Was ersetzt die heroischen Anforderungen, was blockiert die Möglichkeiten heroischer Bewährung?

Postheroische Führung

Der Topos taucht, soweit ich überblicke, zum ersten Mal 1987 in John Keegans *The Mask of Command* auf, einer Studie über den Wandel der Feldherrngestalt von der Antike bis zur Gegenwart.[2] Der britische Militärhistoriker entwirft darin ausgehend von Einzelporträts eine Geschichte der Befehlsgewalt und unterscheidet vier Archetypen des Feldherrntums: das *heroische* Alexanders des Großen, das *antiheroische* des Herzogs von Wellington, das *unheroische* Ulysses S. Grants sowie das *pseudoheroische* Feldherrntum Adolf Hitlers. In der Schlussbetrachtung plädiert Keegan für eine neue, eben *postheroische* Form militärischer Führung, die den Anforderungen des Nuklearzeitalters entspricht.

Grundsätzlich sei die Aufgabe des Feldherrn nicht kompliziert, schreibt er, sie beruhe auf dem schlichten Imperativ, »dass jene, die dem Tod ins Auge sehen sollen, nicht das Gefühl haben dürfen, allein zu sterben«.[3] Dafür brauche es fachliche Kompetenz, aber auch psychologisches Geschick sowie ein gewisses Talent zum theatralischen Auftritt. Erfolgreiche Befehlsgewalt beruhe auf der Orientierung an fünf Imperativen: Der Feldherr müsse erstens für eine affektive, geradezu verwandtschaftliche Bindung zu seinen Soldaten sorgen, was eine Auratisierung der eigenen Person durch ausreichenden Abstand zu den Truppen einschließe. Wichtig sei zweitens, im Umgang mit ihnen den richtigen Ton zu treffen, sie zu ermutigen, in Krisenmomenten anzuspornen und ihnen nach einem Sieg angemessen zu danken. Drittens gelte es, Belohnungen und Strafen klug zu dosieren; viertens sei das Handeln auf umfassendes Wissen und persönlichen Augenschein zu gründen. Der Feldherr müsse abwägen, wann es angezeigt sei, vom Hauptquartier aus in Ruhe die eingehenden Informationen auszuwerten und darauf aufbauend seine Dispositionen zu treffen, und wann sein Platz an der Front sei, wo er das Kampfgeschehen verfolgen und unmittelbar eingreifen kann. Am wichtigsten sei jedoch fünftens das eigene Beispiel: »Jene, die andere der Gefahr aussetzen, müssen diese nachweislich teilen und damit rechnen, dass man ihren Befehlen nur so lange gehorcht, wie es die anderen Imperative der Befehlsgewalt erfordern.«[4]

Keegan zeichnet das Ideal eines charismatischen Heerführers, der seine Amtsautorität durch Präsenz, Entscheidungskraft sowie die Fähigkeit zu begeistern festigt und selbst vorbildhaft jene Haltung verkörpert, die er seinen Truppen abverlangt. Heldenhaftes Auftreten konnte das entscheidende Mehr an Kampf- und Durchhaltebereitschaft mobilisieren, Keegan lässt jedoch keinen Zweifel daran, dass es oft genug auch dazu diente, die Herrschaftsansprüche von Tyrannen, Ideologen und Fanatikern zu bemänteln. Vor allem aber macht er deutlich, dass dieses Modell personaler Führung, das alle Register des Heroischen zu ziehen weiß, sich überlebt hat. Die Entwicklung der Waffen- und Kommunikationstechnologien haben nicht nur das Kriegsgeschehen, sondern auch die Bedingungen militärischer Befehlsgewalt radikal verändert. Schon mit dem Aufkommen des Luftkriegs hatte das Schlachtfeld seine räumliche Begrenzung verloren, es erstreckte sich fortan über das gesamte Territorium. Der Einsatz von Distanzwaffen ersetzte den Zusammenstoß feindlicher Truppen, Aufklärungstechnologien den Augenschein, die Präsenz des Befehlshabers beschränkte sich auf Rundfunk- und Fernsehbotschaften sowie gelegentliche Truppenbesuche.

Angesichts atomarer Massenvernichtungsmittel ist heroisches Feldherrntum vollends obsolet geworden. Weder sind die Armeen länger das maßgebliche Instrument der Kriegführung, noch liegen die entscheidenden Befehlsfunktionen weiterhin bei den Generälen. Das militärische Oberkommando ist vielmehr auf die politischen Entscheidungsträger übergegangen, deren wichtigste Aufgabe darin besteht, Konflikte keinesfalls nuklear eskalieren zu lassen. Die paradoxe Logik der Abschreckung, welche auf der glaubhaften Drohung mit ebendieser Eskalation beruht, impliziert strikte Geheimhaltung. Durch welche Maßnahmen im Einzelnen der Atomkrieg zugleich führbar gemacht und vermieden werden soll, bleibt der öffentlichen Kommunikation entzogen und kann schon deshalb niemandem persönlich gutgeschrieben werden. Wenn schließlich Computerprogramme nach zuvor festgelegten Warnsignalen ebenfalls automatisierter Aufklärungssysteme selbständig die Atomraketen abfeuern sollen (oder jedenfalls unklar ist, inwieweit noch menschliche Akteure in den Entscheidungsprozess einbezogen sind), verflüchtigt sich individuelle Zurechenbarkeit in technische Netzwerke. Das schließt demokratische Kontrolle, aber auch den Rückgriff auf heroische Inszenierungen aus. Die Autoritätsressourcen der persönlichen Bindung, des Ansporns, der Sanktion, der Aktion und des Beispiels stehen nicht mehr zur Verfügung. Unter diesen Umständen, so Keegans Fazit, ist ein gänzlich anderer Modus politisch-militärischer Führung geboten, der keine Emotionen schürt und nicht auf kunstvolle Selbstdarstellung setzt, sondern sich durch Zurückhaltung auszeichnet: »Das Wichtigste, was einen Führer im Atomzeitalter auszeichnet, ist in der Tat, dass er überhaupt nicht im traditionellen heroischen Sinn ›handeln‹ sollte. Ein inaktiver Führer, der nichts unternimmt, kein überzeugendes Vorbild abgibt, nichts Aufrüttelndes sagt, weder Belohnungen verteilt noch Strafen verhängt, der sich von der Masse vor allem durch Bescheidenheit, Umsicht und Vernunft abhebt, wird möglicherweise gar nicht als Führer wahrgenommen. Aber dennoch ist genau das die Art von Führer, welchen die nukleare Welt braucht, selbst wenn sie davon nichts weiß. ›Postheroisch‹ ist das Attribut, das er für sich selbst wählen könnte.«[5]

Als Beispiel postheroischer Führung dient ihm das – beschönigt dargestellte – Verhalten John F. Kennedys während der Kubakrise von 1962. Dieser hatte die Beurteilung der Situation einem unabhängigen Executive Committee anvertraut, »einer nach ihrer Sachkenntnis und ihrem Scharfsinn ausgewählten Gruppe von Männern, die, zeitweilig ihrer sonstigen Verpflichtungen entbunden, zu Gesprächen ohne Teilnahme des Präsidenten zusammentraten« und binnen drei Tagen zu einer Mehrheitsentscheidung für eine Seeblockade gelangten.[6] Der Präsident sei ihrer Empfehlung nach kurzen Beratungen gefolgt und habe damit Entschlossenheit signalisiert, ohne die Lage durch einen Präventivschlag weiter zu eskalieren, was wiederum die russische Seite veranlasst habe, ihre mit Atomraketen beladenen

Schiffe umkehren zu lassen und auf eine Stationierung von Nuklearwaffen auf Kuba zu verzichten.

Man kann darüber streiten, ob diese Deutung der Ereignisse nicht unterschätzt, wie knapp damals die Welt an einem Atomkrieg vorbeischlitterte. Sicher ist aus heutiger Sicht jedenfalls, dass von einem souveränen Krisenmanagement Kennedys keine Rede sein konnte. Postheroisch war daran lediglich das Ausmaß des Kontrollverlusts.[7] Für Keegan, der auf Grundlage der 1987 verfügbaren Quellen argumentiert, verkörperte der US-Präsident hingegen exemplarisch jenen neuen Typus des Befehlshabers, der gelernt hat, »den Verlockungen des heroischen Stils zugunsten einer kühleren, rationaleren Behandlung von Krisen und Chaos zu widerstehen«, und dessen Verhalten gerade dadurch »sehr viel Heroisches an sich« hat.[8] Auch hier erscheint das Postheroische nicht als das dem Heroischen historisch Nachfolgende, sondern als dessen zeitgemäße, auf Heldenposen und Kriegsabenteuer verzichtende Gestalt. Auf eine Formel gebracht: Keegans postheroische Führer streben nicht nach dem Sieg, sondern danach, das Schlimmste, die atomare Katastrophe, zu verhüten – wenn es sein muss, auch mit militärischen Mitteln. Ausgerechnet die Größe der Herausforderungen, an denen sie sich zu bewähren haben, hält sie davon ab, sich als Helden zu gebärden.

Postheroische Kriegführung

The Mask of Command entstand in der Endphase des Kalten Krieges, und die nukleare Blockkonfrontation bildete den Erfahrungshintergrund des Buchs. Die weitere Diskussion über postheroische Kriegführung wurde indes von anderen Erfahrungen bestimmt und nahm eine andere Richtung:

Als der US-amerikanische Militärtheoretiker Edward N. Luttwak 1995 in der Zeitschrift *Foreign Affairs* einen »Toward Post-Heroic Warfare« überschriebenen Essay veröffentlichte,[9] lag der Zerfall des Sowjetsystems bereits einige Jahre zurück. Mit dem Ende des Ost-West-Gegensatzes war jedoch keineswegs ein Zeitalter des Friedens angebrochen. Vielmehr stieg die Zahl der Kriege und Bürgerkriege an, weil regionale Konflikte nicht länger automatisch in die Blockkonfrontation hineingezogen wurden. Hatte während des Kalten Krieges jede militärische Auseinandersetzung die Gefahr einer atomaren Eskalation heraufbeschworen, weshalb die USA und die Sowjetunion stets direkt oder indirekt involviert waren, so versagte nach dem Zerfall der bipolaren Weltordnung dieser zweifelhafte Kontrollmechanismus. Bereits vor 1989 hatte sich abgezeichnet, dass die Großmächte zunehmend auf Widerstände im eigenen Land stießen, wenn sie Truppen für längerfristige Kampfeinsätze in Kriegsgebiete entsandten. Die USA hatten in Vietnam, die Sowjetunion hatte in Afghanistan erfahren müssen, dass zuhause die Stimmung zu kippen drohte, sobald sich die Gefallenentransporte in die Heimat häuften und ein Ende der Einsätze nicht abzusehen war.

Diese Intoleranz gegenüber eigenen (und nur den eigenen) Verlusten steht im Zentrum von Luttwaks Diagnose. Mit ihrer Opferallergie gefährdeten demnach insbesondere die USA und ihre westlichen Verbündeten ihren Großmachtstatus, beruhe dieser doch auf der Bereitschaft, »Gewalt anzuwenden, wenn es vorteilhaft erscheine, und die unvermeidlichen Opfer hinzunehmen – zumindest so lange, wie ihre Zahl in einem angemessenen Verhältnis zu den Gewinnen stand«.[10] Anders als in der Vergangenheit ließen sich der »Verlust von ein paar hundert Soldaten im Rahmen eines kleineren militärischen Unternehmens oder von

ein paar tausend in einem kleinen Krieg oder Expeditions-
feldzug« nicht mehr als »Routineereignisse«[11] kleinreden;
vielmehr fürchteten die Regierungen massive Legitimitäts-
einbrüche und vermieden Militäraktionen, die das Leben
ihrer Soldaten gefährden konnten. Symptomatisch war für
Luttwak der überstürzte Rückzug der US-Truppen aus So-
malia im Oktober 1993, nachdem 18 Angehörige der Special
Forces beim Versuch, einen Milizenführer festzunehmen,
getötet und ihre Leichen vor den Augen der internationalen
Fernsehöffentlichkeit durch die Straßen Mogadischus ge-
schleift worden waren. Ähnlich deutet er die Weigerung
Großbritanniens, Frankreichs und Deutschlands, mit Bodentruppen in die Sezessionskriege des zerfallenden Jugosla-
wiens einzugreifen. Die US-Regierungen wollten nach dem
Mogadischu-Debakel keine weiteren toten GIs riskieren,
die europäischen Regierungen seien nicht gewillt, ihre Soldaten in einem Konflikt zu opfern, in dem für sie keine vi-
talen Interessen auf dem Spiel stehen.

Die postheroische *casualty shyness* auf die vermeintlich
demoralisierende Wirkung der Fernsehberichterstattung zurückzuführen, die man in den USA für das Erstarken der
Antivietnamkriegsbewegung verantwortlich gemacht hatte,
hält Luttwak ebenso für verkürzt wie allgemeine Verweise
auf den Wertewandel seit den 1960er-Jahren, der hedonisti-
sche Orientierungen und damit Aversionen gegen kriegerische Zumutungen befördert habe. Für den ausgeprägten
Widerwillen, tote Soldaten auf US-amerikanischer Seite in
Kauf zu nehmen, bringt er vielmehr demografische Gründe – die geringere Kinderzahl pro Familie und die Abnahme
der Kindersterblichkeit – in Anschlag: »Als es völlig normal
war, ein Kind oder mehrere durch Krankheit zu verlieren,
hatte der Verlust von einem oder mehreren Söhnen im
Krieg eine andere Bedeutung als für heutige amerikanische

oder europäische Familien, die im Durchschnitt höchstens zwei Kinder haben. Von jedem dieser Kinder erwartet man, daß es überlebt, und jedes dieser Kinder verkörpert einen sehr viel größeren Teil des emotionalen Kapitals einer Familie.«[12] Dieser affektiven Besetzung entspreche eine Haltung, die Luttwak mit verächtlichem Unterton »*mammismo*« nennt,[13] eine überzogene Mutter- beziehungsweise Elternliebe, die das eigene Kind gegen jedwede Gefahr abzuschirmen suche und sich dabei um Erwartungsinkonsistenzen nicht schere: »Eltern und Verwandte haben in den USA in der Regel nichts dagegen, wenn ihre Kinder zur Armee gehen und sich damit für eine Laufbahn entscheiden, die dem Krieg und der Kriegsvorbereitung gewidmet ist. Sie reagieren aber oft mit Bestürzung und Wut, wenn ihre Kinder dann tatsächlich in Kriegsgebiete geschickt werden. Und sie betrachten Verletzungen und Todesrisiko als unerhörten Skandal, nicht als Berufsrisiko.«[14]

Wie für Keegan markiert das Attribut postheroisch auch für Luttwak zuallererst eine Schranke militärischer Handlungsmacht. Anders als jener sah er die Gründe allerdings nicht in den entgrenzten Vernichtungspotenzialen des Nuklearzeitalters, die heroisches Draufgängertum zu einem Weltuntergangsspiel machten, sondern in der kollektiven Opferunwilligkeit einer Bevölkerung, die für heroische Anrufungen unempfänglich geworden war. Demografisch gewendet wärmt er damit ein altes Ressentiment der Militärs gegen die als verweichlicht beziehungsweise verweiblicht (»*mammismo*«!) gescholtenen Zivilisten auf, nur dass er statt des bürgerlichen Krämergeists die emotionalen Bande der Kleinfamilie für die Weigerung verantwortlich macht, die eigenen Söhne (und inzwischen auch Töchter) in den Krieg zu schicken. Ging es Keegan um eine Neubestimmung militärischen Führertums, so sorgt sich Luttwak um die Wiedergewinnung der Kriegführungsfähigkeit. Den USA und ihren Verbündeten eine postheroische Mentalität zu bescheinigen, war ein Krisenbefund. Die westlichen Gesellschaften seien für militärische Erfordernisse taub geworden und machten sich damit trotz technisch überlegener Waffenarsenale verletzlich gegenüber Gegnern, die aufgrund ihrer anderen Altersstruktur – Stichwort *youth bulge*[15] – weiterhin heroische Einstellungen mobilisieren könnten.

Luttwaks Kernfrage lautet: »Wie können Streitkräfte, die sich aus professionellem, fest angestelltem, pensionsberechtigtem und karriereorientiertem Personal rekrutieren, mit Aggressoren fertigwerden, die von nationalistischem oder religiösem Fanatismus angetrieben werden?«[16] Eine Antwort sucht er nicht im Rückgriff auf hehre Leitbilder oder moralische Aufrüstung. Weil sich die Demografie nicht außer Kraft setzen lässt, bleibt vielmehr nichts anderes übrig, als den Restriktionen nüchtern Rechnung zu tragen: Dass die Angst um den Nachwuchs den militärischen Handlungsrahmen absteckt, nötigt die Befehlshaber dazu, die Null-Opfer-Regel einzuhalten und sich auf Operationen zu beschränken, welche die eigenen Streitkräfte nicht Gefahren für Leib und Leben aussetzen. Bombardierungen aus großer Höhe sowie Luftschläge mit unbemannten Marschflugkörpern – der Einsatz von Drohnen war Mitte der 1990er-Jahre noch eine Zukunftsvision – avancieren zum strategischen Mittel der Wahl. Sie stoßen jedoch dort an Grenzen, wo es um Interventionen in zwischenstaatliche Konflikte geht oder um Bürgerkriege, in denen man nicht nur gegen reguläre Truppen, sondern auch gegen Milizen und andere paramilitärische Verbände kämpft. Hier bleiben Bodentruppen, die sprichwörtlichen *boots on the ground*, weiterhin unverzichtbar, ihre Entsendung lasse sich allerdings innenpolitisch kaum mehr durchsetzen. Als Alternative bringt Luttwak den Einsatz von Söldnern nach dem Vorbild der nepalesischen Gurkhas in der britischen Armee oder der französischen Fremdenlegion ins Spiel, eine Option, die in den Folgejahren, dem neoliberalen Zeitgeist entsprechend modifiziert, in Gestalt privater Militärunternehmen tatsächlich an Bedeutung gewinnen sollte. Sinnvoll sei ferner die Erstellung eines *casualty exposure index*, auf den gestützt die militärische Führung objektive Kriterien entwickeln könne, welche Truppengattungen für künftige Operationen in Frage kämen und deshalb ausgebaut werden sollten.[17] Ziel müsse es sein, personalintensive Infanterieeinsätze mit unmittelbarem Feindkontakt möglichst zu vermeiden und den Gegner stattdessen präzise und wirksam aus der Distanz zu treffen. Vom napoleonischen beziehungsweise clausewitzschen Konzept des großen, in einer Entscheidungsschlacht gipfelnden Krieges für große Ziele habe man sich zu verabschieden. Aussichtsreicher seien Wirtschaftsembargos, bewaffnete Blockaden und punktuelle Militärschläge, niedrigschwellige Operationen ohne Risiken für die eigenen Truppen also, die zwar keine schnellen Siege versprächen, langfristig aber den Gegner umso nachhaltiger schwächten. Als historisches Vorbild postheroischer Kriegführung empfiehlt Luttwak, darin ganz imperialer Denker, die Strategien der Belagerung, mit denen die römischen Legionen ihre Gegner an den Rändern des Reichs in Schach hielten.[18] Rückblickend betrachtet, spiegeln seine Thesen jene Phase des Umbruchs, in der sich die Konturen der sogenannten neuen Kriege bereits abzeichneten, die *revolution in military affairs* aber noch in vollem Gange war.[19]

Heroische Gemeinschaften in der postheroischen Gesellschaft

Als der Berliner Politikwissenschaftler Herfried Münkler einige Jahre später die Postheroismus-Diagnose aufgriff und weiter ausarbeitete,[20] hatte sich die weltpolitische Konfliktlage und mit ihr die außenpolitische Rolle Deutschlands verändert: Nach den Anschlägen vom 11. September 2001 hatte die US-Regierung zum globalen Krieg gegen den Terror aufgerufen und war zusammen mit ihren Alliierten in Afghanistan und den Irak einmarschiert, in Afghanistan unter Mitwirkung der Bundeswehr. Zuvor schon hatten sich im Kosovokrieg deutsche Truppen – zum ersten Mal seit 1945 – an Kampfeinsätzen beteiligt. Bis zu welchem Punkt die deutsche Öffentlichkeit bereit sein würde, den Kriegstod von Bundeswehrsoldaten hinzunehmen, war also keine bloß theoretische Frage mehr.

Münkler, durch zahlreiche Veröffentlichungen zur Theorie und Geschichte des Krieges ausgewiesen,[21] ordnet wie schon Luttwak die aktuellen Transformationen des Krieges in große historische Zusammenhänge ein. Beide machen zudem keinen Hehl daraus, dass sie mit ihren Analysen auch politische Agenden verfolgen. Während Luttwak offensiv die durch postheroische Opferscheu gefährdete Rolle der USA als globaler Hegemon absichern will, tritt Münkler mit Nachdruck dafür ein, dass Deutschland seine ihm faktisch längst zugefallene Rolle als europäische Zentralmacht wahrnimmt und sich auch militärischen Missionen nicht verschließt, wenn sie zur geopolitischen Stabilisierung beitragen.[22] Die Rede von der postheroischen Gesellschaft markiert unter diesen Vorzeichen ebenfalls einen Krisenbefund. Schließlich könne die Politik die Aufgaben einer »Macht in der Mitte« auf Dauer nicht erfüllen, »wenn ihr dafür keine nachhaltige Unterstützung durch die Gesellschaft zuteilwird«.[23]

Im Unterschied zu Luttwak bezeichnet Münkler mit dem Attribut »postheroisch« nicht einen Modus der Kriegführung, sondern eine spezifische Gesellschaftsfiguration, die er im Rekurs auf Ferdinand Tönnies' Gegenüberstellung von Gemeinschaft und Gesellschaft von heroischen Figurationen abgrenzt. Gemeinschaften werden demnach durch Herkunft sowie geteilte Werte und Normen zusammengehalten, Gesellschaften durch funktionale Kooperationsbeziehungen und konvergierende Interessen. Heroische Orientierungen lassen sich eher dem gemeinschaftlichen Sozialitätsmodus zuordnen, ihr originäres Soziotop sind männerbündisch organisierte Kriegerkollektive. Angewiesen sind diese heroischen Gemeinschaften allerdings auf Einbettung in eine unheroische Gesellschaft, aus der sie sich rekrutieren und die sie alimentiert, gegenüber der sie aber auch ihre Exklusivität behaupten und ihre parasitäre Existenz rechtfertigen müssen. Sie bedürfen daher »immer wieder der Kriege und Kämpfe; in denen müssen sie ihren Nutzen für die sie alimentierende Gesellschaft erweisen, um dafür erneut mit Ehrerbietung ausgestattet zu werden«.[24] Der Heroismus bleibt jedoch »eine Disposition von Spezialisten«; weder werden die Zumutungen der Opferbereitschaft auf alle Vollmitglieder des Gemeinwesens ausgeweitet, noch werden deren politische Partizipationsrechte von der Beteiligung am Waffendienst abhängig gemacht.[25]

Diese von Münkler auch als präheroisch bezeichnete Figuration, die über weite Strecken der menschlichen Geschichte vorherrschte, kontrastiert er mit dem Typus der heroischen Gesellschaft, »wie sie den europäischen Nationalstaaten des 19. und frühen 20. Jahrhunderts zugrunde lag«. Hier waren der »Gestus des Heroischen und die Erwartung der Opferbereitschaft [...] nicht auf Inseln des Militärischen in einem Meer der Zivilität beschränkt« geblieben, sondern hatten den gesamten gesellschaftlichen Raum durchzogen, ohne jedoch gegenläufige Orientierungen völlig zu verdrängen.[26] Das Zeitalter von Nationalismus und Militarismus stand zugleich im Zeichen eines verallgemeinerten Heroismus. Überboten wurde diese Ausweitung noch von der Transformation der heroischen Gesellschaft in eine große heroische Gemeinschaft, welche die totalitären Regime in der ersten Hälfte des 20. Jahrhunderts ins Werk setzten. Sie erhoben den Krieg zur einzig legitimen Existenzweise und nötigten gestützt auf Terror und Ideologie ihre Mitglieder zu uneingeschränkter Dienstbarkeit und Kampfbereitschaft, die erst im Selbstopfer einen Haltepunkt fanden. Niemand sollte sich dem Generalappell zu Heldentat und Heldentod entziehen können.[27]

Diese heroischen beziehungsweise in heroische Gemeinschaften transformierten Gesellschaften befanden sich in einem Zustand der Dauermobilmachung, der auf gewaltsame Entladung drängte und in den beiden Weltkriegen kulminierte. Nach 1918 provozierte die Überdehnung heroischer Zumutungen, so Münkler, bei Siegern und Besiegten gegensätzliche Reaktionen: »Solche Kriege ermatten und erschöpfen die Gesellschaften, die sich dann aus heroischen in postheroische Gesellschaften verwandeln. [...] In dieser Situation sind zwei Reaktionen naheliegend: Entweder man unternimmt den Waffengang bei nächster Gelegenheit noch einmal, weil man davon ausgeht, dass man beim letzten Mal nicht genügend heroische Opferbereitschaft aufgebracht hat, wozu man bei einer entschlosseneren Mobilisierung in der Lage wäre – oder aber man verwirft das Modell von Opferbereitschaft und Ehrakkumulation als historischen Irrweg, den man hinfort vermeiden will.«[28] Das nationalsozialistische Deutschland, gewillt, die Schmach der Niederlage um jeden Preis zu tilgen, entschied sich für die erste Alternative und zettelte einen neuen Krieg an, von dem es auch dann nicht abließ, als die Aussichtslosigkeit der militärischen Lage längst unübersehbar war. Anders als 1918 wollten die Besiegten nach der Kapitulation von 1945 allerdings von militärischem Heldentum erst einmal nichts mehr wissen.

Sorgten in der Bundesrepublik vor allem die vorausgegangenen Exzesse heroischer Mobilmachung dafür, dass sich die postheroische Disposition »in einer Intensität durchgesetzt hat wie in sonst keiner europäischen Gesellschaft«,[29] so konstatiert Münkler darüber hinaus eine epochale Krise des Opfergedankens und damit des Heroischen, die sich nicht auf das postnationalsozialistische Deutschland beschränkt. Für alle industrialisierten Länder gelte, »daß jene moralischen Ressourcen, auf die ein Staat zurückgreifen muß, wenn er einem Teil seiner Bevölkerung das Opfer des Lebens abverlangen will«, verbraucht sind oder ihre einstige Wirkung eingebüßt haben.[30] Als Gründe dafür führt er neben dem demografischen Argument Luttwaks und einem »Schwinden der religiösen Potentiale«, das auch politische Religionen wie den Kult der Nation erfasst habe, jene bereits in den strategischen Flächenbombardements angelegte und mit der Entwicklung der Atombombe radikalisierte Form der Kriegführung an, »die zwischen Kombattanten und Nichtkombattanten nicht unterscheidet und dadurch keine rettenden Opfer mehr zulässt«.[31] Die Phantasmagorie des heroischen Opfers impliziere einen Akt der Selbstpreisgabe um eines höheren Ziels willen: Der Held setzt sein Leben für andere aufs Spiel und führt die Gemeinschaft zum Sieg, die ihm im Gegenzug Anerkennung zollt, indem sie ihn als Helden bewundert und verehrt. Diese

Idee der Stellvertretung, deren christologische Wurzeln unverkennbar sind, werde durch die Existenz von Massenvernichtungsmitteln ad absurdum geführt. Ein gewaltsamer Tod, der unterschiedslos alle trifft, könne weder Heldenruhm noch den Appell an heroische Tugenden begründen; ebenso wenig könnten die Bereitschaft zum Kriegsdienst und zur Opferung des eigenen Lebens im Krieg weiterhin als selbstverständlicher Bestandteil des Gesellschaftsvertrags eingefordert werden. Die große Mehrheit sei nicht länger gewillt, die eigene Auslöschung als Dienstrisiko in Kauf zu nehmen.[32]

Vorbehalte gegen militärische Opferzumutungen werden, wie Münkler einräumt, zweifellos in Deutschland entschiedener artikuliert als etwa in den Vereinigten Staaten, wo patriotische Symbole und Rituale noch eine breite, wenig hinterfragte Akzeptanz beanspruchen können und sich mit christlichen Auserwähltheitsvorstellungen verbinden. Trotz forcierter Aktivierung heroischer Narrative in der Populärkultur und der bellizistischen Rhetorik vieler Politiker sei jedoch auch die US-Gesellschaft postheroisch imprägniert, wie sich spätestens seit Ende des Vietnamkriegs an der Art ihrer Rüstungsanstrengungen, ihrer Rekrutierungspraktiken und nicht zuletzt ihrer Kriegführung zeige. Generell beraube der »Bruch in der Kampf-, Tötens- und Sterbensbereitschaft der Bevölkerung«[33] allerdings weder die USA noch die mit ihnen verbündeten westlichen Staaten ihrer militärischen Handlungsmacht, da aufgrund der entwickelten Waffentechnik eine Mobilisierung großer Menschenmassen nicht länger erforderlich sei.

Münkler führt insbesondere drei Maßnahmenbündel an, welche die Kriegführungsfähigkeit unter den Bedingungen kollektiver Opferaversion aufrechterhalten sollen: Postheroische Gesellschaften spielten erstens ihre technologische

Überlegenheit aus und minimierten durch Investitionen in Distanzwaffen sowie die damit verbundenen strategischen Umstellungen die Einsatzrisiken für die eigenen Soldaten. Zweitens sorgten die Aussetzung der allgemeinen Wehrpflicht und der Übergang zu Freiwilligen- und Berufsarmeen dafür, dass vor allem die Kinder der politisch artikulationsfähigen und als besonders opferunwillig geltenden Mittelschichten vom Kriegsdienst verschont blieben. Das entschärfe Unzufriedenheitspotenziale. Besonders entgegen komme der »Freikaufmentalität postheroischer Gesellschaften«[34] drittens die Privatisierung des Krieges durch Anwerbung von Söldnern.

Postheroische Gesellschaften bringen also das Heroische nicht zum Verschwinden, sondern delegieren es an professionelle Gewaltakteure, die stellvertretend jene *dirty jobs* erledigen, vor denen die Übrigen zurückschrecken. Sie stiften keine pazifistische Idylle, sie zähmen nicht einmal die Gewalt, sondern versuchen diese zugleich verfügbar und auf Distanz zu halten. Damit nähern sie sich unter veränderten Umständen wieder jener Figuration an, die Münkler als historischen Normalfall betrachtet: einer unheroischen Gesellschaft, die sich eine Freiwilligen- oder Berufsarmee hält, um Kriege führen und sich selbst zugleich von heroischen Zumutungen weitestgehend dispensieren zu können. Münklers präheroische und postheroische Gesellschaften sind in dieser Hinsicht einander ähnlicher als beide den heroischen beziehungsweise den zu heroischen Gemeinschaften homogenisierten Gesellschaften. Auch wenn die präheroischen eine Massenmobilisierung von Opferbereitschaft noch nicht realisieren konnten, während die postheroischen dazu nicht mehr in der Lage sind, treffen sich beide Gesellschaftsformationen darin, dass sie entsprechende Erwartungen auf Spezialistengruppen konzentrieren, die dazu neigen, militärische Sonderkulturen auszubilden, während sich die Lebenswelt der Bevölkerungsmehrheit als weitgehend entmilitarisierte Zone präsentiert. Verändert haben sich allerdings die Belohnungssysteme: Weil postheroische Gesellschaften kaum mehr auf das symbolische Kapital der Ehre zurückgreifen können, rekrutieren sie ihr Sicherheitspersonal stärker über Geld, Karrierechancen und Jobsicherheit.

Münkler lässt keinen Zweifel daran, dass seine Zeitdiagnose perspektivisch ist. Sie erstreckt sich ausschließlich auf die westlichen Industriegesellschaften des ausgehenden 20. und frühen 21. Jahrhunderts, und selbst zwischen diesen sieht er erhebliche Unterschiede im Grad ihrer Abkehr vom kriegerischen Heldentum. In anderen Weltregionen habe sich dessen Attraktionskraft dagegen keineswegs erschöpft, hier könnten politische Regime und parastaatliche Gewaltakteure durchaus noch erfolgreich an heroische Dispositionen anschließen. Dafür gebe es wiederum demografische Gründe, wie Münkler mit Verweis auf Gunnar Heinsohns umstrittene These einer Korrelation zwischen Jugendüberschuss und Gewaltaufkommen ausführt: »Drittweltländer können Millionenarmeen junger Männer ins Feuer schicken, die als zweite oder gar vierte Söhne daheim nirgendwo wirklich gebraucht werden, weshalb für sie der Heroismus als wirkliche Chance erscheinen kann.«[35] Andere suchen den Heldenruhm im Anschluss an terroristische Gruppen.

Die globale Gleichzeitigkeit heroischer und postheroischer Gesellschaften ist spannungsgeladen. Wo die Gewalt eskaliert, verwischen die Grenzen zwischen Staaten- und Bürgerkrieg, *warlordism* und Terrorismus. Zugleich kämpfen die Parteien in diesen asymmetrischen Konflikten mit extrem ungleichen Waffen: Während die einen ihre rüstungstechnische und militärorganisatorische Stärke nutzen, um Opfer unter den eigenen Truppen möglichst auszuschließen, versuchen die anderen ihre Schwäche durch Strategien zu kompensieren, die ohne avancierte Technologien auskommen, dafür aber ein hohes Maß an Opferbereitschaft erfordern. Paradigmatisch für diese zweifache Asymmetrie stehen der Einsatz bewaffneter Drohnen auf der einen, terroristische Selbstmordanschläge auf der anderen Seite. Münkler ersetzt das Hegelsche »Die Waffen sind das Wesen des Kämpfers« durch den Satz »Die Drohne ist das Wesen der postheroischen Gesellschaft«.[36] Dieser wäre zu ergänzen: Und die Fähigkeit, alles – Flugzeuge, Autos, Messer und was immer sonst dazu taugt – in eine tödliche Waffe zu verwandeln, ist das Wesen terroristischer Gemeinschaften.

Die Strategie des ferngelenkten Tötens, die den Krieg in eine präemptive Menschenjagd aus sicherer Distanz verwandelt, widerspricht der mit dem traditionellen Heldenethos aufs Engste verknüpften Idee eines prinzipiell symmetrischen Zweikampfs, in dem es als unehrenhaft gilt, einen Feind zu töten, ohne sich selbst der Gefahr auszusetzen, von ihm getötet zu werden.[37] Auch der terroristische Anschlag untergräbt diese Reziprozität, indem er medienwirksam wehrlose Unbeteiligte auslöscht, um Schrecken zu verbreiten. Die Strategie der Selbstmordattentate mobilisiert jedoch zugleich ein militantes Märtyrertum, deren Protagonisten von ihren Auftraggebern und Unterstützern posthum als Helden inszeniert werden, die todesverachtend ihr Leben hingegeben haben. Im Gegensatz zu ihnen sind die Drohnenkrieger, die tausende Kilometer entfernt vom Bildschirm aus die *Hellfire*-Raketen abfeuern, schwerlich heroisierbar. Ihnen fehlt jene Bereitschaft zum Selbstopfer, welche die Terroristen provokativ zur Schau stellen.

Deren Anschläge konfrontieren die postheroischen Gesellschaften mit der eigenen Verwundbarkeit. Dieser Gegner lässt sich, so Münkler, weder in einer Entscheidungsschlacht noch überhaupt mit ausschließlich militärischen Mitteln bezwingen. Gegen Terror gibt es keinen hundertprozentigen Schutz. Statt aktionistisch immer neue Sicherheitspakete aufzulegen und selbst jene demokratischen Freiheiten auszuhöhlen, welche ihre Feinde verachten, rät er deshalb dazu, der terroristischen Gefahr mit »heroischer Gelassenheit« zu begegnen. Indem wir »sozusagen unseren moralischen Gürtel straff ziehen und zeigen, dass wir aufgrund von Terroranschlägen unsere tägliche Lebensweise und unsere Werte nicht verändern werden«, würden wir die Strategien der Terroristen ins Leere laufen lassen, »denn stark sind sie nur, indem sie unsere Angst anzapfen«.[38] – Geschrieben 2006.

Neun Jahre später, nach dem Anschlag auf die Redaktion von *Charlie Hebdo* in Paris, ist Münkler umso mehr überzeugt, dass die postheroische Gesellschaft »ohne Rückgriff auf einen Restbestand des Heroischen nicht überlebensfähig« sei, dass sie aber auch entsprechende »Verteidigungslinien« aufbaue: Eine erste Reaktion bestehe darin, die Opfer eines Anschlags als Helden umzudeuten, aus *victims* also Opfer im sakrifiziellen Sinne zu machen, um so »die strategische Verwundbarkeit der postheroischen Gesellschaft zu camouflieren«. Zweitens gelte das »Recht auf Feigheit« selbstverständlich nicht für alle, die postheroische Gesellschaft erwarte vielmehr »von ihren Soldaten und Polizisten ein erhebliches Maß an Selbstopferbereitschaft«. Drittens brauche sie aber »zusätzliche Verteidiger, und zwar solche, in deren Tätigkeitsbeschreibung die Erwartung des Sakrifiziellen eigentlich nicht vorgesehen ist« – gemeint sind Karikaturisten, Satiriker und Autoren, und zwar nicht nur die von *Charlie Hebdo*: »Sie müssen jetzt dauerhaft mutig sein, um die ›Schere im Kopf‹ nicht wirken zu lassen. Auf solchen Mut ist die postheroische Gesellschaft angewiesen, wenn sie mit den Mitteln der Information, Aufklärung und des Spotts ihre Gegner und Herausforderer bekämpfen will.«[39]

Einmal mehr stehen Postheroisches und Heroisches zueinander nicht in einem Verhältnis des wechselseitigen Ausschlusses. Vielmehr halten postheroische Gesellschaften das Heroische als komplementäres Außen wie als unverzichtbares Residuum im Innern präsent – oder sollen es jedenfalls präsent halten. Münkler lässt seine Beschreibung postheroischer Zustände in einen Appell an heroische Tugenden münden und bekräftigt damit, dass er die Diagnose als Problemmarker verstanden wissen will. Auf der einen Seite zeigt er, warum die Ressource opferbereiten Heldentums kaum mehr zur Verfügung steht, und konzediert auch die pazifizierenden und demokratisierenden Effekte dieser Deheroisierung der politischen Kultur. Auf der anderen Seite sorgt er sich um die Resilienz der deutschen Gesellschaft gegenüber terroristischen Bedrohungen, moniert ihre mangelnde Bereitschaft, die militärischen Aufgaben der »Zentralmacht Europas« anzuerkennen, und verordnet ihr eine kräftige Dosis Verantwortungsheroismus. Man kann darin eine Strategie des *aggiornamento* sehen, also den Versuch, gleichermaßen die postheroische Verfasstheit der Gegenwart anzuerkennen und die dadurch bewirkten Handlungsrestriktionen abzustreifen. Die postheroische Gesellschaft, »die aus einem Selbstverständnis des Fortgeschritten-Seins und Gelernt-Habens auf ihre heroische Phase zurückblickt«,[40] soll sich gelassen auf die Wahrscheinlichkeit kommender Opfer einstellen, ohne sich als Ganze den Zumutungen verordneter Opferbereitschaft aussetzen zu müssen. Die praktische Bewährung dagegen soll sie getrost jenen überlassen können, die dazu qua Profession aufgerufen sind oder sich aus freien

Stücken dazu berufen fühlen, so lange jedenfalls, bis teil- und womöglich bald vollautomatisierte Waffensysteme auch Fronteinsätze von Berufssoldaten überflüssig machen.

Blinde Flecken

Gegenwartsdiagnosen versuchen in der Regel, die gesellschaftliche Wirklichkeit aus einem Punkt heraus zu erklären, und dramatisieren ihre Befunde zu einem Krisen- und Umbruchsnarrativ. Die Signatur, unter die sie ihre Zeit stellen, soll den Generalschlüssel zu ihrem Verständnis liefern. Dieser Logik der Zuspitzung folgen auch Keegan, Luttwak und Münkler. Sie konstatieren eine Krise des Heroischen, die Keegan als Verlust militärischer Kommandogewalt deutet, während die anderen beiden darin eine Erosion der Opferbereitschaft erkennen, und begründen damit den einschneidenden Wandel der Kriegsformen. Wo Diagnosen gestellt werden, sind Therapievorschläge nicht fern, und die Künder des Zeitalters postheroischer Kriegführung halten sich mit Handlungsempfehlungen denn auch keineswegs zurück. Während Keegan kurz vor dem Ende des Kalten Krieges einen deeskalierenden Führungsstil propagiert, der sich angesichts der atomaren Vernichtungspotenziale äußerste Zurückhaltung auferlegt, entwerfen Luttwak und Münkler wenige Jahre danach beziehungsweise noch eine Dekade später Szenarien, die den westlichen Staaten trotz opferunwilliger Bevölkerungen die Option militärischer Interventionen – unterhalb der nuklearen Schwelle – offenhalten sollen. Insbesondere die USA und die Bundesrepublik könnten ihre Kriegführungsfähigkeit und damit ihren politischen Status als Groß- beziehungsweise Mittelmacht nur dann wahren oder wiedergewinnen, so ihr Argument, wenn sie funktionale Äquivalente für die mangelnde Bereitschaft der Öffentlichkeit finden, Verluste unter den eigenen Truppen zu tolerieren. Dazu gehören Rüstungstechnologien, die das Einsatzrisiko für die Soldaten minimieren, sowie organisatorische Umstellungen hin zu professionellen militärischen Verbänden von überschaubarer Größe, die als heroische Gemeinschaften die verbleibenden gefährlichen Aufgaben übernehmen. An der postheroischen Einstellung der Bevölkerungsmehrheit lässt sich dagegen wenig ändern. Grundlegende Mentalitätsumbrüche sind nicht zu erwarten, weil sich weder die Familiendemografie noch die atomare Drohung oder der Wertewandel kurzerhand aus der Welt schaffen lassen. Luttwak und Münkler konzentrieren sich deshalb darauf, einem machtpolitischen Realismus das Wort zu reden, der darauf insistiert, dass es gelegentlich vonnöten sei, »militärisch zu intervenieren, um die Entstehung von Bürgerkriegen und ethnisch motivierten Vertreibungen zu verhindern«, der aber auch weiß, dass kriegerische Gewalt »nur ein Instrument unter vielen, und zwar das mit der kurzfristigsten Wirkung« ist, weshalb »das Portfolio der Machtsorten« breiter angelegt sein sollte.[41]

In den Vereinigten Staaten sind gegen Luttwaks Thesen vor allem empirische Einwände angeführt worden, die anhand von Meinungsumfragen zu belegen suchen, dass die US-Bevölkerung keineswegs grundsätzlich so opfer- und deshalb kriegsavers eingestellt sei, wie dieser unterstellt. Ihre Haltung beruhe vielmehr auf einem schlichten Kosten-Nutzen-Kalkül: Auf der einen Seite widerstrebe der Mehrheit zwar die Rolle der USA als Weltpolizist, auf der anderen setze sie mehr Vertrauen in die eigene militärische Macht als in die ihrer Verbündeten oder internationaler Institutionen. Sie sei deshalb durchaus gewillt, Verluste hinzunehmen (oder sie auszublenden), sofern der erwartete Nutzen eines

Kriegs und vor allem die Wahrscheinlichkeit, ihn zu gewinnen, groß genug seien.[42] Dass die Welle des patriotischen Heroismus, die nach 9/11 das Land überflutete, bald wieder abebbte und die Zustimmung zu den Kriegen in Afghanistan und dem Irak einbrach, zeuge demnach weniger von einer postheroischen Mentalität als vielmehr davon, dass die Einsätze zu lange dauerten, um noch an ihren Erfolg zu glauben. Fortgeführt wurden sie trotzdem. Die Fixierung auf die Frage der Opferbereitschaft verstelle insofern den Blick darauf, so eine andere Kritik, dass Bevölkerungen einmal begonnene kriegerische Unternehmungen fast immer, wenn auch widerwillig ertragen – und sei es aus der fatalistischen Logik des »we can't win, we can't loose, we can't quit«.[43]

Münklers Diagnosen der postheroischen Gesellschaft intervenierten in eine andere politische Konstellation; sie wollten nicht nur als Beitrag zur Normalisierung Deutschlands als militärischer Akteur auf der Weltbühne verstanden werden, sondern wurden auch so verstanden. Das sicherte ihnen große Resonanz. Die Militärsoziologin Nina Leonhard hat darauf aufmerksam gemacht, dass Münkler im Zuge dieses militärpolitischen *aggiornamento* auch die zivil-militärischen Beziehungen neu justiert: Mit seiner Differenzierung zwischen postheroischer Mehrheit und heroischer Minderheit, so ihre Kritik, verorte er die Restriktionen der Kriegführungsfähigkeit ausschließlich auf Seiten der Gesellschaft. An dieser sei es, sich von ihren Gewaltfreiheitsillusionen zu lösen und »die Realitäten kriegerischer Gewaltanwendung anzuerkennen, mit denen ihre Soldatinnen und Soldaten schon lange konfrontiert sind«.[44] Weil Münkler einen solchen Einstellungswandel aber für unrealistisch halte, laufe seine Diagnose auf eine wachsende Kluft zwischen demilitarisierter Zivilbevölkerung und remilitarisierten Streitkräften hinaus: »Indem das zeitlos gültige Opfer von Soldaten betont und die fehlende gesellschaftliche Anerkennung dieser Opferbereitschaft kritisiert wird, gibt es praktisch keine Möglichkeit, den Ort des Militärischen in modernen, durch Individualisierung und funktionale Differenzierung gekennzeichneten sowie auf ›Zivilität‹ ausgerichteten Gesellschaften anders zu bestimmen, als ihm einen Status *sui generis* zuzuschreiben und eine gesellschaftliche Sonderstellung für Soldatinnen und Soldaten zu reklamieren.«[45] An die Stelle des republikanischen Leitbilds vom Staatsbürger in Uniform trete die Vorstellung vom Militär als heroischer Gemeinschaft in einer postheroischen Gesellschaft.

Der Trend zu wachsender Distanz zwischen professionalisiertem Militär und der übrigen Gesellschaft ist nicht neu und hat sich mit der Umstellung auf eine Freiwilligenarmee noch einmal deutlich verstärkt. Zugleich sind die Streitkräfte, die sich ihr Personal ja in der postheroischen Gesellschaft suchen müssen, darauf angewiesen, die Grenzen zwischen militärischer und ziviler Sphäre durchlässig zu halten.[46] Die Rekrutierungskampagnen der Bundeswehr spiegeln diese Gleichzeitigkeit von Absonderung und Verschränkung wider: Einerseits haben sie sich auf die Wiederbelebung einer militärischen Sonderkultur, wenn nicht Gegenkultur eingestellt und appellieren gezielt an heroische Sehnsüchte – nicht nur junger Männer. So steht an oberster Stelle der Jobangebote, die das Karriereportal der Bundeswehr offeriert, ein Lehrgang zum »Einzelkämpfer (m/w)«, der Teilnehmerinnen und Teilnehmer befähigen soll, »eine auf sich gestellte Gruppe hinter feindlichen Linien zu führen und zu überleben«, ihnen »körperliche und mentale Höchstleistung« abverlangt und dafür gesteigerte physische Belastbarkeit und »Selbstvertrauen für Krisensituationen insbesondere unter Stress« verspricht.[47] Passend dazu präsentierte ein Rekrutierungsplakat 2018 das martialische Foto einer Soldatin in Einsatzmontur und mit der Maschinenpistole im Anschlag zusammen mit dem Hashtag »Kämpfen. Folge Deiner Berufung«, während der Sanitätsdienst schon zwei Jahre zuvor mit der Parole »Wir suchen keine Götter in Weiß. Wir suchen Helden in Grün« um Nachwuchs warb.[48] Dem heroischen Leitbild des Kämpfers beziehungsweise der Kämpferin stehen andererseits postheroische Rollenmodelle gegenüber, die sich an zivilen technischen oder Managementberufen orientieren und die Realität des Krieges allenfalls im Hintergrund andeuten.

Ausgespart bleiben – in den Selbstpräsentationen der Militärs wie in Luttwaks und Münklers Diagnosen – die Opfer, welche die Interventionen der westlichen Staaten in den Weltregionen fordern, in die sie ihre Truppen entsenden. Von diesen Toten ist so gut wie keine Rede. Auf die Kriegführungsfähigkeit hat ihr Leid und das ihrer Angehörigen offensichtlich kaum einen Einfluss. Postheroische Gesellschaften vermeiden Verluste unter den eigenen Staatsbürgern, sind aber sehr wohl bereit, Menschenleben auf der Gegenseite auszulöschen, wenn die militärische Räson es erfordert. Asymmetrische Kriege schaffen auch asymmetrische Opfer: Nicht alle Leben zählen gleich. Der Tod der einen wäre eine Katastrophe, der Tod der anderen wird als Kollateralschaden verbucht. Die einen sollen auf keinen Fall Gefahr laufen, ihr Leben opfern zu müssen, die anderen werden so weit derealisiert, dass sie aus dem Kreis der betrauerbaren Opfer ausgeschlossen bleiben.[49] Jene sind das allesbegründende Zentrum, diese das indifferente Außen des Postheroismus-Diskurses. Unsichtbar gemacht wird damit auch die Gewalt, die von ebenjenen Soldaten, von ebenjener Soldatin ausgeht, um deren Einsatzrisiken sich die postheroischen Gesellschaften sorgen. Dass sie nicht nur potenzielle Opfer sind, sondern auch Täter, wird konsequent abgedunkelt. Die Semantik des Postheroischen verdeckt somit, dass die westlichen Gegenwartsgesellschaften »Externalisierungsgesellschaften«[50] sind: Trotz ihrer Opferaversion nehmen sie zahlreiche zivile und militärische Opfer in Kauf, sofern nur weit entfernte Andere sie stellen müssen. Luttwak und Münkler beschreiben zweifellos grundlegende Transformationen zeitgenössischer Kriegführung, doch indem sie die Erosion heroischer Einstellungen zum Dreh- und Angelpunkt ihrer Analyse machen, machen sie zugleich die zynische Spaltung in relevante und irrelevante Opferkategorien unsichtbar, die diesen Formen militärischer Gewaltausübung eingeschrieben ist.

Prosaischer, aber auch weniger euphemistisch als die Rede von den postheroischen Kriegen postheroischer Gesellschaften ist der vom britischen Militärhistoriker Martin Shaw geprägte Begriff des Risikotransferkriegs.[51] Der Sache nach konvergiert er mit den Thesen Luttwaks und Münklers, im Gegensatz zu diesen unterlegt Shaw seiner Gegenwartsdiagnose jedoch keine machtpolitische Agenda und benennt auch die dunklen Seiten des *New Western Way of War* – so der Titel seines einschlägigen Buchs. Neu an diesem Modus der Kriegführung ist nicht, dass die Militärstrategien Kosten-Nutzen-Kalkülen gehorchen und Risiken zu minimieren suchen – das gilt auch für die meisten Kriege der Vergangenheit –, sondern dass sich unter den Bedingungen globaler Verflechtungen, kulturellen Wandels, umfassender medialer Beobachtung sowie avancierter Rüstungstechnologien die Risikowahrnehmungen, vor allem aber ihre Bewertungen verschoben haben. Ob und gegebenenfalls in welcher Form die westlichen Staaten militärisch intervenieren, hängt wesentlich davon ab, inwieweit nach Einschätzung der Regierenden ein Kriegseinsatz ihren innenpolitischen Rückhalt bei der Bevölkerungsmehrheit festigen oder gefährden würde. Dieses Risiko eines Legitimitäts- und Machtverlusts ist allerdings nicht loszulösen von den Lebensgefahren, denen die Regierungen im Kriegsfall die eigenen und gegnerischen Kombattanten sowie die Zivilbevölkerungen aussetzen. Die militärischen Entscheidungen darüber, wer getötet werden soll, wessen Tötung in Kauf genommen und wessen Leben nicht gefährdet werden darf, haben unmittelbar politische Konsequenzen. Daraus folgt eine Hierarchisierung der Risikogruppen: Die Risiken werden auf jene ausgelagert, deren Sterben die politische Öffentlichkeit in den westlichen Staaten weniger, wenn überhaupt tangiert. Oberste Priorität hat es demnach, Verluste unter den eigenen Streitkräften und erst recht unter der eigenen Zivilbevölkerung möglichst auszuschließen und vor allem Letztere auch sonst von Zumutungen des Krieges zu entlasten. Für die Menschen daheim soll er ausschließlich als wohlgefiltertes Medienereignis stattfinden. Beim militärischen Vorgehen selbst haben Luftschläge Vorrang; Einsätze am Boden überlässt man lieber den militärischen Verbündeten aus der Region. Die Angriffe sind auf gegnerische Truppen oder paramilitärische Verbände zu konzentrieren, Zivilisten in den Kriegsgebieten wenn möglich zu schützen. Im Zweifelsfall besitzt ihr Leben jedoch weniger Gewicht als das der eigenen Soldaten. Um diese nicht zu gefährden, werden deshalb zivile Tote etwa durch Raketenbeschuss oder Drohnenangriffe hingenommen. Obwohl Maßnahmen zum Schutz der Zivilbevölkerung getroffen werden, sind unbeabsichtigte Massaker Teil des Risikokalküls. Die große Flughöhe schützt die Bombercrews, führt aber unvermeidlich zu Fehlern bei der Bestimmung der Angriffsziele.[52] Dasselbe gilt für die ferngesteuerten Waffensysteme, die trotz hochaufgelöster Überwachungsbilder regelmäßig unbeteiligte Zivilisten ins Visier nehmen. Die US-Regierung unter Barack Obama ging zur Vermeidung medialer Kollateralschäden oder rechtlicher Entschädigungsansprüche sogar dazu über, pauschal alle Männer im wehrfähigen Alter, die sich im Operationsgebiet aufhielten, als Kombattanten einzustufen und damit zum Abschuss freizugeben.[53]

Die Ratio des Risikotransfers steht in einem Spannungsverhältnis zur agonalen Logik des Krieges: Zwar beruht jegliche Militärorganisation auf dem Prinzip, Gefahren für Leib und Leben an dafür ausgewählte Akteure zu delegieren und diese so auszubilden und auszurüsten, dass sie wiederum in der Lage sind, mittels Gewaltanwendung die Risiken für sich zu minimieren und sie auf den Gegner abzuwälzen. Solange das jede Seite vermag, sind dem einseitigen Risikotransfer jedoch Grenzen gesetzt, und der Krieg bleibt ein Kampf auf Leben und Tod. An der Agonalität hängt auch der militärische Heroisierungsbedarf. Nach Helden wird immer dann gerufen, wenn es darum geht, nicht transferierbare Restrisiken auf sich zu nehmen. Genau das erübrigt sich in dem Maße, in dem die westlichen Militärstrategien auf eine Handlungslogik umstellen, die das gefahrlose Töten proklamiert und technologisch ermöglicht. Sie drängt das Element des Kampfes zurück und ersetzt Opferbereitschaft durch Risikomanagement.

Für diejenigen, die am entgegengesetzten Ende des Risikotransfers stehen, stellt sich die Lage radikal anders dar: Unter Bedingungen extremer militärischer Asymmetrie können sie Handlungsmacht vor allem dadurch beweisen, dass sie ihrer Viktimisierung zuvorkommen, indem sie sich zum sakrifiziellen Opfer machen und dabei die Verwundbarkeit ihrer Gegner demonstrieren. Der westlichen Risikoscheu setzen sie ihre Risikoverachtung entgegen, den gezielten Exekutionen mit Präzisionswaffen ihre offensiv zur Schau gestellte Grausamkeit und Willkür in der Wahl ihrer Ziele. Unbedingte Todes- und Tötungsbereitschaft sollen das Sekuritätsbewusstsein der westlichen Gesellschaften erschüttern und deren technisch überlegene Waffensysteme ins Leere laufen lassen. Dass hier Heldenkulte wuchern, ist nicht überraschend. Sie anzufachen, ist kein kultureller Atavismus, sondern eine strategische Antwort auf die Risikoökonomie ihrer Gegner.

Umgekehrt sind die ebenso unscharf wie apologetisch als postheroisch etikettierten Gesellschaften alles andere als ein Hort avancierter Zivilität. Den Anspruch, kriegführungsfähig zu bleiben und ihre Hegemonie notfalls auch militärisch abzusichern, haben die westlichen Mächte keineswegs aufgegeben, auch wenn sie ihre Bevölkerungen mit heroischen Opferzumutungen vorerst weitgehend verschonen. Ob die Heldenmaschine dauerhaft abgeschaltet bleibt oder bei Bedarf wieder zum Laufen gebracht werden kann, ist eine offene Frage.

7. Postheroische Helden

In den zeitdiagnostischen Skizzen postheroischer Persönlichkeiten, postheroischen Managements oder postheroischer Kriegführung erscheinen Heldenfiguren als dysfunk-
tionale Störenfriede, nostalgische Überbleibsel oder nicht
mehr mobilisierbare Ressource: deplatziert, unnütz, schwer
erträglich. Den zwischen kulturpessimistischer Verlustkla-
ge und erleichterter Zivilitätsvergewisserung schillernden
Abgesängen stehen jedoch die Glorifizierung von Flexibili-
tätsvirtuosen und disruptiven Innovatoren, der Ruf nach
heroischer Gelassenheit angesichts terroristischer Bedrohungen sowie die politische Faszination für starke Männer
gegenüber. Postheroisch ist nicht nur die Verabschiedung
althergebrachter heroischer Rollenmodelle, sondern auch
die Neubesetzung des Ensembles. Welches Bild der Gegenwart die Zeitdiagnosen postheroischer Verhältnisse zeichnen, zeigt sich daher nicht zuletzt daran, welche Heldinnen
und Helden sie auf welchen Bühnen vor welchem Publikum auftreten lassen. Postheroische Heldinnen und Helden verkörpern die Herausforderungen, die zu bewältigen
sind, die Gefahren, auf die wir uns einstellen müssen, die
Werte, die hochgehalten werden sollen, und schließlich die
Geschichten, von denen wir uns bewegen lassen, auch wenn
wir sie nicht unbedingt selbst erleben wollen.

Alltagshelden

Einen prominenten Platz im Ensemble postheroischer Heroen nehmen Alltagsheldinnen und -helden ein – couragierte Retter- und Helfergestalten, die in Notsituationen zur Stelle sind, beherzt eingreifen und sich dabei selbst Gefahren aussetzen. In einem weiteren Sinne zählen dazu auch jene, die widrige Lebensumstände bewältigen oder sich weit über das übliche Maß hinaus für etwas einsetzen, das sozial erwünscht, aber nicht verbindlich gefordert ist. Anders als in den vertrauten Arenen heldenhaften Handelns sind hier Frauen keine Minorität. Geschichten über Alltagsheldinnen und -helden berichten von gewöhnlichen Menschen, die Außergewöhnliches leisten. Das heroische Leben findet nicht länger in einer abgesonderten Sphäre statt, die Herausforderungen liegen vor (oder hinter) der eigenen Haustür. Heldenreisen werden damit entbehrlich. Im Gegensatz zu exklusiven Heroismen, welche die Möglichkeit heroischer Bewährung an Herkunft oder Profession binden oder sie seltenen Ausnahmegestalten vorbehalten, die über exzeptionelle Kräfte verfügen, ist das Modell des Alltagsheldentums inklusiv: Jedem und jeder kann der Ehrentitel verliehen werden, wenn er oder sie im entscheidenden Augenblick nicht versagt, lange genug das eigene Schicksal meistert oder sich aufopferungsvoll um andere kümmert.[1] Die Zuschreibung verliert damit freilich an Distinktionskraft. Ein Heroismus auf Augenhöhe läuft stets Gefahr, die Auswahlkriterien so weit herunterzuschrauben, dass sie in trivialen Selbstverständlichkeiten versanden und die Protagonistinnen sich von ihrem Publikum kaum mehr unterscheiden.

Anders als die heroische Moderne, deren totalitäre Heldenappelle ebenfalls vor niemandem haltmachten, braucht der postheroische Jedermannsheroismus allerdings Freiwilligkeit und verträgt sich nicht mit einem Ethos unbedingten Gehorsams. Alle können, niemand muss. Wer sich lediglich auf Kommando oder um des Ruhmes willen hervortut, dem fehlen sowohl der antiautoritäre als auch der altruistische Zug, welche die Erzählungen zeitgenössischen Alltagsheldentums prägen. Die unerschrockenen Nothelferinnen auf der einen wie die Heroen beharrlichen Erduldens und selbstlosen Engagements auf der anderen Seite folgen demnach einem moralischen Impuls, der nicht auf Regeleinhaltung und Nutzenmaximierung rekurriert. Sie sind unauffällig, aber nicht angepasst, sie handeln überlegt, aber nicht kalkulierend. Ihr Institutionenvertrauen ist schwach. Dafür mangelt es ihnen an jener Indifferenz, die das Zusammenleben in komplexen Gesellschaften erfordert und einübt. Statt Verantwortung an staatliche Instanzen, professionelle Sicherheitsagenturen oder Versicherungen zu delegieren, sind sie zur Stelle und tun, was nottut. »So sehen sie aus«, heißt es in einer *Unerhört! Diese Alltagshelden* betitelten Broschüre der Evangelischen Diakonie Baden: »Die Dreißigjährige, alleinerziehend, mehr als ausgelastet – trotzdem nimmt sie noch ein fremdes Kind bei sich auf, das sonst in ein Heim müsste. Der Ruheständler – er verbringt Stunden mit Behördengängen, um jugendlichen Flüchtlingen den Start ins Berufsleben zu erleichtern. Die Pflegekraft, die neben ihrem Fachwissen ihr ganzes Herz und ihre ganze Empathie einbringt, um Menschen, die auf sie angewiesen sind, mit Liebe zu begegnen. Die Frau und der Mann, die sich sagen: ›Da will ich mithelfen – mit meiner Spende.‹«[2]

Geschichten wie diese fordern zum Nachtun auf und setzen dazu auf die Anschaulichkeit und moralische Autorität personaler Vorbilder. Beispiele individuellen Handelns berühren mehr als administrative Hilfepläne oder professionelle Strategien des Notfallmanagements. Freiwillige Helferinnen, engagierte Pflegekräfte und großzügige Spender in den Heldenstand zu erheben, soll deren oft unsichtbares Wirken ins Licht der Öffentlichkeit rücken und ihnen so die gebührende Anerkennung zuteilwerden lassen. Die Heroisierung ist allerdings auch in diesem Fall ein Problemanzeiger: Sozialheldinnen und -helden braucht es dort, wo es den organisierten Hilfesystemen an Geld und Personal fehlt oder sie in anderer Weise defizient sind. Was das Amt nicht zuwege bringt, soll das Ehrenamt kompensieren. Symbolische Gratifikation erspart angemessene Bezahlung. Heldenurkunden zu verteilen, ist billiger, als zusätzliches Personal einzustellen. Das hohe Lied des Alltagsheroismus liefert so die Begleitmusik zum neoliberalen Rückbau wohlfahrtsstaatlicher Leistungen. Je lauter es erklingt, desto mehr Anlass zur Sorge haben diejenigen, die auf Unterstützung angewiesen sind.

Die Macht dieses Heldennarrativs beruht nicht zuletzt auf einer moralischen Vereindeutigung. Alltagshelden sind Tugendhelden, die zwar Mühen auf sich nehmen und Ungemach erleiden, deren Taten aber über jeden Zweifel erhaben sind. Anstelle tragischer Konflikte gibt es allenfalls den Kampf gegen die eigene Trägheit. Damit eröffnet sich ein Feld für pädagogische Interventionen: Weil heroisches hier mit prosozialem Handeln zusammenfällt, erscheint es wünschenswert, es zu lehren; weil es Menschen wie du und ich sind, die heroisch handeln, sollen alle es lernen können.

Das ist die These von Philip Zimbardo, dessen 2011 gegründetes Heroic Imagination Project weltweit Trainingsworkshops für angehende Heldinnen und Helden des Alltags anbietet.[3] Bekannt geworden war der Sozialpsychologe durch das 1971 durchgeführte Stanford-Prison-Experiment, für das er im Keller des psychologischen Instituts der Stanford University ein Gefängnis nachbauen ließ und eine Gruppe von per Zeitungsannonce rekrutierten Studenten durch Los in Gefängniswärter und -insassen aufteilte. Die Gefangenen wurden wenige Tage später durch echte Polizisten in ihren Wohnungen verhaftet und mit verbundenen Augen in die Gefängnisräume geschafft, wo die mit Uniformen, Gummiknüppeln und Sonnenbrillen ausgestatteten Wärter sie in Empfang nahmen und einer demütigenden Aufnahmeprozedur unterzogen. So mussten sie eine Fußfessel und ein kurzes Krankenhaushemd ohne Unterwäsche tragen und erhielten eine Anstaltsnummer, die sie anstelle ihres Namens zu verwenden hatten. Die Wärter waren angehalten, für Ruhe und Ordnung zu sorgen, und wurden von Zimbardo ausdrücklich ermutigt, Härte zu zeigen. Binnen kurzer Zeit geriet die Situation außer Kontrolle. Es kam zu Misshandlungen durch die Wärter, einige Gefangene erlitten Nervenzusammenbrüche. Nach sechs Tagen musste das mit versteckten Kameras auch filmisch dokumentierte Experiment vorzeitig abgebrochen werden.[4] Obwohl schon früh vehemente Kritik an der Versuchsanordnung und am wissenschaftlichen Wert der Ergebnisse geäußert wurde[5] – der Sozialpsychologe Leon Festinger hielt das Ganze eher für ein Happening als für seriöse Forschung –, avancierte das Experiment in der Folge zu einer der populärsten Studien über Machtdynamiken in totalen Institutionen. Für Zimbardo belegt die Gefängnissimulation vor allem die »Banalität des Bösen«. Ganz normale Menschen verwandeln sich in brutale Schergen, wenn man sie in eine entsprechende Umgebung versetzt und in ein Autoritätsgefüge einbindet, das ihr Tun lizensiert. Ausschlaggebend für das Handeln seien nicht individuelle Dispositionen, sondern systemische und situative Faktoren: »›Schlechte Systeme‹ erzeugen ›schlechte Situationen‹ erzeugen ›schlechte Äpfel‹ erzeugen ›schlechtes Verhalten‹ – selbst bei guten Menschen.«[6]

Diese Einsicht überträgt Zimbardo auf das Phänomen des alltäglichen Heroismus. Was für die menschliche Bereitschaft gilt, unmenschlich zu handeln, soll genauso auf das Gegenteil zutreffen. Diejenigen, die Leben retten, Not lindern oder sich auf andere Weise durch außergewöhnlich prosoziales Verhalten auszeichnen, unterscheiden sich nicht grundlegend von denen, die ihre Mitmenschen demütigen oder misshandeln. »Das bedeutet, dass wir allesamt Helden im Wartestand sind. Es ist eine Entscheidung, mit der ein jeder von uns irgendwann konfrontiert sein kann.«[7] Der »Banalität des Bösen« entspricht die »Banalität des Heldentums«.[8] Auch das Gute benötigt förderliche Systeme und Situationen, und daran lässt sich arbeiten. Wenn Konformitätsdruck, Autoritätsbindungen und Verantwortungsdiffusion die Wahrscheinlichkeit erhöhen, anderen zu schaden, dann kommt es darauf an, die Einzelnen gegen diese Mechanismen zu immunisieren. Sich zur Heldin oder zum Helden zu mausern, ist daher zuallererst eine Widerstandsübung, die freilich die Unterschiedlichkeit der negativen Einflüsse zu berücksichtigen hat: »Dissonante Verpflichtungen zu bekämpfen, erfordert eine andere Taktik, als Zustimmung erheischenden Strategien zu widerstehen. Die Konfrontation mit einem geschickten Kommunikator und seinen überzeugenden Reden erzwingen andere Mittel als der Umgang mit Menschen, die uns entmenschlichen oder deindividuieren wollen. Um Gruppendenken zu unterlaufen, muss man anders vorgehen, als wenn man sich dem beharrlichen Werben eines Army-Rekruteurs entziehen will.«[9]

Zimbardo entwirft dazu ein Zehn-Stufen-Programm, das Selbsterkenntnis, situative Sensibilität sowie *street smarts*, also so etwas wie alltagspraktische Lebensklugheit vermitteln soll und mit Lehrsätzen von erstens »Ich habe Fehler gemacht« bis zehntens »Ich kann mich ungerechten Systemen widersetzen« aufwartet.[10] In seinem vor allem auf Jugendliche und junge Erwachsene zugeschnittenen Alltagsheldentraining ist dieses Programm auf drei Lerneinheiten eingedampft.[11] Eine erste Lektion soll dem sogenannten Zuschauereffekt vorbeugen, der oft beobachteten Tatsache, dass die individuelle Bereitschaft, in einer Notsituation zu helfen, umso geringer ausfällt, je mehr Menschen zugegen sind.[12] In der Entscheidungsforschung ist dieses Phänomen auch als *missing hero dilemma* bekannt.[13] Weil jede und jeder sich auf die anderen verlässt, greift niemand ein. Sich diesen fatalen Automatismus mithilfe von Rollenspielen oder Videoanalysen zu vergegenwärtigen, soll helfen, ihn zu überwinden. Eine weitere Lektion zielt darauf, ein statisches Selbstbild (*fixed mindset*) durch ein dynamisches zu ersetzen.[14] Wer sich ein solches *growth mindset* zulegt, betrachtet Fehlschläge als Lerngelegenheiten und ist überzeugt, mit ausreichender Anstrengung seine Fähigkeiten erweitern und nahezu jede Herausforderung meistern zu können. Besonders anspornend und damit der inneren Wachstumskurve zuträglich ist es, für sein Bemühen statt für das Ergebnis gelobt zu werden. Auch das lässt sich üben. Die letzte Trainingseinheit widmet sich dem Abbau von Stereotypen und Vorurteilen.

Obwohl Zimbardo in seinen sozialpsychologischen Experimenten stets die verhaltensprägende Kraft sozialer Settings betont, das ist ja der Kern seiner These von der Banalität des Bösen wie des Guten, baut sein Training auf die Fähigkeit des Individuums, den situativen Bann zu brechen. Das Programm, das an schulische Ethikkurse, unterlegt mit der Selbstoptimierungssuggestion des »Du kannst, wenn du willst« erinnert, folgt dem Mantra der Positiven

Psychologie, es sei effizienter, Stärken zu stärken, als Schwächen aufzudecken. Die Semantik des Heroischen fungiert dabei als zusätzlicher Motivator, sie affiziert, indem sie die postulierten Werte in Erzählungen über vorbildhaftes Handeln bündelt: »Heldentum lenkt unsere Konzentration auf das Richtige des menschlichen Wesens. Wir hören gern Heldengeschichten, da sie uns mit Macht daran erinnern, dass der Mensch in der Lage ist, dem Bösen zu widerstehen, Versuchungen nicht nachzugeben, über das Mittelmaß hinauszuwachsen und dem Ruf zu folgen, zu handeln und zu dienen, wenn andere versagen.«[15] Um diese Ressource anzuzapfen, muss Zimbardo das Heroische allerdings von all seinen dunklen Bestandteilen reinigen. Die Helden, deren Geschichten er als moralische Exempel in Dienst nehmen will, verherrlichen weder Gewalt, noch gieren sie nach Ruhm oder reißen die Herrschaft an sich. Seine »neue Taxonomie des Heldentums« schließt all das als »pseudo-heroisch« aus, was einem Wertehorizont widerspricht, den er selbstkritisch als »europäisch-amerikanische, postmoderne Perspektive eines Erwachsenen der Mittelschicht« einstuft.[16] Heroismus kann demnach »als das Zusammentreffen von vier Elementen definiert werden: erstens muss es freiwillig ausgeübt werden, zweitens muss es angesichts einer Gefahr oder eines potenziellen Opfers – etwa Todesgefahr, unmittelbar drohende körperliche Verletzung, langfristige Gefährdung der Gesundheit oder gravierende potenzielle Beeinträchtigung der Lebensqualität – stattfinden, drittens muss es dem Wohle eines oder mehrerer anderer Menschen oder der Gesellschaft insgesamt dienen und viertens darf es keinen sekundären, äußerlichen, zur Zeit des Aktes erwarteten Gewinn einbringen.«[17] Den Opferbegriff weitet Zimbardo zwar über die physische Gefährdung des eigenen Lebens hinaus auf soziale Risiken aus, das Kriterium des uneigennützigen Opfers bleibt für ihn jedoch unverzichtbar. Auch seine Heldengeschichten erzählen nicht vom Traum eines guten Lebens, sondern von tapfer ertragenen Entbehrungen für eine gute Sache.

Hier tut sich eine winzige, aber entscheidende Differenz auf: Es ist eine Sache, denjenigen Respekt zu zollen, die sich hingebungsvoll für Notleidende einsetzen, machtvollen Autoritäten den Gehorsam aufkündigen und sich selbst durch Verfolgung nicht davon abbringen lassen, für ihre Ideale zu kämpfen. Etwas anderes ist es jedoch, an die Leidensbereitschaft zu appellieren – und sei es durch bewegende Geschichten über heroische Vorbilder. Was deren Zuhörerinnen und Zuhörer zu selbstlosem Altruismus ermutigen soll, muss zugleich ihren Selbsterhaltungswillen unterdrücken. Postheroisch sind Zimbardos Empowerment-Strategien, indem sie das Opfer nicht imperativisch einfordern, sondern narrativ dazu verführen und es performativ einüben. Und dennoch: Etwas von jener Härte, die er den Wärtern seines Gefängnis-Experiments abverlangte, haftet auch seinen Elogen des Alltagsheldentums an.

Sporthelden

Die Botschaft, dass auch der Alltag gewöhnlicher Menschen bisweilen Gelegenheit zu heroischer Auszeichnung bieten soll, vermindert zwar die Distanz zu den Heldenfiguren, nimmt ihnen allerdings auch etwas von ihrem Glanz. Man mag noch so emphatisch über ihre Taten berichten, sie in Talkshows einladen oder ihnen Ehrenmedaillen verleihen, organisierte Bewunderergemeinschaften und kollektive Praktiken der Verehrung entstehen daraus nur äußerst selten. Wenn Leistungs- und Publikumsrolle nicht eindeutig voneinander geschieden sind, weil jeder zum Helden und jede zur Heldin aufsteigen kann, fehlt es an »Vertikalspannungen« (Peter Sloterdijk)[18] und damit an jener affektiven Energie, die Heroenkulte befeuert.

Anders verhält es sich mit einem zeitgenössischen Bewährungsfeld, das zwar weniger moralisch imprägniert ist als das Alltagsheldentum, dafür aber umso größere Aufmerksamkeit erfährt und Begeisterung entfacht: Der Leistungssport produziert zuverlässig Heldendramen, die den Ernst des Kampfs um Sieg und Niederlage mit der Leichtigkeit des Spiels, Regelgebundenheit mit Ergebnisoffenheit verbinden und so ein Modell gezähmter Agonalität bereitstellen. Sporthelden verheißen Spannung und liefern ebenso attraktive wie unverfängliche Identifikationsangebote, die perfekt auf den postheroischen Heldenbedarf abgestimmt sind: Ein sportlicher Wettbewerb ist weder ein Krieg, noch sind Sportler furchtgebietende Herrschergestalten. Transgressiv sind Sportlerinnen und Sportler vor allem im Hinblick auf Leistungsgrenzen; für die Ahndung von Regelverstößen gibt es dagegen Schiedsrichter und Dopingkontrollen. Man kann die Protagonisten feiern, ohne Tote betrauern oder Getötete rechtfertigen zu müssen, kann mit ihnen mitzittern, ohne um ihr oder das eigene Leben fürchten zu müssen, kann sie verehren, ohne sich ihnen zu unterwerfen, sie vom Fernsehsessel aus bewundern, ohne sie nachahmen zu wollen, man kann ihnen in Treue verbunden sein, ohne mehr zu investieren als ein Sky-Abonnement und mehr zu riskieren als eine Enttäuschung – und man kann all das gemeinsam mit Gleichgestimmten tun und dabei auf etablierte Rituale sowie ein riesiges Sortiment an Devotionalien zurückgreifen. Ob der Spitzensport tatsächlich zum »zentralen Heldensystem der modernen Gesellschaft« aufgestiegen ist, wie der Sportsoziologe Karl-Heinrich Bette konstatiert, und eine »monopolähnliche Verwendung der Heldenrhetorik zugunsten des Sports und seiner Hauptprotagonisten« stattfindet, darüber ließe sich trefflich streiten. Außer Frage steht jedenfalls, dass dieser Sozialbereich mit seinem sich fortlaufend erneuerndem Personalreservoir und seinen seriellen Bewährungsgelegenheiten ein prominentes »Opportunitätsmilieu für die Epiphanie und Apotheose von Helden« darstellt.[19]

Bette skizziert in systemtheoretischer Perspektive acht Komponenten dieses Heldensystems: Sportliche Wettkämpfe schaffen erstens »Möglichkeiten der körper- und personenbezogenen Leistungsindividualisierung«.[20] Während in den meisten anderen Sozialsystemen die Zuweisung von Status und Position nicht, zumindest nicht ausschließlich von individuell erbrachten Leistungen abhängt, lässt sich sportlicher Erfolg unmittelbar der körperlichen Performanz, mentalen Stärke und Teamkoordination der beteiligten Sportlerinnen und Sportler zurechnen, die sich ihren Heldenstatus durch außerordentliche Anstrengungen selbst erarbeiten können und auch müssen. Stellvertretung ist ausgeschlossen; sie bleibt dem Publikum vorbehalten, das die Leistungserbringung an seine Heroen delegiert. Zur meritokratischen Suggestion des Sports gehört zweitens das dem Modell des Zweikampfs nachgebildete »Prinzip der formalen Symmetrie«.[21] Die Regelwerke der einzelnen Disziplinen sollen jene Chancengleichheit sicherstellen, welche die Ungleichheit der im Wettbewerb erzielten Ergebnisse als Effekt individueller Anstrengungen und persönlichen Talents erscheinen lässt. Selbstverständlich gibt es nicht nur überlegene, sondern auch glückliche Sieger, aber deren Glück besteht darin, zum richtigen Zeitpunkt den entscheidenden Leistungsvorsprung gezeigt zu haben.

Auch wenn es nicht um Leben und Tod geht, lassen sich

sportliche Höchstleistungen drittens sehr wohl als Opfer für ein größeres Ganzes deuten. Zumal im Leistungssport sind es fast immer Kollektive, die an die Athletenehre appellieren, uneingeschränkte Verausgabung für die Mannschaft, den Verein oder die Nation fordern und dafür Heldenruhm in Aussicht stellen. Umgekehrt suchen und finden Fangruppen und nationale Bewunderungsclans in den Sporthelden einen gestalthaften Fokus ihres Vergemeinschaftungsbegehrens. Die agonale Logik des Sports verlangt viertens, dass jeder Wettkampf eindeutige Gewinner und Verlierer produziert. Dafür sorgen nach Sportarten differenzierte Messverfahren und Bewertungssysteme sowie Schiedsrichter als institutionalisierte Dritte. Tabellen, Leistungsstatistiken und Medaillenspiegel geben dem Heldenranking den Anschein quantifizierbarer Objektivität. Dass sportliche Wettkämpfe unter Bedingungen eines anwesenden oder medial zugeschalteten Publikums stattfinden, ermöglicht fünftens »die Synchronizität von Athletenhandeln und Zuschauererleben«.[22] Diese Interaktionsnähe steigert den Präsenzeffekt und macht einen wesentlichen Teil der Faszination von Sportereignissen aus. Zu Heroisierungen kommt es nur, wenn Sportlerinnen und Sportler, die Anerkennung für ihre Leistungen suchen, auf ein Publikum treffen, das begeistert werden will.

Die emotionale Einbindung der Zuschauer setzt sechstens voraus, dass sportliche Abläufe und Entscheidungen vergleichsweise einfach zu verstehen sind und in Momenten dramatischer Zuspitzung kulminieren. Komplexitätsreduktion erleichtert die Heldenfabrikation. Weder müssen subjektive Motivlagen entschlüsselt werden, noch braucht es Kenntnis weit verzweigter Organisationsgefüge oder abstrakter Systemrationalitäten. Selbst wenn die Zuschauer nicht sämtliche Regeln kennen und nicht alle Spielzüge durchschauen, um affiziert zu werden, reicht es aus, das Wettkampfgeschehen im Stadion oder am Bildschirm nachzuvollziehen. Mit seinem konstitutiven »Sieg/Niederlage-Code« schürt der Sport siebtens einen Überbietungswettbewerb, der kontinuierlich alte Champions stürzt und neue inthronisiert; die ihm eingeschriebene Rekordlogik produziert laufend Gelegenheiten zur Überschreitung von Leistungsgrenzen. Beides bietet heroische »Profilierungsmöglichkeiten in der Gleichzeitigkeit von Konformität und Abweichung«.[23] Achtens beruht das Affizierungspotenzial sportlicher Veranstaltungen darauf, dass die Zuschauer das Geschehen in der handlungsbefreiten Publikumsrolle konsumieren und dabei die Entscheidungen in Echtzeit mitverfolgen können. Wie ein Wettkampf verlaufen und ausgehen wird, lässt sich nicht exakt prognostizieren, hat aber auch keine ernsthaften Konsequenzen für das Alltagsleben. Die Begeisterung für den Sport und seine Heldengestalten mag einen erheblichen Teil der Freizeit und emotionalen Energie in Anspruch nehmen, doch die wichtigste Nebensache der Welt bleibt ebendies: eine Nebensache.

Die »modische Rede von einer ›postheroischen‹ Gesellschaft«[24] weist Bette zurück, weil sie die Omnipräsenz des Heldensystems Sport ausblende. Dieses profitiere allerdings vom Bedeutungsverlust heroischer Orientierungen in anderen Bereichen. Der Aufstieg der Heldinnen und Helden des Sports ist demnach ein paradoxer Effekt von Deheroisierungsprozessen. Völlig zu Recht verwirft Bette die pauschalen Verabschiedungsgesten, übersieht dabei aber, dass der Topos des Postheroischen, systemtheoretisch gesprochen, ein Re-entry markiert, das die Unterscheidung heroisch/nichtheroisch wieder in die Beobachtung einer Gesellschaft einführt, die diese Unterscheidung in ihrer Selbstbeobachtung verabschiedet zu haben glaubt. So verstanden – als Einhegung statt als Ende des Heroischen in einer heldenskeptischen Zeit –, bestätigt der Sportheldenboom die Gegenwartsdiagnose einer postheroischen Gesellschaft.

Steht das Alltagsheldentum für eine Moralisierung, so verkörpern heroische Vorbilder im Sport einerseits den Leistungsaspekt, andererseits die Unterhaltungsdimension des Heroischen. Bewundert werden Spitzenathleten für unermüdliches Training, virtuose Körperbeherrschung, effizienten Krafteinsatz, Durchhaltevermögen sowie strategische und taktische Intelligenz, bejubelt werden sie aber auch als charismatische Entertainer einer globalisierten Event-Industrie. Sie rufen modellhaft jenes Ethos der Selbstoptimierung auf, dem sich auch ihre Zuschauer ausgesetzt sehen, und entlasten diese zugleich davon, sich selbst den Disziplinierungsmühen zu unterziehen. Kinder mögen davon träumen, ihren Sportidolen nachzueifern; Erwachsene wissen, dass es dafür ohnehin zu spät ist. Die Figur des Sporthelden erweist sich so gleichermaßen als ein Fluchtpunkt zeitgenössischer Subjektanrufungen wie als ein Instrument, um deren Zumutungen erträglicher zu machen. Sie nimmt insofern eine ähnliche Position ein wie andere ikonische Gestalten der Populärkultur. Denn gerade weil der Sport – genau wie die Popmusik oder die Welt des Films – dem Reich der Notwendigkeit so offensichtlich enthoben ist, kann er heroische Identifikationsmöglichkeiten bereitstellen, die Affekt- und Sinndefizite ausgleichen, welche andere Bereiche des Sozialen erzeugt haben, auf eigenem Terrain aber nicht hinreichend bearbeiten können. Die objektive Entbehrlichkeit der Sportheldinnen und -helden ist paradoxerweise die Bedingung dafür, dass sie für ihre Fans subjektiv unentbehrlich werden – ein Beispiel mehr für das postheroische Zusammentreffen von Relativierung und Intensivierung des Heroischen.

Dass es auf den Einzelnen ankommt und messbare Leistung sich unmittelbar in Erfolg übersetzt, müssen insbesondere das Wirtschafts- und das Erziehungssystem zwar unentwegt postulieren, um es in ihren praktischen Vollzügen jedoch ebenso beharrlich zu dementieren. Im Sport kann die meritokratische Illusion aufrechterhalten werden, gerade weil es hier nicht um die Verteilung existentieller Lebenschancen geht. Anders als beispielsweise in Politik, Ökonomie oder Wissenschaft und erst recht in sozialen Nahbeziehungen, wo eine konsequent durchgeführte Leistungsselektion eine Schreckensvorstellung wäre, steigert die Sortierung in Sieger und Verlierer bei sportlichen Wettkämpfen noch deren Unterhaltungswert. In der widersprüchlichen Kopräsenz von Leidenschaft und Konsequenzlosigkeit, von körperlicher Aktionslust und deren passivem Konsum, von entfesselter Konkurrenz und Fair-play-Norm sowie von kommerzialisiertem Starkult und der Sakralisierung von Verein oder Nation liegt ein Schlüssel zum Verständnis zeitgenössischer Heroismen, die vom Kult der Größe nicht lassen wollen, diesen zugleich aber in ungefährliche Zonen auslagern.

Superhelden

Eine jener Zonen, in denen Heldinnen und Helden ungebrochene Popularität genießen, ist die phantastische Welt der Superheldencomics. Für die visuelle Präsenz des Heroischen in der Gegenwart besitzt sie eine geradezu ikonische Bedeutung. Wo immer irgendwer oder irgendetwas als »heroisch« ausgezeichnet werden soll, sind Bilder hypermuskulöser Gestalten in merkwürdigen Stretchkostümen oder futuristischen Rüstungen, sind das Superman-Logo, Batmans Fledermausmaske oder andere Embleme des Marvel- und

DC-Universums nicht fern. Tausendfach variiert und parodiert, liefern sie ein nahezu universell einsetzbares, global verständliches Zeichenset. Zu dessen Verbreitung trägt die nicht abreißende Serie filmischer Adaptionen maßgeblich bei, längst jedoch beschränkt sich die serielle Produktion nicht mehr auf markengeschützte Fabrikate, sondern wuchert wild: Ob Zahnpasta, WLAN-Router oder Craft-Bier beworben, Spenden für eine Tumorklinik gesammelt oder prekäre Arbeitsverhältnisse skandalisiert werden sollen, ob Nachwuchs für Pflegeberufe gesucht, zum Kindergeburtstag eingeladen oder das politische Führungspersonal karikiert wird, überall kommen Superheldinnen und -helden beziehungsweise ihre Attribute zum visuellen Einsatz. Unternehmen, Freiwilligenorganisationen und soziale Bewegungen bedienen sich augenzwinkernd ihrer Insignien und parasitieren an deren Bekanntheit – ein Beispiel für jene aktiv umdeutende Aneignung kulturindustrieller Codes, wie sie die Cultural Studies untersucht haben,[25] auch wenn in den unzähligen Appropriationen ein widerspenstiges Moment keineswegs immer auszumachen ist.

Umgekehrt können sich Superheldinnen-Assoziationen auch jenseits ironischer Inszenierungen einstellen: Der US-amerikanische Kunsthistoriker und Schriftsteller Teju Cole hat am Beispiel eines Fotos, das eine Aktivistin der Black-Lives-Matter-Bewegung zeigt, die in aufrecht-furchtloser Haltung, bekleidet mit einem wehenden Sommerkleid, von zwei Polizisten in schwerer Kampfmontur festgenommen wird, die kulturelle Kraft visueller Pathosformeln erklärt. Ieshia Evans war weder als Superheldin kostümiert, noch hatte der Fotograf versucht, sie so aussehen zu lassen. Das Foto ging viral, weil die Betrachter darin spontan das aus Comics und Filmen vertraute Motiv einer in sich ruhenden und deshalb unbesiegbaren Kämpferin wiedererkannten, die sich den Mächten des Bösen entgegenstellt. Solche Bilder antworten, so Cole, auf ein psychologisches Bedürfnis: »Niemand ist tatsächlich ein Superheld, kein Mensch kann fliegen oder Kugeln aufhalten. Iron Man, Wonder Woman, Captain America sind nicht wirklicher als Achill oder Arjuna. Wir wissen das. Aber die Bedeutung phantastischer Schlachtengeschichten hat sich in den Tausenden von Jahren nicht verändert, seit denen sie erzählt werden. Bilder übernatürlichen Heldentums täuschen uns nicht vor, was der menschliche Körper leisten oder aushalten kann. Sie machen innere Zustände wie Geduld, Furchtlosigkeit, Zorn oder Würde vorübergehend sichtbar. [...] Wir lesen in diesen Bildern die Notwendigkeit von Gerechtigkeit. In dem kurzen Moment, den ein Fotograf für immer festhält, geschieht das Unmögliche, und wir fassen Mut.«[26]

Gerade in seiner Offenheit für gegensätzliche Anschlüsse und *détournements* erweist sich das mythische Potenzial des Genres, das sich seit seinen Anfängen in den 1930er-Jahren fortlaufend ausdifferenziert, zahlreiche Medienwechsel überstanden und sich an wandelnde Zeitläufte angepasst hat, ohne seine elementaren Erzählmuster aufzugeben. Die narrativen Konventionen sind vergleichsweise schlicht, was Wiedererkennbarkeit ebenso garantiert wie Variationsmöglichkeiten: Superheldinnen und -helden haben demnach eine Mission, meist geht es um die Rettung der Welt gegen einen Superschurken. Sie verfügen außerdem über übermenschliche Kräfte, die sie im Kampf gegen ihre Widersacher nutzen und die ihnen am Ende stets den – zumindest vorläufigen – Sieg sichern. Schließlich besitzen Superhelden eine unverwechselbare Identität, die neben ihrem Kostüm und ihren Attributen durch eine Ursprungsgeschichte beglaubigt wird, welche auch die zweifache Existenzform eines unauffälligen zivilen und eines Superheldendaseins erklärt.[27] Diese Dopplung spiegelt die innere Befindlichkeit jener präpubertären, überwiegend weißen Jungen wider, die das originäre Publikum der Comics bildeten. Auch sie finden sich zwischen Inferioritätsgefühlen und Allmachtsphantasien hin- und hergerissen. Dem jugendlichen Schwanken zwischen Anlehnung an die Autorität und rebellischer Auflehnung entspricht das Schillern der Superhelden zwischen Superpolizisten und anarchischen Vigilanten.

In dem zugleich klar definierten und weit gesteckten Rahmen lässt sich vieles unterbringen und wurde auch vieles untergebracht, zumal das der Phantastik zugerechnete Genre sich nicht um Tatsachennähe scheren muss, sondern mit ästhetischen Mitteln einen imaginären Wirklichkeitsraum erzeugt. Superheldengeschichten wollen nicht geglaubt werden, sie unterbreiten Identifikationsangebote. Dazu ziehen sie das Register des Wunderbaren, holen sich Anregungen im Fundus der Märchen- und Sagenwelt oder machen Anleihen bei der Science-Fiction oder dem Genre des übernatürlichen Horrors.[28] Das Vergnügen, das sie versprechen, ergibt sich aus der kontinuierlichen Abwandlung ein und desselben Schemas. Einerseits befriedigen die mythischen Erzählungen den »Hunger nach Redundanz«,[29] andererseits bieten sie mit ihrer Wiederholungsstruktur eine Plattform, um aktuelle Problemfelder, Sehnsüchte und Ängste zu verhandeln. Die jeweils neuen Versionen schreiben dabei die vorausgegangenen weniger *fort*, als dass sie diese wie Palimpseste *über*schreiben. Die ahistorische Temporalität des Genres generiert immer neue Gegenwarten: Passende Überlieferungsbestände werden rekombiniert, störende in nachträglichen Revisionen entsorgt, aktuelle Geschehnisse eingearbeitet.

Dieser trotz aller Parallelwelten und *time loops* ausgeprägte Präsentismus der Superheldengeschichten macht sie zu

Zeitbildern und hat denn auch eine überbordende Hermeneutik in Gang gesetzt. Expertinnen und Fans diskutieren – unter anderem – über politische Imprägnierungen, Gesellschaftsbilder und Subjektadressierungen; intersektionale Deutungen stehen neben psychoanalytischen, ideologiekritische neben kultursemiotischen. Es gibt wissenschaftliche Beiträge zur Philosophie, zur Theologie und sogar zur Physik der Superhelden.[30] Die disparaten Interpretationen fallen so widersprüchlich aus wie die Figuren der Comics und Filme selbst: Umberto Eco bestimmte 1964 in einem bis heute einflussreichen Essay Superman als »geeichte[n] Mythos« für »die Selbständigkeitswünsche und Machtträume« des einfachen Bürgers »in einer nivellierten Gesellschaft, in der psychische Störungen, Enttäuschungen, Minderwertigkeitsgefühle an der Tagesordnung sind, in einer Industriegesellschaft, die den Einzelnen seiner Besonderheit enteignet zugunsten einer förmlichen Organisationsgewalt, die für ihn entscheidet, und in der individuelle Kraft, wenn sie nicht im Sport geübt wird, angesichts der Kraft der Maschine, die für den Menschen handelt und die ihm sogar seine Bewegungen vorschreibt, lächerlich wird«.[31] Dietmar Dath erscheint mehr als ein halbes Jahrhundert später das lange als Inbegriff des Trivialen verrufene Superheldengenre als »mythopoetisches Vergrößerungsglas des Individualismus« beziehungsweise als »großes Gleichnis auf das Subjekt-Selbstempfinden moderner Menschen allgemein«, die sich »auf dem Weg vom Guten zum Besseren« zu bewähren haben.[32] Folgt man Georg Seeßlens Kritik von Zack Snyders Superman-Adaption *Man of Steel* und Christopher Nolans Batman-Trilogie, so brechen sich dagegen »im Körper- und Heldenbild, in der Architektur als Pathos-Maschine, im Kult der phallischen Waffe, in der Militarisierung der Körper und der Gesellschaften«, wie sie diese Superhelden-

filme inszenieren, Elemente einer »faschistischen Ästhetik«
Bahn. Übrig bleibt davon, auch nach dem für die Popkultur typischen »frivolen Parodieren und Entkontextualisie-
ren«, zumindest »eine kulturpessimistische Geste gegen
die Masse, gegen das Volk und gegen die Demokratie«.[33]
Für David Graeber schließlich verkörpern Batman und
Co. »die Verteidiger einer rechtlichen und politischen Ordnung, die anscheinend aus dem Nichts entstanden ist und
die, wie fehlerbehaftet oder degeneriert sie auch sein mag,
verteidigt werden muss, denn die einzige Alternative wäre
noch wesentlich schlimmer. Sie sind keine Faschisten. Sie
sind einfach nur gewöhnliche, aber überaus mächtige Menschen, die in einer Welt leben, in welcher der Faschismus
die einzige politische Möglichkeit darstellt.«[34]

Gibt es Resonanzen zwischen den Diagnosen einer postheroischen Gegenwart und der anhaltenden Konjunktur
von Superheldinnen und -helden in der Populärkultur?
Handelt es sich, wie Eco meint, um ein Kompensationsphä-
nomen, das die Dezentrierungserfahrungen des Subjekts
ausgleichen soll? Halten uns die überdimensionierten Heldengestalten, wie es Dath nahelegt, einen Spiegel vor, in
dem wir Versprechen und Zumutungen moderner Selbst-
optimierungsimperative karikaturhaft überzeichnet wieder-
erkennen? Oder stehen sie, so lassen sich Seeßlens und
Graebers Kritiken lesen, für die Wiederkehr oder Persistenz
autoritärer Orientierungen? Müssen »die Superhelden die
Wende zum Postheroismus revidieren, die Welt retten und
auf jede Krise eine Antwort geben: auf 9/11, auf die Finanz-
krise, auf Guantánamo«?[35]

All das trifft zu. Postheroisch ist jedoch vor allem die
marktgetriebene Diversifizierung des Genres selbst, für deren Chronologie sich eine an antike Weltalterlehren erin-
nernde Epocheneinteilung durchgesetzt hat. Im Zuge ihrer

Ausdifferenzierung sind die Superheldinnen und -helden nach dem *golden, silver* und *bronze* beziehungsweise *dark age* inzwischen im »Quecksilberzeitalter«[36] angekommen: vielgestaltig, wandlungsfähig, beinahe für jede Zielgruppe verfügbar. Sie erscheinen zugleich widersprüchlicher, sind oftmals traumatisierte, von Selbstzweifeln gequälte Gestalten, die sich von ihren Gegenspielern kaum mehr unterscheiden. Die Erzählkonventionen haben sich gelockert, »klare Grenzen zwischen Weitermachen, Umbauen oder Abschaffen« existieren nicht länger,[37] ironische Ambiguität ist an der Tagesordnung. Im Medium der Superheldengeschichten lässt sich sowohl ideologische Aufrüstung als auch Gegenwartskritik betreiben, lassen sich Figuren mit komplexem Innenleben ebenso zeichnen wie dumpfe Haudraufs, und über all dies lässt sich obendrein metaheroisch nachdenken. Ausgerechnet das Genre, das die plumpesten Heldenklischees bereithält, erweist sich, bisweilen jedenfalls, zugleich als Schauplatz avancierter Reflexionen über den Platz des Heroischen in der Gegenwartskultur.

Das Ethos des Helfens und Rettens, wie es in den Berichten über alltäglichen Heroismus verhandelt wird, findet sich auch in den Mission-Statements von Superman, Wonderwoman und Co.; und wie bei den Sportheldinnen und -helden geht es hier ebenfalls um exzeptionelle Leistungen und den Unterhaltungswert des Agonalen. Aber während in den Bewährungszonen des Alltags und des Sports die Taten wirklicher Menschen heroisiert werden, spannen die Superheldencomics und -filme einen Raum des Imaginären auf, der es erlaubt, ohne schlechtes Gewissen Allmachtsphantasien nachzugehen und sich mit infantiler Lust an der Verwüstung ganzer Innenstädte zu ergötzen. Die transgressive Seite des Heroischen verdrängt die des moralischen Vorbilds. Selbstverständlich kann man auch hier mit Habermas fragen, »Wer braucht das – und wozu?«, aber die Antwort wäre eher im Affektiven zu suchen als auf der Ebene expliziter oder impliziter Handlungsappelle. Um Max Horkheimers und Theodor W. Adornos berühmtes Diktum – »Fun ist ein Stahlbad«[38] – umzukehren: Stahlbad ist Fun, zumindest solange es im Kinosessel konsumiert werden kann.

Starke Männer, mutige Frauen

Um affektive Bindungen geht es auch bei den zeitgenössischen Inszenierungen heroischen Führertums im Raum des Politischen. Populistische Bewegungen operieren mit der Vorstellung eines homogenen Volkes auf der einen und von diesem abgekoppelten Eliten auf der anderen Seite. Sie beschwören die zersetzende Macht vermeintlicher Volksverräter im Innern sowie die Gefahren der Globalisierung von außen – für Linkspopulisten: die grenzüberschreitende Bewegung von Gütern und Kapital, für Rechtspopulisten: die grenzüberschreitende Bewegung von Menschen[39] – und beanspruchen einen Alleinvertretungsanspruch für den authentischen Volkswillen. Stets verfolgen sie aber auch Strategien der Personalisierung und etablieren einen Politikstil, der gegen die angebliche Schwäche und Korruptheit der politischen Institutionen die Durchsetzungskraft starker Männer, weit seltener auch Frauen in Anschlag bringt. Das macht sie in besonderem Maße heldenaffin. Nicht alle populistischen Bewegungen verfügen tatsächlich über das entsprechende Personal, doch selbst wo die Position des Führers vorerst unbesetzt bleibt, bildet seine Anrufung einen Fluchtpunkt der Mobilisierung.

Personalisierung ist freilich kein Monopol populistischer

Bewegungen, die auch in dieser Hinsicht nicht das radikal Andere demokratischer Politik, sondern deren Zerrbild darstellen. Alle Parteien lenken zumal in Wahlkämpfen die Aufmerksamkeit auf ihre Spitzenkandidaten, inszenieren sachliche Kontroversen als Führungskonflikte und feiern die Sieger als triumphierende Helden. Mediatisierte Politik macht Politiker zu Politikschauspielern, und auch wenn es mehr als nur ein Rollenskript gibt, ist das dramatische Repertoire begrenzt und das Verlangen nach heroisierbaren Protagonisten groß. Ein »starkes langsames Bohren dicker Bretter mit Leidenschaft und Augenmaß«, wie es Max Weber vor einem Jahrhundert als Ethos des Berufspolitikers proklamierte,[40] taugt im Zeitalter von Talkshows und Twitter kaum mehr als Modus der Selbstpräsentation. Kurzfristige Imagepflege verdrängt programmatischen Weitblick, offensives Sichtbarkeitsmanagement wird wichtiger als gründliches Aktenstudium. Angetrieben wird die Dynamik der Personalisierung nicht zuletzt durch das, was Uwe Schimank das fundamentale »Gestaltungsparadox« zeitgenössischer Politik genannt hat: Je dringlicher die gesellschaftlichen Herausforderungen »von der Sache her weitreichende, den Problemen an die Wurzel gehende Umgestaltungen anstelle eines bloßen Kurierens von Symptomen« erfordern, je weiter zugleich »das Gestaltungsvermögen der politischen Entscheidungsträger notorisch hinter dem eigentlich gegebenen Gestaltungsbedarf zurück[bleibt]« und diese nötigt, sich auf postheroische Strategien des Coping zu verlegen,[41] desto mehr blühen Starkulte, boomen Macherallüren und haben Entschiedenheitsdemonstrationen Konjunktur. Heroische Mythen entlasten das Publikum von politischer Komplexität und die Politik von komplexen Ansprüchen des Publikums.[42]

Populistische Bewegungen schließen an diese Dynamiken an, die Inszenierungen ihrer Führergestalten unterscheiden sich jedoch von denen demokratischer Politikerinnen und Politiker. Die starken Männer (und Frauen) sehen sich nicht als Interessenvertreter bestimmter Bevölkerungsgruppen, sondern beanspruchen, die imaginäre Einheit des Volkes unmittelbar zu verkörpern. Ihre Konstitution als Führerpersönlichkeit und die des Volkes als Kollektivsubjekt bedingen einander.[43] Wie Jan-Werner Müller schreibt, impliziert das nicht zwingend einen charismatischen Führungsstil: »Zweifelsohne hilft es populistischen Parteien, wenn eine eindrucksvolle, Enthusiasmus weckende, den Alltag vergessen machende Person an ihrer Spitze steht – aber dies gilt ebenso für andere politische Verbände. Entscheidend ist in der populistischen Vorstellungswelt, dass der populistische Führer den singulären Volkswillen richtig erkennt und umsetzt. Dem eigenen Verständnis nach führt er (oder sie) also gar nicht unbedingt, vielmehr folgt er (oder sie) [...] dem Volk.«[44] Um diese Einheitsfiktion von Führer und Geführten aufrechtzuerhalten, muss er sich als paradoxe Figur des »großen ›kleinen Mannes‹«[45] präsentieren: einerseits ganz und gar gewöhnlicher Spross des Volkes, andererseits überlegene Ausnahmegestalt. Nur als »einer von uns« kann er zum Sprachrohr seiner Anhängerschaft werden, nur kraft seiner exzeptionellen Fähigkeiten kann er Autorität beanspruchen.

Teil dieser Doppelinszenierung sind auch die gezielten Regelbrüche und das rüpelhaft großspurige, immer wieder ins peinlich Groteske abdriftende Auftreten der populistischen Führergestalten. Tabuverletzungen gehören zum Inventar aller Populisten; in der Weise, wie *political incorrectness* strategisch eingesetzt wird, weichen die Rollenmodelle der starken Männer allerdings von denen ihrer weiblichen Pendants und die der Rechtspopulisten von denen der Linkspopulisten ab. Mit ihren Beleidigungen politischer Gegner, den rassistischen Ausfällen und herabsetzenden Äußerungen gegen Frauen oder behinderte Menschen, mit ihren unverhohlenen Gewaltdrohungen, aber auch mit ihren schamlosen Reichtums- und Potenzprotzereien unterstreichen die starken Männer von rechts ihre Frontstellung gegen das Establishment, dem sie nach Herkunft und Klassenlage meist angehören, und demonstrieren zugleich, dass sie sich weder um gesetzliche Grenzen noch um die des Anstands oder des guten Geschmacks scheren. Ihrem Publikum ermöglichen sie so, in ihnen ungefiltert die eigenen Ressentiments wiederzuerkennen, und lizensieren durch ihr Vorbild deren Wendung in offene Aggression. Stellvertretend agieren sie aus, was ihre Anhänger nur allzu gern selbst täten, und ermutigen diese damit, ihre zivilisatorischen Hemmungen ebenfalls abzulegen. Bewundert werden sie nicht trotz, sondern gerade wegen ihrer Eskapaden und Entgleisungen. Wer den Mächtigen den Kampf ansagt und sich dabei offensichtlich (fast) alles herausnehmen kann, der muss selbst über außerordentliche Macht verfügen. Nicht als asketische Tugend- oder patriarchale Herrscherhelden, sondern als transgressive Volkshelden, welche »die da oben« das Fürchten lehren und mit eisernem Besen den politischen Augiasstall auskehren, suchen die starken Männer zu punkten – und das auch, wenn sie bereits Ministerposten besetzen oder im Präsidentenpalast residieren. Wer sich ihnen anschließt, kann rebellische Auflehnung und autoritäre Anlehnung miteinander verbinden.

Die heroischen Posen zielen indes weniger auf Identifikation als auf das augenzwinkernde Einverständnis zwischen Schauspieler und Publikum, die Inszenierung selbst zwar nicht allzu ernst zu nehmen, sie aber als affektiven Resonanzverstärker zu nutzen. Der eine will aufpeitschen, die anderen wollen sich aufpeitschen lassen, und beide Seiten wollen sich in dem bestätigt fühlen, was sie ohnehin aufregt. Professionelle Kommunikationsberater sorgen dafür, dass die Resonanzmaschine geschmiert wird. Algorithmen sortieren die Informationsflüsse und filtern »das Grundrauschen aus dem Volk, um es zu bedienen«.[46] Geteilte Affekte immunisieren zudem gegen störende Fakten. Was dem Zirkel der Selbstverstärkung zuwiderläuft, wird geleugnet oder als Komplott der Lügenpresse denunziert. Statt um Sachhaltigkeit geht es darum, gemeinsam jenen Sog zu erzeugen, von dem man sich dann bereitwillig mitziehen lässt.

Schimanks »Gestaltungsparadox« überspringen die populistischen Heldendarsteller durch radikale Komplexitätsreduktion: Wo andere Probleme sehen, wittern sie Verschwörungen und identifizieren Sündenböcke. Die mühsame Suche nach Lösungen überlassen sie dagegen den verachteten »Gutmenschen«, die dumm genug sind, noch daran zu glauben. Stattdessen bieten sie wohlfeile Gelegenheiten, sich zu einer Empörungsgemeinschaft zusammenzurotten, ihr Mütchen an Schwächeren zu kühlen und die politischen Eliten vor sich herzutreiben. Auf hehre Versprechungen können sie verzichten, solange sie ein Feindbild haben. Ihre Botschaft ist simpel: Wenn eine Wendung zum Guten schon ausgeschlossen ist, soll es wenigstens anderen noch schlechter gehen. Weil Gesellschaft unerbittlichen Kampf bedeutet, empfiehlt es sich, dem stärkeren Racket anzugehören.[47] Das ist ein Grund, warum die starken Männer so oft mit Waffen posieren. Komplexität reduzieren sie nicht zuletzt durch einen disruptiven Stil, der den Selbstwiderspruch zur Regel macht. Dieser Stil erzeugt eine Aura der Unberechenbarkeit, die Persuasion durch Dauerirritation ersetzt. Keine odysseische List, die mit Rationalitätserwartungen kalkuliert, sondern eine Strategie affektiver Überwältigung, die darauf abzielt, stets das Heft in der Hand zu behalten und selbst die Gegner in Bann zu schlagen, ist das Mittel der Wahl.

Während die zeitgenössischen Alltags-, Sport- und Superheldennarrative die postheroischen Problematisierungen in sich aufgenommen haben, indem sie die Exklusivität ihrer Protagonisten gelockert, sie moralisch geläutert, ihre Aktivitäten auf unbedenkliches Terrain verlagert und ihre Ambivalenzen reflexiv bearbeitet haben, bilden die populistischen Heldeninszenierungen ein dezidiertes Gegenprogramm zu den Diagnosen einer postheroischen Gesellschaft. Sie stehen für personales Führertum, rigide Freund-Feind-Schemata, eine Rhetorik des unbeugsamen Kampfes, Gewaltverherrlichung und eine Politik der Affekte. Mit den Helden der Vergangenheit haben ihre selbsternannten Wiedergänger gleichwohl weniger gemein, als die fortlaufende Beschwörung historischer Großtaten suggeriert. Auch der populistische Neoheroismus agiert in einer postheroischen Welt. Anders als ihre deklarierten Vorbilder sind die starken Männer der Gegenwart mediengetriebene Opportunisten, deren (algorithmengestütztes) Gespür für die Stimmung ihres Publikums sie davon abhält, Durchhalteparolen auszugeben und Opfer einzufordern. Blut, Schweiß und Tränen zu predigen, ist ihre Sache nicht. Sie können darauf allerdings auch umso leichter verzichten, als die Mobilisierung von Massenheroismus ohnehin entbehrlich geworden ist. Den Demagogen reicht es vorerst, wenn sie selbst als Helden posieren und das Publikum sich heroisch fühlt. Weniger gefährlich macht sie das jedoch nicht.

Das ist indes noch nicht die ganze Geschichte. Zur Wiederkehr der starken Männer im Feld des Politischen gehört auch der Aufstieg von »weiblichen Widerparts der maskulinistischen Faschisierung«.[48] Mutige junge Frauen wie die

Klimaaktivistin Greta Thunberg, die mit ihrem Schulstreik die mittlerweile globale Fridays-for-future-Bewegung angestoßen hat, oder die Kapitänin Carola Rackete, die zusammen mit ihrer Crew in Seenot geratene Flüchtlinge aus dem Mittelmeer gerettet und dem italienischen Innenminister Paroli geboten hat, werden als rebellische Gegenheldinnen verehrt. Ihre Faszination beruht nicht zuletzt auf der radikalen Umkehr traditioneller Heldenmodelle, welche die rechtspopulistischen Lautsprecher buchstäblich alt aussehen lässt: »Es war einst der Mann, der auf See und in die Welt ging, und das fügsame oder auch lamentierende Weib auf dem Festland und in der engen Heimat zurückließ. Nun aber sind es gerade die Männer, die lamentierend zurückbleiben, sich Mauern und Grenzen wünschen, die Häfen schließen und ›Send her back‹ zur weltläufigen Frau brüllen.«[49]

Die neuen Heldinnen unterliegen allerdings ebenfalls den Gesetzen der Personalisierung und Polarisierung. Gefesselt an die Massenmedien, denen sich schwerlich entziehen kann, wer die Öffentlichkeit aufrütteln will, werden sie selbst mediatisiert. Wie über sie berichtet wird, droht zu durchkreuzen, wofür sie stehen. Den Widerstand gegen Klimaerwärmung und mörderische Abschottungspolitiken auf das Handeln einzelner Aktivistinnen herunterzubrechen und diese als heroische Lichtgestalten zu idealisieren, bedient den Hunger der Medien wie die Sehnsucht ihres Publikums nach bewegenden Geschichten mit positiven Identifikationsangeboten. Einerseits verleihen Thunberg, Rackete und ihre Gefährtinnen sozialen Bewegungen ein Gesicht und geben ermutigende Beispiele couragierten Handelns. Andererseits birgt ihre Heroisierung die Gefahr eines Strohfeuers. Die medialen Aufmerksamkeitszyklen sind kurz und nötigen zu immer neuen, noch spektakuläreren Aktionen. Die Inszenierungen der Person überlagern ihre Botschaft. Erlischt das Interesse an den Symbolfiguren, schwindet auch ihre appellative Kraft. Schon vorher gilt, dass Identifikation auch Delegation bedeutet. Ob Bewunderung aktiviert oder aber die Bewundernden darin bestätigt, in der Zuschauerrolle zu verharren, ist nicht ausgemacht, zumal die allermeisten anders als ihre Idole den Protest nicht zum Vollzeitjob machen können. Die moralische Integrität, welche die jungen Frauen ausstrahlen, macht sie zugleich angreifbar. An sie werden Maßstäbe angelegt, an denen sie nur scheitern können. Selbst noch so umsichtige Klimaheldinnen produzieren CO_2-Emissionen. Ihre Gegner, die sie jetzt schon mit misogynen und pathologisierenden Tiraden überziehen, lauern nur darauf, sie der Doppelmoral zu überführen. Distanziertere Beobachter tun sie als naive und letztlich apolitische Idealistinnen ab.

Die Logik der Heroisierung macht außerdem blind für Größenverhältnisse. Man muss keineswegs politische Umwälzungen gegen individuelle Verhaltensänderungen ausspielen, um einzusehen, dass die Klimakatastrophe auch dann weiterginge, wenn alle dem Beispiel Greta Thunbergs folgen und kein Flugzeug mehr besteigen würden. Die Verehrung einiger weniger Vorkämpferinnen hat deshalb etwas vom sprichwörtlichen Pfeifen im Walde: Dass es allen Grund gibt, sich zu fürchten, lässt sich leichter vergessen, solange wenigstens irgendjemand irgendetwas tut. Der Wunsch nach einfachen Lösungen und die Suche nach Vorbildern, die sie symbolträchtig verkörpern, erweisen sich so selbst als Symptome jener Krise, gegen welche die Heldinnen Abhilfe schaffen sollen.

Während die starken Männer ihren Heldenprätentionen freien Lauf lassen, lassen die mutigen jungen Frauen die Rituale ihrer Heroisierung eher widerstrebend über sich ergehen. Auch sie lernen freilich rasch die Spielregeln charismatischer Interaktion. Der autoritäre Heldenposer und die mahnende Tugendheldin sind antagonistische Figuren: Der eine will als Held erscheinen und setzt alles daran, in der angemaßten Rolle Eindruck zu schinden. Die andere wird zur Heldin gemacht und bemüht sich nach Kräften, als Person hinter der Sache zurückzutreten. Ihm geht es darum, die Macht zu usurpieren, sie versucht die Mächtigen zur Räson zu bringen. Beide fordern radikalen Wandel und mobilisieren dafür die Affekte ihrer Anhängerschaften. In ihrer Gegensätzlichkeit sind sie Ausdruck einer gespaltenen Gesellschaft, die sich Helden und Heldinnen zulegt, wohl wissend, dass ihre Probleme sich, wenn überhaupt, nur postheroisch bewältigen lassen.

8. Schluss:
Das Heroische »kaputtdenken«?

Die Sichtung der Gegenwartsdiagnosen postheroischer Subjekte, Organisationen und Kriege hat deutlich gemacht, in welchem Maße heroische Anrufungen darin fortwesen. Der Durchgang durch das Figurenkabinett zeitgenössischer Heldinnen und Helden hat gezeigt, wie sehr diese die postheroischen Problematisierungen in sich aufgenommen haben. Von Todesanzeigen ist daher ebenso abzusehen wie von Unsterblichkeitsbehauptungen. Heldengeschichten persistieren, weil sie auf fortdauernde Interessen- und Affektlagen antworten; sie ändern sich, weil auch die Interessen- und Affektlagen sich ändern. Man kann das konstatieren und ausgehend von den Transformationen des Heroischen Prozesse gesellschaftlichen Wandels nachzeichnen, wie ich es in diesem Buch versucht habe. Die Haltung eines distanzierten Beobachters lässt sich indes schwerlich durchhalten; über Heroismen kann man kaum schreiben, ohne zu ihnen Stellung zu beziehen. Im gleichen Maße, wie das hier skizzierte Zeitbild an Konturen gewonnen hat, hat sich jedenfalls auch das Unbehagen verstärkt, das Heldengeschichten, einschließlich jener über postheroische Helden, bei mir auslösen.

Dieses Unbehagen gab den Anstoß für den abschließenden Versuch einer Kritik des Heroischen als Deutungsmuster, Handlungsimperativ und Beziehungsform, kurz: als Modus der individuellen Orientierung und kollektiven Ausrichtung. Von dem 2019 verstorbenen Soziologen und Sozialhistoriker Immanuel Wallerstein entlehne ich dafür den

Terminus des »Kaputtdenkens«, seinen Übersetzungsvor-
schlag für das englische *unthinking*.[1] Wallerstein ging es darum, epistemologische Grundbegriffe der historischen So-
zialwissenschaften radikal in Frage zu stellen, exemplarisch
den Begriff der Entwicklung. Mit der von ihm begründeten
Weltsystemanalyse haben die Erkundungen des Heroischen
ansonsten wenig gemein, aber wie das Entwicklungspara-
digma präfigurieren auch heroische Narrative den Blick
und orientieren das Handeln.

Manchmal sogar in dieselbe Richtung: »Wir brauchen
Helden«, bemüht beispielsweise der Psychoanalytiker Christian Schneider das moderne Grundmotiv des *plus ultra*,
»weil sie wesentliche Projektionsgestalten sind, die den Ge-
meinschafts- und den Utopiebedarf von Gesellschaften re-
gulieren. Gemeinschaften haben immer zwei Probleme: das
der Selbsterhaltung und das der Selbsttranszendenz. Heldengestalten berühren Letzteres. Wir leben nun mal in heißen Kulturen, wir brauchen laufend neue Ziele, brauchen
Anreize jenseits unserer selbst und des Tagesgeschäfts. Genau das liefern Helden. Sie weisen über etwas hinaus.
Und wenn man diese Impulse nicht bekommt, keine Utopien, keine neuen Vorstellungen von dem entwickelt, was
in Zukunft denkbar und erstrebenswert erscheint, dann
wird das Schema des Zusammenlebens der Menschen innerhalb einer Gesellschaft brüchig.«[2] Helden als Entwick-
lungsgeneratoren – das erinnert an Hegels Bestimmung
»welthistorischer Individuen«, und wie dieser weiß Schneider, dass die Protagonisten des Fortschritts über Leichen gehen. »Wer Held sagt, sagt automatisch Tod, genauer: Mord«,
heißt es im selben Interview. Das schafft natürlich Legiti-
mationsbedarf: »Der klassische Heros handelt nicht egois-
tisch, er handelt immer für die Gemeinschaft. Er setzt das
Tötungsverbot außer Kraft, um die Gemeinschaft zu erhal-

ten, um sie und ihre Werte nach außen zu verteidigen.«[3] Die heroische Gewalt in den Dienst der Gruppe zu stellen, bekräftigt nur die nicht minder moderne Vorstellung der Geschichte als unerbittlicher Kampf einander feindlich gegenüberstehender Kollektive. *Wir* brauchen Helden, weil und solange dieses »Wir« sich durch andere bedroht wähnt und sich nur in permanenter Mobilmachung gegen die äußeren Bedrohungen überhaupt als ein »Wir« erfährt. – Heldentum: eine Art von personifiziertem Gruppenegoismus.

Heroismen polarisieren auch in moralischer Hinsicht: Entweder zählt nur der Sieg, und der hehre Zweck heiligt alle Mittel, oder der Held hält auch dann noch an seinen Prinzipien fest, wenn die Schlacht längst verloren ist. Beides fordert Rücksichtslosigkeit, und zwar gleichermaßen sich selbst wie der Umwelt gegenüber. Kompromissfähigkeit gehört nicht zum Kanon heroischer Tugenden. Enzensbergers melancholische »Helden des Rückzugs« sind eher untypische Vertreter ihrer Zunft, Antihelden, denen keine Denkmäler errichtet werden und die auf Verehrung auch keinen Anspruch erheben.[4] Die Sprache des Heroischen unterliegt dagegen einer Grammatik der Härte: Hauptsache konsequent! Wer als Vorbild dienen soll, muss klaren Kurs halten. Am besten klammert er sich an Descartes' Grundsatz, »in meinen Handlungen so fest und entschlossen zu sein wie möglich und den zweifelhaftesten Ansichten, wenn ich mich einmal für sie entschieden hätte, nicht weniger beharrlich zu folgen, als wären sie ganz gewiß«.[5] Geht man nur lang genug geradeaus und weicht nicht von der einmal eingeschlagenen Richtung ab, so die Botschaft des philosophischen Heros, wird man schon irgendwann aus dem Wald herausfinden. Was schon als Ratschlag zur räumlichen Orientierung nutzlos ist,[6] taugt erst recht nicht als moralischer Kompass. Die Welt ist zu kompliziert, um Prinzipien zu reiten. Heroismen entlasten von Ambiguitätskonflikten, indem sie entweder ihre Auflösung in binäre Oppositionen oder ihre Unauflösbarkeit dramatisch inszenieren. Am Ende steht der Triumph des Helden über die Mächte des Bösen, sein tragischer Untergang oder ein kurzes Atemholen, bevor der Kampf in die nächste Runde geht. Durch die Heldenbrille betrachtet, erscheint die Welt in Schwarz und Weiß. Grautöne werden entmischt, und andere Farben sind ohnehin nicht vorgesehen. – Heldentum: ein Simplifizierungsprogramm.

Dass heroische Vorbilder uns davor bewahren, in Mediokrität und Stillstand zu verharren, ist ein wiederkehrendes Argument aller Heldenapologien. Überzeugender wird es dadurch nicht. Fragwürdig ist schon die Prämisse, dass der Innovation, dem Wachstum, der Entgrenzung stets Vorrang einzuräumen sei. Heiße Gesellschaften und ihre heroischen Brandbeschleuniger sind in Zeiten der Klimaerwärmung zu Recht in Verruf geraten. Um ein (auf die Geschichtsphilosophen gemünztes, Marx' elfte Feuerbachthese verfremdendes) Bonmot Odo Marquards zu variieren: Die Helden »haben die Welt nur verschieden verändert; es kömmt aber darauf an, sie zu verschonen«.[7] Das Letzte, was es dafür braucht, sind heroische Ausnahmegestalten. Auf dem Spiel steht mehr, als sich durch individuelle Großtaten zum Guten wenden ließe. Heldengeschichten verbergen, wer alles sein Licht unter den Scheffel stellen muss, damit der eine umso glänzender erstrahlen kann; sie unterschlagen, wie viele an dem mitwirken, was am Ende ausschließlich ihm gutgeschrieben wird.[8] Vor allem aber steckt in Heldengeschichten die individualistische Mär, sämtliche Herausforderungen ließen sich meistern, wenn jeder Einzelne sich nur gehörig ins Zeug legt. Wer diese Botschaft hört, darf sich eine Zeitlang in Größenphantasien sonnen, um sich im Anschluss nur umso heftiger als Versager fühlen zu müssen. – Heldentum: ein Responsibilisierungsdiskurs, der im selben Maße schuldig spricht, wie er Handlungsmacht personalisiert.

Die Jünger Joseph Campbells verkaufen den Entwicklungsmythos des Heros als Versprechen persönlichen Wachstums. Der Held mag zaudern und mit sich selbst kämpfen, zu guter Letzt wächst er aber doch über sich hinaus, bricht auf, besiegt das Ungeheuer und heiratet am Ende die Prinzessin. Der Preis dafür ist zumindest temporäre Vereinzelung, heroische Individuation ist ein ebenso eitles wie einsames Geschäft. Noch die Ehrbezeugungen seiner Bewunderer isolieren den heimgekehrten Heros von der Gemeinschaft und suggerieren ihm, etwas Besonderes zu sein. Eine Gesellschaft aus lauter Heldenreisenden wäre vermutlich eine ziemlich unerträgliche Ansammlung aufgeblasener Narzissten, sicher jedenfalls kein Ort solidarischen Handelns. Gerade weil der Monomythos alle auf dieselbe Reise schickt, stehen die anderen Aspiranten der eigenen Apotheose nur im Wege. – Heldentum: ein Egotrip.

Dennoch scheinen uns der Mut, die Entschlossenheit, der Triumph und mehr noch die Opferbereitschaft Einzelner ganz unmittelbar zu bewegen. Und wer wollte bezweifeln, dass heroische Vorbilder anspornen? Hängt deshalb nicht alles daran, die richtigen auszuwählen? So argumentieren jene, die, wenn sie schon nicht an die Notwendigkeit von Helden glauben, so doch von ihrer Unvermeidlichkeit überzeugt sind und deshalb die anstößigen Varianten gegen moralisch einwandfreie auszutauschen versuchen. Doch auch die Geschichten über beherzte Alltagshelden und unbeugsame Widerstandsheldinnen kranken an ihrem individualistischen Bias. Was Ohnmachtsgefühle abbauen und zu couragiertem Einmischen ermutigen soll, verengt die Aufmerksamkeit auf das Wirken Weniger und erschwert so den Aufbau von Gegenmacht. »Das Narrativ individueller Verantwortlichkeit und individuellen Eingreifens schützt den Status quo, gleich ob es um soziale Ungleichheit, Armut oder Umweltverschmutzung geht«, schreibt die US-amerikanische Publizistin und Aktivistin Rebecca Solnit. »Unsere größten Probleme werden nicht von Helden gelöst werden. Gelöst werden sie, wenn überhaupt, durch soziale Bewegungen, Koalitionen und die Zivilgesellschaft.« Deshalb gilt: »Unglücklich das Land, dessen Bürger den Schwarzen Peter einem Helden zuschieben.«[9] Niemand weiß das besser als diejenigen, die mit diesem Titel geehrt werden und sich nach Kräften dagegen wehren. »Das Wirksamste, was man als Einzelner für den Klimaschutz tun kann, ist aufzuhören, ein Einzelner zu sein«, zitiert Solnit einen Ökoaktivisten.[10] Sich ehrfürchtig zu verneigen oder selbst dem Lorbeer nachzujagen, ist freilich einfacher, als Verbündete zu suchen. Der Sache dient es jedenfalls nicht. Heroenkulte sind konservativ, selbst wenn sie Rebellinnen feiern. Vielleicht stimmt es ja gar nicht, dass Helden die Welt verändert haben; vielleicht haben ihre Geschichten lediglich Veränderungslärm erzeugt, damit alles so bleibt, wie es ist. – Heldentum: eine Entpolitisierungsstrategie.

An die Stelle politischen Handelns, mit Hannah Arendt verstanden als freies »Zusammen- und Miteinander-Sein der Verschiedenen«,[11] setzen Heldengeschichten die individuelle Tat, verbunden mit der Bereitschaft zum Opfer. Nicht nur soldatische Heroismen orientieren sich dabei am Modell des Kriegers. Heldenhaft handelt, wer im Dienste der Gemeinschaft beziehungsweise auf Rettungsmission freiwillig (oder »freiwillig«) außergewöhnliche Entbehrungen auf sich nimmt oder gar sein Leben aufs Spiel setzt. Dass überhaupt Opfer (im Sinne von *sacrifices*) erbracht werden müssen, darf nicht in Frage gestellt werden, die unfreiwilligen Opfer (im Sinne von *victims*), die den Weg vieler Helden säumen, müssen unsichtbar gemacht werden. Der Leichengeruch wird mit Weihrauch überdeckt. Heroische Totenkulte perpetuieren die Unterscheidung zwischen Freund und Feind als Differenz zwischen den Betrauerbaren und denjenigen, denen diese Form der Anerkennung verwehrt bleibt.[12] Die einen werden in den Heroenstand erhoben, die anderen dämonisiert oder gleich ganz aus dem öffentlichen Gedächtnis getilgt. Heldennarrative legitimieren eher die Zumutungen, denen ihre Protagonisten ausgesetzt sind, als das, was diese anderen antun. Dazu zehren sie von der affektiven Energie, die das Handeln des Helden umgibt. Das Staunen über seinen Mut, die Begeisterung für seinen Triumph, die Anteilnahme an seinem Scheitern, die Empörung über das, was er erdulden muss, das Bangen um sein Schicksal, schließlich die Trauer um seinen Tod erzeugen einen Sog und immunisieren die Adressaten zugleich gegen Zweifel – auch an der eigenen Faszination. Heroische Rechtfertigungsordnungen begründen weniger, als dass sie verführen und überwältigen. Mit ihren Anrufungen installieren sie eine Identifizierungsfalle: Im Modus des Bewunderns und Verehrens bleibt für reflexive Distanz wenig Raum. Das Opfer des Helden erscheint allein deshalb gerechtfertigt, weil es bewegt. Wer Fragen stellt, übt Verrat. – Heldentum: versuchte emotionale Erpressung.

Die Diagnosen des postheroischen Zeitalters handeln zwar vom Schwinden der Opferbereitschaft und der Delegitimation autoritärer Führungs- und Selbstführungsmodelle, aber auch sie halten fest am Helden als Krisenbewältiger oder konzedieren zumindest für Krisenzeiten einen ausgeprägten Heldenhunger. Besondere Situationen erfordern, so das Credo, nicht nur besondere Maßnahmen, sondern auch besondere Persönlichkeiten, die sie exekutieren. Der *state of exception* ruft nach exzeptionellen Gestalten. Stutzt der Normalbetrieb die Menschen auf Durchschnittsgröße, so blüht das Heroische im Ausnahmezustand. Anstelle von Amtsvollmachten, Verfahrensregeln oder dem zwanglosen Zwang des besseren Arguments zählt dann die entschiedene Tat. Die Bündelung der Handlungsmacht auf einen Einzelnen rekapituliert narrativ die praktische Selbstermächtigung des Souveräns. Auch Heldengeschichten haben ihre politische Theologie. In demokratischen Systemen hat sich die Souveränitätsposition in die Institutionen zurückgezogen, die Verkörperungen des Leviathans bleiben abstrakt oder sind austauschbar. »Der Ort der Macht wird eine *Leerstelle*.«[13] In diese Lücke stoßen die Politiken heroischer Personalisierung hinein. Je weniger ein personales Zentrum der Machtausübung existiert, desto mehr Publikum findet das Theater der Souveränität, das starke Männer, gelegentlich auch starke Frauen inszenieren und das sie in Szene setzt. Wie die Mythen der Populärkultur, die ihnen als Vorbild dienen, folgen die Regieanweisungen dem Gebot dramatisierender Zuspitzung. Krisenzeiten steigern den Heldenbedarf, aber Heldenkonjunkturen erzeugen auch Krisenbedarf. Heroen operieren im Modus permanenter Mobilmachung und brauchen den Notstand wie die Polizei das Verbrechen. Ohne Feinde ringsum, ohne allerorts lauernde Gefahren haben sie keine Gelegenheit, sich als Retter zu präsentieren. Die Schrecken, die sie zu bannen versprechen, sind die Quellen ihrer Autorität. – Heldentum: eine Herrschaftstechnologie.

Auch die Vorstellung des »Kaputtdenkens« verbleibt indes im Bannkreis des Heroischen. Der Aufklärer als Mythentöter ist eine Heldenfigur, sein antiheroischer Affekt bestätigt noch im Akt der Negation die Wirkmacht heroischer Mythen. Vielleicht muss man deshalb einen Schritt weitergehen und die Vorstellung des »Kaputtdenkens« ebenfalls »kaputtdenken«. Um die Anrufungen zu entgiften, reicht es jedenfalls nicht aus, ihre toxischen Implikationen aufzudecken. Zweifellos unterstützen Heldenkulte die Fabrikation von Gehorsams- wie Opferbereitschaft, ohne Frage zeichnen sie das Bild einer durch und durch agonalen, von unversöhnlichen Gegensätzen durchzogenen Welt, in der nur die Anlehnung an einen Stärkeren Sicherheit verheißt. Doch es ist auch der narrative Sog der Heldengeschichten selbst, der ihre Attraktionskraft ausmacht. Sie bieten spannende Unterhaltung, entführen in phantastische Welten, laden dazu ein, mit ihren Protagonisten mitzuzittern und am Ende mit ihnen zu triumphieren oder ihren Untergang zu betrauern. Kurzum, sie affizieren. Affekte lassen sich nicht widerlegen, sondern nur durch andere Affekte konterkarieren; und nur andere Geschichten können auch die Macht von Heldengeschichten unterlaufen. Entheroisierung ist nicht zuletzt ein narratologisches Projekt.

Die US-amerikanische Science-Fiction-Autorin Ursula K. Le Guin hat in ihrer »Tragetaschentheorie des Erzählens«[14] eine Alternative zu den allgegenwärtigen Heldengeschichten entworfen und zugleich erläutert, warum diese Alternative sich – bisher – nicht hat durchsetzen können: In der Frühzeit der Menschheit, schreibt sie, bestand die Hauptnahrungsquelle aus gesammelten Samen, Wurzeln, Sprossen und Früchten, während erlegtes Wild nur einen kleinen Teil der Ernährung ausmachte. Trotzdem waren es die Jäger, die von ihren Ausflügen nicht nur Fleisch mitbrachten, sondern auch eine Geschichte. Sie markierte den Unterschied. Im Gegensatz zu den hochdramatischen Schilderungen, wie der eine Jäger dem Mammut seinen Speer in die Flanke rammt, ein anderer von diesem mit seinem Stoßzahn aufgespießt wird und der Dritte den Koloss mit einem gezielten Pfeilschuss zur Strecke bringt, ist es schwierig, wirklich fesselnd davon zu berichten, wie man hier eine Knolle ausgräbt, dort Beeren pflückt, erst Pilze sammelt und dann Haferkorn für Haferkorn mühsam von seinen Spelzen befreit. In der Jägergeschichte gibt es nicht nur Action, sie hat auch einen Helden, und »Helden sind mächtig. Bevor man sich versieht, sind die Männer und Frauen auf dem Wildhaferflecken, ihre Kinder, die Kunstfertigkeit der Handwerker, die Gedanken der Denker und die Lieder der Sänger bereits eingespannt für die Geschichte des Helden. Aber es ist nicht ihre Geschichte, es ist seine«; und es ist eine »Killerstory«.[15] Von ihr zieht Le Guin eine Linie bis Nagasaki, den Napalmbomben auf vietnamesische Dörfer und Reagans Drohungen gegen das Reich des Bösen, aber auch bis zu den Mythen des technisch-wissenschaftlichen Fortschritts. Die Struktur dieser Geschichte gleicht der Bewegung eines Speers oder Pfeils: Ein heroisches Narrativ ist linear. Es mäandert nicht, sondern sucht den direkten Weg vom Startpunkt zum Ziel. In seinem Zentrum steht ein Konflikt, und natürlich muss ein Held darin vorkommen.

Die Geschichte, die Le Guin dem Heldennarrativ gegenüberstellt, ist weder gradlinig noch antagonistisch strukturiert, noch kreist sie um einen mächtigen Akteur. Sie handelt vielmehr von Tragetaschen. Am Anfang menschlicher Kultur standen demnach nicht Objekte, mit denen man zuschlagen, zustechen und töten kann, sondern Behältnisse, die es zum Sammeln und Aufbewahren braucht: ein zusammengerolltes Blatt, eine Muschelschale, ein ausgehöhlter Kürbis, ein Topf, ein Netz. Tragetaschengeschichten sind ganz und gar unheroisch. Sie versammeln heterogene Elemente und bringen sie in Beziehung zueinander. Dazu zählen selbstverständlich auch Konflikte, aber diese erscheinen

»als notwendige Bestandteile eines Ganzen, das selbst weder als Konflikt noch als Harmonie charakterisiert werden kann, weil sein Zweck nicht endgültige Lösung oder Stillstand ist, sondern ein fortlaufender Prozess«.[16] Es ist klar, dass der Held in dieser Geschichte nicht gut aussieht. Er hat zwar ebenfalls seinen Platz in der Tragetasche, aber es dreht sich nicht länger alles nur um ihn, und vor allem fehlt ihm das Podest. An die Stelle der »maskulin menschenmachende[n] Erzählung des Jägers, der aufbricht, um zu töten und die schreckliche Beute zurückzubringen«, der »messerscharfe[n], kampfbereite[n] Fabel der Aktion« treten, wie Donna J. Haraway in einem Kommentar zu Le Guin schreibt, Geschichten eines sympoietischen »Mit-Werdens« und »Mit-Vergehens«.[17]

Man muss Le Guins anthropologische Spekulationen nicht teilen (die sie von Elizabeth Fisher übernimmt[18]), nicht ihrer binären Geschlechtersymbolik folgen (die selbst ein Charakteristikum heroischer Narrative darstellt), man mag sich an ihrem Holismus stoßen (den sie mit Haraway teilt) und ihre narratologische Metapher der Bewegung eines Pfeils für irreführend halten (sie übersieht, dass auch Heldengeschichten retardierende Elemente brauchen), und kann sich doch von der sanften Radikalität der Tragetaschentheorie irritieren lassen. In den gerade einmal sechs Seiten ihres Essays steckt eine fundamentale Kritik des Heroischen, die dessen narrative Verfasstheit ernst nimmt und die Fallstricke antiheroischer Gegenidentifikation meidet. Le Guin denkt das Heroische nicht kaputt, sie holt die Helden vom Sockel, packt sie zusammen mit vielen anderen Menschen, Tieren und Dingen in eine große Tasche und stellt ihren Abenteuern eine Fülle an Geschichten zur Seite, die nicht vom Kämpfen, Töten und Sich-Opfern handeln, sondern vom Sammeln und Versammeln.

Wollte man die Kunst, solche Geschichten zu erzählen, und die Bereitschaft, sich für solche Geschichten zu begeistern, postheroisch nennen, dann ist unsere Gegenwart zwar noch weit davon entfernt, postheroisch zu sein, aber es zu werden, wäre eine gute Idee.

Dank

Die Idee zu diesem Buch entstand im Rahmen meiner Mitarbeit am von der Deutschen Forschungsgemeinschaft geförderten Sonderforschungsbereich »Helden – Heroisierungen – Heroismen«, der 2012 an der Albert-Ludwigs-Universität Freiburg eingerichtet wurde. Ohne die intensiven Diskussionen mit den Kolleginnen und Kollegen in diesem Verbund hätte ich es nicht schreiben können. Einzelne Abschnitte habe ich bei Veranstaltungen des Sonderforschungsbereichs vorgestellt. Zu danken habe ich allen voran Tobias Schlechtriemen, der zusammen mit mir das Teilprojekt »Soziologische Zeitdiagnosen zwischen Postheroismus und neuen Figuren des Außerordentlichen« bearbeitet hat. Was ich im vorliegenden Buch ausformuliert habe, ist in weiten Teilen das Ergebnis gemeinsamen Nachdenkens. Für die gründliche Lektüre und die kritische Kommentierung einzelner Kapitel beziehungsweise des gesamten Manuskripts danke ich Martin Bauer, Nicolas Detering, Carola Dietze, Benjamin Dober, Ulrich Jaekel, Andreas Langenohl, Wibke Liebhart, Klaus Reinhardt und Barbara Wewel. Mirko Beckers, Anna-Lena Grigo, Marius Mielke, Lukas Potsch und Helene Thaa haben mich bei der Beschaffung von Literatur unterstützt, auch ihnen danke ich herzlich. Die Fertigstellung des Bandes wurde nicht zuletzt ermöglicht durch zwei Aufenthalte – im akademischen Jahr 2016/17 sowie im Sommer 2018 – am Kulturwissenschaftlichen Kolleg des Exzellenzclusters »Kulturelle Grundlagen von Integration«, das im Rahmen der Exzellenzinitiative des Bundes und der Länder an der Universität Konstanz eingerichtet wurde. Den

Verantwortlichen des Exzellenzclusters danke ich für die Einladungen, den Mitarbeiterinnen und Mitarbeitern des Kulturwissenschaftlichen Kollegs für ihre Gastfreundschaft und tatkräftige Unterstützung. Eva Gilmer vom Suhrkamp Verlag hat die Entstehung des Buchs von Beginn an begleitet. Ich danke ihr für Ermutigung und Rat, für die Aufnahme des Bandes ins Verlagsprogramm und für ihr sorgfältiges Lektorat.

Anmerkungen

1. Einleitung: Gegenstrebige Gleichzeitigkeiten

1 Jürgen Habermas, »Fundamentalismus und Terror. Ein Gespräch mit Jürgen Habermas«, in: ders., Jacques Derrida, *Philosophie in Zeiten des Terrors. Zwei Gespräche, geführt, eingeleitet und kommentiert von Giovanna Borradori*, Hamburg 2004, S. 49-69, hier: S. 69.

2 Diedrich Diederichsen, *Über Pop-Musik*, Köln 2014, S. 390.

3 »We can be heroes just for one day«, lautet der Refrain von Bowies Hit »Heroes« (1977). »In the future, everyone will be world-famous for 15 minutes«, verhieß Andy Warhol 1968, in: Kasper König, Pontus Hultén, Olle Granath (Hg.), *Andy Warhol. Catalogue for the Warhol Exhibition at the Moderna Museet Stockholm, 10. Februar-17. März 1968*, Stockholm 1968.

4 Walter Reese-Schäfer, »Zeitdiagnose als wissenschaftliche Aufgabe«, in: *Berliner Journal für Soziologie* 6:3 (1996), S. 377-390, hier: S. 377.

5 Heinz Dieter Kittsteiner, »Die heroische Moderne. Skizze einer Epochengliederung«, in: *Neue Zürcher Zeitung* v. 10.11.2001.

6 Immanuel Wallerstein, *Die Sozialwissenschaft »kaputtdenken«. Die Grenzen der Paradigmen des 19. Jahrhunderts*, Weinheim 1995.

7 Diese Distanz zu heroischen Anrufungen unterscheidet die folgenden Überlegungen fundamental von Dieter Thomäs emphatischem Plädoyer für den demokratischen Helden, der gleichermaßen »einer von uns« wie »einer für uns« sein soll (*Warum Demokratien Helden brauchen. Plädoyer für einen zeitgemäßen Heroismus*, Berlin 2019, S. 175-183). Thomä verkennt, dass sich demokratisches und antidemokratisches Heroentum nicht säuberlich voneinander scheiden lassen – als »einer von uns« und »einer für uns« präsentieren sich schließlich auch populistische Führer. Demokratiekompatibel werden Heldinnen und Helden ebenso wenig dadurch, dass sie mit ihrer Ausrichtung auf

eine »große Sache« die autoritäre Neigung des Publikums zu Personenkult in Schach halten – verehrt werden sie ja gerade für den ihnen zugeschriebenen selbstlosen Einsatz. Zweifellos benötigen Demokratien mutige Vorkämpferinnen und leidenschaftliche Verteidiger, Heldinnen und Helden brauchen sie jedoch allenfalls in dem Sinne, wie ein Junkie den nächsten Schuss braucht. Thomäs Essay ist nach Abschluss des Manuskripts für das vorliegende Buch erschienen, zu spät für eine eingehendere Diskussion seiner Thesen. Sie zu führen, werden sich, so hoffe ich, andere Gelegenheiten finden.

2. Bausteine einer Theorie des Heroischen

1 Vgl. Michel Foucault, *Die Regierung des Selbst und der anderen. Vorlesung am Collège de France 1982/83*, Frankfurt/M. 2009, S. 19.

2 Den Versuch einer begrifflichen Differenzierung von Held, Heros, heldisch, heroisch, Heldentum, Heroismus und Heroikertum unternimmt Christoph Schweer, *Heimweh, Heros, Heiterkeit. Nietzsches Weg zum Übermenschen*, Würzburg 2018, S. 28-31. Ich orientiere mich in diesem Buch dagegen am allgemeinen Sprachgebrauch und verwende die Wortfelder »Held« und »Heros« weitgehend synonym.

3 Jean-Jacques Rousseau, »Über die Tugend des Helden« (1751), in: *Zeitschrift für Kulturphilosophie* 3:1 (2009), S. 117-128, hier: S. 119.

4 Georg Wilhelm Friedrich Hegel, *Vorlesungen über die Philosophie der Geschichte*, Frankfurt/M. 1986, S. 45f.

5 Mike Featherstone, »The Heroic Life and Everyday Life«, in: *Theory, Culture & Society* 9 (1992), S. 159-182, hier: S. 160. (Die Übersetzung dieses Zitats sowie aller weiteren, bei denen keine deutschsprachigen Quellen angegeben sind, stammt von mir, UB.)

6 Vgl. Niccolò Machiavelli, *Der Fürst* (1513), Frankfurt/M. 1990, S. 18: »Denn so, wie die Landschaftszeichner sich in die Ebene stellen, um die Gestalt der Berge und Höhen zu erkennen, dagegen auf die Berge steigen, um die Täler zu betrachten, so

muß man zwar Fürst sein, um die Natur des Volkes zu erkennen, aber aus dem Volke, um die Art der Fürsten zu erfassen.«

7 Jacob Burckhardt, »Das Individuum und das Allgemeine. (Die historische Größe.)«, in: ders.: *Werke*, Bd. 10: *Ästhetik der bildenden Kunst. Über das Studium der Geschichte*, München, Basel 2000, S. 497-525, hier: S. 497f.

8 Vgl. Edgar Zilsel, *Die Geniereligion. Ein kritischer Versuch über das moderne Persönlichkeitsideal mit einer historischen Begründung* (1918), Frankfurt/M. 1990, S. 169.

9 Vgl. Marion Meyer, Ralf von den Hoff, »Helden wie sie – Helden wie wer? Zur Einführung«, in: dies. (Hg.), *Helden wie sie. Übermensch – Vorbild – Kultfigur in der griechischen Antike*, Freiburg u. a. 2010, S. 9-18, hier: S. 10. Zu den antiken Grabkulten für Heroen vgl. Gunnel Ekroth, *The Sacrificial Rituals of Greek Hero-Cults*, Liège 2002; zum antiken Kriegshelden vgl. Tonio Hölscher, *Krieg und Kunst im antiken Griechenland und Rom. Heldentum, Identität, Herrschaft, Ideologie*, Berlin, Boston 2019.

10 Vgl. Albrecht Koschorke, *Hegel und wir. Frankfurter Adorno-Vorlesungen 2013*, Berlin 2015, S. 139f., mit Verweis auf Northrop Frye, *Analyse der Literaturkritik*, Stuttgart 1964; vgl. dazu auch Hans Robert Jauß, »Interaktionsmuster der Identifikation mit dem Helden«, in: ders., *Ästhetische Erfahrung und literarische Hermeneutik*, Bd. 1: *Versuche im Feld der literarischen Erfahrung*, München 1977, S. 212-258.

11 Vgl. Ronald G. Asch, *Herbst des Helden. Modelle des Heroischen und heroische Lebensentwürfe in England und Frankreich von den Religionskriegen bis zum Zeitalter der Aufklärung*, Würzburg 2016.

12 Hans Blumenberg, *Vor allem Fontane. Glossen zu einem Klassiker*, Frankfurt/M., Leipzig 2002, S. 131.

13 Dietmar Dath, *Superhelden. 100 Seiten*, Stuttgart 2016, S. 60.

14 Max Weber, *Wirtschaft und Gesellschaft. Grundriss der verstehenden Soziologie*, Tübingen [5]1980, S. 140.

15 Vgl. Michael N. Ebertz, »Charisma und ›das Heroische‹«, in: *helden. heroes. héros. E-Journal zu Kulturen des Heroischen* 4:2 (2016), DOI 10.6094/helden.heroes.heros./2016/02/01, S. 5-16, hier: S. 9, mit Verweis auf Richard Sennett, »Charismatic

De-legitimation: A Case Study«, in: *Theory and Society* 2 (1975), S. 149-170.

16 Hegel, *Vorlesungen über die Philosophie der Geschichte*, S. 48. Vgl. dazu Jacques d'Hondt, »Der Kammerdiener der Geschichte und die Geschichte des Kammerdieners«, in: Manfred Buhr, Jacques d'Hondt, Hermann Klenner, *Aktuelle Vernunft. Drei Studien zur Philosophie Hegels*, Berlin 1990, S. 179-202.

17 Zur Theoriegeschichte dieser Figur vgl. Dieter Thomä, *Puer robustus. Eine Philosophie des Störenfrieds*, Berlin 2016.

18 Niklas Luhmann, »Die Autopoiesis des Bewußtseins«, in: *Soziologische Aufklärung 6. Die Soziologie und der Mensch*, Wiesbaden ³2008, S. 55-108, hier: S. 86.

19 Ebd.

20 Jan-Philipp Reemtsma, »Der Held, das Ich und das Wir«, in: *Mittelweg 36* 18:4 (2009), S. 41-64, hier: S. 57.

21 Vgl. dazu – selbst ein Exempel romantisch-heroisierender Geschichtsschreibung – Eric Hobsbawm, *Sozialrebellen. Archaische Sozialbewegungen im 19. und 20. Jahrhundert*, Neuwied, Berlin 1962, sowie in kritischer Weiterführung Andreas J. Haller, *Mythische Räume der Gesetzlosigkeit in Erzählungen über Robin Hood, Klaus Störtebeker und Jesse James*, Phil. Diss. Bonn 2019.

22 Weber, *Wirtschaft und Gesellschaft*, S. 141.

23 Carl von Clausewitz, *Vom Kriege*, Bonn ¹⁶1952, S. 89 f.

24 Marcel Detienne, »La phalange. Problèmes et controverses«, in: Jean-Pierre Vernant (Hg.), *Problèmes de la guerre en Grèce ancienne*, Paris 1968, S. 119-142, hier: S. 121, zit. n. Etienne Smoes, »Achilles und Odysseus. Von der Wut zur Vernunft«, in: Ruthard Stäblein (Hg.), *Mut. Wiederentdeckung einer persönlichen Kategorie*, Bühl-Moos 1993, S. 56-75, hier: S. 58.

25 Grégoire Chamayou, *Ferngesteuerte Gewalt. Eine Theorie der Drohne*, Wien 2014, S. 108.

26 Karen Hagemann, »Heldenmütter, Kriegerbräute und Amazonen. Entwürfe ›patriotischer‹ Weiblichkeit zur Zeit der Freiheitskriege«, in: Ute Frevert (Hg.), *Militär und Gesellschaft im 19. und 20. Jahrhundert*, Stuttgart 1997, S. 174-200.

27 Simone de Beauvoir, *Das andere Geschlecht. Sitte und Sexus der Frau*, Reinbek b. Hamburg 1968, S. 145.

28 Vgl. Astrid Deuber-Mankowsky, *Lara Croft – Modell, Medium, Cyberheldin. Das virtuelle Geschlecht und seine metaphysischen Tücken*, Frankfurt/M. 2001.

29 Bertolt Brecht, »Die Ballade von der Hanna Cash«, in: ders., *Die Gedichte von Bertolt Brecht in einem Band*, Frankfurt/M. 1981, S. 229-231, hier: S. 230.

30 Vgl. G. William Farthing, »Attitudes Toward Heroic and Non-heroic Risk Takers as Mates and as Friends«, in: *Evolution and Human Behavior* 26 (2005), S. 171-185; Minna T. Lyons, »Who are the Heroes? Characteristics of People Who Rescue Others«, in: *Journal of Cultural and Evolutionary Psychology* 3 (2005), S. 239-248.

31 Josef H. Reichholf, »Zur Soziobiologie des Helden«, in: *Merkur* 63:9/10 (2009) (= Sonderheft: Heldengedenken. Über das heroische Phantasma), S. 835-842, hier: S. 842.

32 Ernst Cassirer, *Der Mythus des Staates. Philosophische Grundlagen politischen Verhaltens* (1949), Frankfurt/M. 1985, S. 249.

33 Vgl. Tobias Schlechtriemen, »The Hero and a Thousand Actors«, in: *helden. heroes. héros. E-Journal zu Kulturen des Heroischen* 4.1 (2016), S. 17-32, DOI 10.6094/helden.heroes.heros./2016/01/03.

34 Bertolt Brecht, »Fragen eines lesenden Arbeiters«, in: ders., *Die Gedichte von Bertolt Brecht in einem Band*, S. 656f.

35 Zum Topos des zaudernden Helden in der Literatur vgl. Theodore Ziolkowski, *Hesitant Heroes. Private Inhibition, Personal Crisis*, Ithaca, London 2004.

36 Charles Baudelaire, »Der Salon von 1846«, in: ders., *Sämtliche Werke/Briefe*, Bd. 1, *Juvenilia – Kunstkritik 1832-1846*, München 1977, S. 193-283, hier: S. 280-283.

37 Baudelaire, zit. n. Walter Benjamin, »Das Paris des Second Empire bei Baudelaire«, in: ders., *Gesammelte Schriften*, Bd. 1.2, Frankfurt/M. 1974, S. 511-604, hier: S. 599.

38 Josef Früchtl, *Das unverschämte Ich. Eine Heldengeschichte der Moderne*, Frankfurt/M. 2004, S. 305.

39 Hans Magnus Enzensberger, »Die Helden des Rückzugs. Brouillon zu einer politischen Moral der Entmachtung« (1989), in: ders., *Zickzack. Aufsätze*, Frankfurt/M. 1999, S. 55-63. Zu heroischen und antiheroischen Deutungen des Sich-Zurückziehens

vgl. auch Wolfgang Schivelbusch, *Rückzug. Geschichten eines Tabus*, München 2019.

40 Yaak Karsunke, »auf den tod des Joseph Barra«, in: ders., *gespräch mit dem stein. gedichte*, Berlin 1992, S. 75.

41 Und wenn doch, dann hält zumindest die Welt für einen Moment inne – und ist danach nicht mehr dieselbe. So bei Max Webers Tod in der Schilderung seiner Frau Marianne: »Am Montag den 14. Juni wird die Welt draußen ganz still, nur eine Drossel singt unablässig ihr sehnsuchtsvolles Lied. Die Zeit steht. Gegen Abend verhaucht er den letzten Atem. Während er verscheidet, begibt sich ein Gewitter, Blitze überzucken das erblassende Haupt. Er wird zum Bild eines verewigten Ritters. Dann ruht er majestätisch in unzugänglichem Geheimnis. Sein Antlitz kündet Milde und erhabenen Verzicht. Er ist in unerreichbare Ferne gerückt. Die Erde hat sich verändert.« (Marianne Weber, *Max Weber. Ein Lebensbild*, Heidelberg 1950, S. 754).

42 Sigmund Freud, »Zeitgemäßes über Krieg und Tod«, in: ders., *Gesammelte Werke*, Bd. X, Frankfurt/M. 1999, S. 323-355, hier: S. 350 f.

43 Susan Neiman, *Moralische Klarheit. Leitfaden für erwachsene Idealisten*, Hamburg 2010, S. 358. Vgl. zur Frage der moralischen Rechtfertigung von Opferforderungen auch die Diskussion im von Marcel van Ackeren und Alfred Archer herausgegebenen Themenheft »Sacrifice and Moral Philosophy« des *International Journal of Philosophical Studies* 26:3 (2018).

44 Max Scheler, »Vom Sinn des Leides«, in: ders., *Gesammelte Werke*, Bd. 6: *Schriften zur Soziologie und Weltanschauungslehre*, Bern, München 1963, S. 36-72, hier: S. 52 f.

45 »Ich will keinen Mann, der mit mühelosem Blut seinen Ruhm erkauft hat, diesen will ich, der ohne Tod gelobt werden kann«, schreibt schon Martial in seinen *Epigrammen* (1,8).

46 Friedrich Schiller, »Die Braut von Messina«, in: ders., *Sämtliche Werke*, Bd. 2, München ³1962, S. 825-912, hier: S. 912.

47 Bernhard Giesen, »Zur Phänomenologie der Ausnahme: Helden, Täter, Opfer«, in: ders., *Zwischenlagen. Das Außerordentliche als Grund der sozialen Wirklichkeit*, Weilerswist 2010, S. 67-87, hier: S. 85.

48 Karl Markus Michel, »Heldendämmerung. Die Schicksale der Grandiosität«, in: *Kursbuch* 108 (1992), S. 63-86, hier: S. 64.

49 Martin Sabrow, »Die postheroische Gedächtnisgesellschaft. Bauformen des historischen Erzählens in der Gegenwart«, in: Etienne François u. a. (Hg.), *Geschichtspolitik in Europa seit 1989. Deutschland, Frankreich und Polen im internationalen Vergleich*, Göttingen 2013, S. 311-322, hier: S. 317. Vgl. auch ders., »Heroismus und Viktimismus. Überlegungen zum deutschen Opferdiskurs in historischer Perspektive«, in: *Potsdamer Bulletin für zeithistorische Studien* 43/44 (2008), S. 7-20.

50 Georg Wilhelm Friedrich Hegel, *Vorlesungen über die Ästhetik I*, Frankfurt/M. 1986, S. 247.

51 Vgl. zu dieser Gegenüberstellung in einer von Durkheims Religionssoziologie ausgehenden Perspektive Bernhard Giesen, *Triumph and Trauma*, Boulder, London 2004.

52 Früchtl, *Das unverschämte Ich*, S. 342.

53 Vgl. Julian Hans, »Scherz beiseite. Stalin als Actionfigur auf einem Bären reitend? So ein Bild wäre lebensgefährlich gewesen. Der Putin-Kult aber erträgt Ironie nicht nur – sie macht ihn unangreifbar«, in: *Süddeutsche Zeitung* v. 12.02.2018, S. 9.

54 Baltasar Gracián, *Der Held* (1639), Berlin 1996, S. 32.

55 Vgl. Helmuth Plessner, »Lachen und Weinen. Eine Untersuchung über die Grenzen menschlichen Verhaltens« (1941), in: ders., *Gesammelte Schriften*, Bd. 7: *Ausdruck und menschliche Natur*, Frankfurt/M. 1982, S. 201-387.

56 Henri Bergson, *Das Lachen*, Jena 1921, S. 38 f.

57 Zilsel, *Die Geniereligion*, S. 160.

58 Thomas Carlyle, *Ueber Helden, Heldenverehrung und das Heldenthümliche in der Geschichte* (1841), Leipzig 1895, S. 87.

59 Friedrich Nietzsche, »Götzen-Dämmerung: Streifzüge eines Unzeitgemässen, § 44. Mein Begriff vom Genie«, *Digitale Kritische Gesamtausgabe Werke und Briefe [eKGWB]*, ⟨http://www.nietzschesource.org/#eKGWB⟩, letzter Zugriff am 01.11.2019.

60 James Thurber, »Walter Mittys geheimes Leben« (1939), in: ders., *Vom Mann, der die Luft anhielt und andere Geschichten*, Frankfurt/M. 2006, S. 230-238, hier: S. 238.

61 Vgl. Ulrich Bröckling, »›Bloß keine Leichensäcke!‹ Eine Hanto-

logie postheroischer Kriegführung«, in: *Leviathan* 46:3 (2018), S. 453-465.

62 Ralf Konersmann, »Rousseaus dritte Abhandlung von 1751«, in: *Zeitschrift für Kulturphilosophie* 3:1 (2009), S. 129-134, hier: S. 131.

63 Vgl. Luhmann, »Die Autopoiesis des Bewußtseins«, S. 87.

64 Gracián, *Der Held*, S. 68.

65 Ralph Waldo Emerson, *Repräsentanten der Menschheit* (1850), Zürich 1989, S. 31.

66 Vgl. James O. Urmson, »Saints and Heroes«, in: Abraham I. Melden (Hg.), *Essays in Moral Philosophy*, Seattle, London 1958, S. 198-216.

67 Baudelaire, »Der Salon 1846«, S. 281.

68 Vgl. dazu Andreas Gelz, *Der Glanz des Helden. Über das Heroische in der französischen Literatur des 17. bis 19. Jahrhunderts*, Göttingen 2016; Jakob Willis, *Glanz und Blendung. Zur Ästhetik des Heroischen im Siècle classique*, Bielefeld 2017.

69 Robert Warshow, »Der Westerner« (1954), in: ders., *Die unmittelbare Erfahrung. Filme, Comics, Theater und andere Aspekte der Populärkultur*, Berlin 2014, S. 106-120, hier: S. 120.

70 Lionel Trilling, *Das Ende der Aufrichtigkeit*, Frankfurt/M. u. a. 1983, S. 84.

71 Gracián, *Der Held*, S. 12.

72 Nietzsche erkannte darin den Grundzug mythischen Denkens: »›Ursache‹ und ›Wirkung‹: psychologisch nachgerechnet ist es der Glaube, der sich im Verbum ausdrückt, Activum und Passivum, Thun und Leiden. Das heißt: die Trennung des Geschehens in ein Thun und Leiden, die Supposition eines Thuenden ist vorausgegangen. Der Glaube an den Thäter steckt dahinter: wie als ob, wenn alles Thun vom ›Thäter‹ abgerechnet würde, er selbst noch übrig bliebe. Hier soufflirt immer die ›Ich-Vorstellung‹: Alles Geschehen ist als Thun ausgelegt worden: mit der Mythologie, ein dem ›Ich‹ entsprechendes Wesen« (Friedrich Nietzsche, »Nachgelassene Fragmente Ende 1886 – Frühjahr 1887«, 7[1], *Digitale Kritische Gesamtausgabe Werke und Briefe [eKGWB]*, ⟨http://www.nietzschesource.org/#eKGWB⟩, letzter Zugriff am 01.11.2019.

73 Hans Blumenberg, *Arbeit am Mythos*, Frankfurt/M. 1979, S. 18.

74 Albrecht Koschorke, *Wahrheit und Erfindung. Grundzüge einer Allgemeinen Erzähltheorie*, Frankfurt/M. 2012, S. 76.

75 Ebd., S. 79.

76 Blumenberg, *Arbeit am Mythos*, S. 53.

77 Vgl. Johann Georg von Hahn, *Sagwissenschaftliche Studien*, Jena 1876, S. 340 (Tafel); Vladimir Propp, *Morphologie des Märchens* (1928), Frankfurt/M. 1975; Lord Raglan, *The Hero. A Study in Tradition, Myth and Drama* (1936), New York 1956; in psychoanalytischer Perspektive: Otto Rank, *Der Mythos von der Geburt des Helden. Versuch einer psychologischen Mythendeutung*, Leipzig ²1922. Für einen Überblick über diese Forschungstradition vgl. Archer Taylor, »The Biographical Pattern in Traditional Narrative«, in: *Journal of the Folklore Institute* 1:1/2 (1964), S. 114-129; Alan Dundes, »The Hero Pattern and the Life of Jesus«, in: ders., *Interpreting folklore*, Bloomington 1980, S. 223-261.

78 Koschorke, *Wahrheit und Erfindung*, S. 48f.

79 Joseph Campbell, *Der Heros in tausend Gestalten* (1949), Frankfurt/M. 1978, S. 26f. Campbells mythischer Gnostizismus ist antisemitisch grundiert. Vgl. dazu Brendan Gill, »The Faces of Joseph Campbell«, in: *New York Review of Books* 28 (1989), S. 16-19; Robert A. Segal, »Joseph Campbell on Jews and Judaism«, in: *Religion* 22 (1992), S. 151-170; generell zu Campbells Mythopolitik Robert Ellwood, *The Politics of Myth. A Study of C.G. Jung, Mircea Eliade, and Joseph Campbell*, Albany 1999, S. 127-169.

80 Den Begriff *monomyth* übernimmt Campbell von James Joyce, *Finnegan's Wake*, New York 1939, S. 581.

81 Campbell, *Der Heros in tausend Gestalten*, S. 36.

82 Odo Marquard, »Lob des Polytheismus. Über Monomythie und Polymythie«, in: Hans Poser (Hg.), *Philosophie und Mythos. Ein Kolloquium*, Berlin, New York 1979, S. 40-58, hier: S. 46.

83 Bruno Bettelheim, *Kinder brauchen Märchen*, München 1980.

84 Mario Erdheim, *Die gesellschaftliche Produktion von Unbewußtheit. Eine Einführung in den ethnopsychoanalytischen Prozeß*, Frankfurt/M. 1982, S. 301.

85 Vgl. Hans-Jürgen Wirth, »Die Sehnsucht nach Vollkommen-

heit. Zur Psychoanalyse der Heldenverehrung«, in: *psychosozial* 10:31 (1987), S. 96-113, hier: S. 100, mit Bezug auf Donald W. Winnicott, »Übergangsobjekte und Übergangsphänomene«, in: ders., *Vom Spiel zur Kreativität*, Stuttgart 1979, S. 10-36.

86 Vgl. Niklas Luhmann, Karl Eberhard Schorr, »Das Technologiedefizit der Erziehung und die Pädagogik«, in: Niklas Luhmann (Hg.), *Zwischen Technologie und Selbstreferenz. Fragen an die Pädagogik*, Frankfurt/M. 1982, S. 11-41; Gerald Wagner, »Eine Schule für Helden«, in: *Frankfurter Allgemeine Sonntagszeitung* v. 08.11.2015.

87 Max Weber, »Die ›Objektivität‹ sozialwissenschaftlicher und sozialpolitischer Erkenntnis«, in: ders, *Gesammelte Aufsätze zur Wissenschaftslehre*, Tübingen ⁷1988, S. 146-214, hier: S. 191.

88 Carlyle, *Ueber Helden, Heldenverehrung und das Heldenthümliche in der Geschichte*. Jeden Typus beschreibt Carlyle anhand einer Fallgeschichte. So dient Odin als Modell für den göttlichen Helden, Mohammed für den prophetischen Helden und Shakespeare für den Dichterhelden.

89 Scott T. Allison, George R. Goethals, *Heroes. What They Do & Why We Need Them*, Oxford, New York 2011, S. 62.

90 Philip Zimbardo, *Der Luzifer-Effekt. Die Macht der Umstände und die Psychologie des Bösen*, Heidelberg 2008, S. 443f.

91 Karl Reinhardt, »Die Krise des Helden«, in: ders., *Die Krise des Helden und andere Beiträge zur Literatur und Geistesgeschichte*, München 1962, S. 107-114, hier: S. 107.

92 Georg Wilhelm Friedrich Hegel, *Vorlesungen über die Ästhetik I*, Frankfurt/M. 1986, S. 236-252.

93 Heinz Dieter Kittsteiner, »Stufen der Moderne«, in: Johannes Rohbeck, Herta Nagl-Docekal (Hg.), *Geschichtsphilosophie und Kulturkritik. Historische und systematische Studien*, Darmstadt 2003, S. 91-117, hier: S. 107-114; ders., »Die heroische Moderne. Skizze einer Epochengliederung«, in: *Neue Zürcher Zeitung* v. 10.11.2001.

94 Bertolt Brecht, »Leben des Galilei«, in: ders., *Stücke*, Bd. VIII, Berlin 1959, S. 5-208, hier: S. 163.

3. Heroismus und Moderne

1 Michel Foucault, »Was ist Aufklärung?«, in: *Schriften. Dits et Ecrits*, Bd. IV, Frankfurt/M. 2005, S. 687-707, hier: S. 695, 697.

2 Ebd., S. 697f.

3 Ebd., S. 698.

4 Die Überschrift übernehme ich von Josef Früchtl, *Das unverschämte Ich. Eine Heldengeschichte der Moderne*, Frankfurt/M. 2004, S. 67. Früchtls Hegellektüre verdanken die nachfolgenden Ausführungen auch darüber hinaus vielfältige Anregungen.

5 Georg Wilhelm Friedrich Hegel, *Grundlinien der Philosophie des Rechts oder Naturrecht und Staatswissenschaft im Grundrisse*, Frankfurt/M. 1986, S. 180.

6 Georg Wilhelm Friedrich Hegel, *Vorlesungen über die Philosophie der Geschichte*, Frankfurt/M. 1986, S. 46.

7 Georg Wilhelm Friedrich Hegel, [Brief an Niethammer vom 13.10.1806], in: *Briefe von und an Hegel*, hg. von Johannes Hoffmeister, Bd. 1: 1785-1812, Hamburg 1961, Nr. 74, S. 119-121, hier: S. 120. Vgl. zu Hegels Sicht auf Napoleon generell Nicolas Broussard, »Napoléon, héros hegélien«, in: *Le Souvenir Napoléonien* 58 (1995), S. 9-20.

8 Georg Wilhelm Friedrich Hegel, *Vorlesungen über die Ästhetik I*, Frankfurt/M. 1986, S. 253f.

9 Ebd., S. 255.

10 Hegel, *Philosophie der Geschichte*, S. 45f.

11 Hegel, *Ästhetik I*, S. 243, 236, 241. Zum Topos der »Heroenzeit« vgl. Rudolf Brandmeyer, »Heroische Zeit und Gegenwart im ästhetischen und geschichtsphilosophischen Diskurs von Herder bis Hegel«, in: Jörg Schönert (Hg.), *Polyperspektivik in der literarischen Moderne. Studien zur Theorie, Geschichte und Wirkung der Literatur*, Frankfurt/M. 1988, S. 264-297.

12 Ebd., S. 243f.

13 Cristiana Senigaglia, »Heroismus und Sittlichkeit bei Hegel«, in: *Hegel-Jahrbuch* 1 (1999), S. 136-141, hier: S. 137.

14 Gerald Wagner, »Eine Schule für Helden«, in: *Frankfurter Allgemeine Zeitung* v. 08.11.2015.

15 Früchtl, *Das unverschämte Ich*, S. 71.

16 Hegel, *Grundlinien der Philosophie des Rechts*, S. 451.

17 Hegel, *Ästhetik I*, S. 251.

18 Ebd., S. 243.

19 Hegel, *Philosophie der Geschichte*, S. 47.

20 Ebd., S. 46.

21 Ebd.

22 Ebd., S. 47, 49.

23 Heinz Dieter Kittsteiner, »Die Rückkehr der Geschichte und die Zeit der Erzählung«, in: *Internationales Archiv für Sozialgeschichte der deutschen Literatur* 27 (2002), S. 185-207, hier: S. 192.

24 Sidney Hook, *Der Held in der Geschichte*, Nürnberg 1951, S. 76f.

25 Hegel, *Grundlinien der Philosophie des Rechts*, S. 493.

26 Ebd., S. 495.

27 Ebd., S. 494, 496.

28 Karl Marx, »Der achtzehnte Brumaire des Louis Bonaparte« (1852), in: *Marx Engels Werke*, Bd. 8, Berlin 1960, S. 111-207, hier: S. 116.

29 Ebd., S. 117.

30 Karl Marx, »Der Bürgerkrieg in Frankreich« (1871), in: *Marx Engels Werke*, Bd. 17, Berlin 1962, S. 313-365, hier: S. 343.

31 Ebd., S. 355f.

32 Georgi W. Plechanow, *Über die Rolle der Persönlichkeit in der Geschichte* (1898), Berlin 1982, S. 65f.

33 Ebd., S. 66.

34 Ebd., S. 66f.

35 Vgl. Karl Löwith, »Weltgeschichte als Heilsgeschehen. Die theologischen Voraussetzungen der Geschichtsphilosophie«, in: ders., *Gesammelte Schriften*, Bd. 2, Stuttgart 1983, S. 7-239.

36 Plechanow, *Über die Rolle der Persönlichkeit*, S. 67f.

37 Nikolai Bucharin, *Gefängnisschriften 1. Der Sozialismus und seine Kultur* (1937), Berlin 1996, S. 163, 169f.

38 Ebd., S. 170.

39 Bertolt Brecht, *Flüchtlingsgespräche*, Frankfurt/M. 1961, S. 158-162.

40 Ernst Bloch, *Das Prinzip Hoffnung*, Bd. 3, Frankfurt/M. 1973, S. 1378.

41 Ebd., S. 1381.

42 Vgl. Silke Satjukow, Rainer Gries (Hg.), *Sozialistische Helden.*

Eine Kulturgeschichte von Propagandafiguren in Osteuropa und der DDR, Berlin 2002; Robert Maier, *Die Stachanov-Bewegung 1935-1938*, Stuttgart 1990.

43 Heinz Dieter Kittsteiner, »Die Form der Geschichte und das Leben der Menschen«, in: Alfred Opitz (Hg.), *Erfahrung und Form. Zur kulturwissenschaftlichen Perspektivierung eines transdisziplinären Problemkomplexes*, Trier 2001, S. 147-159, hier: S. 149.

44 Friedrich Nietzsche, »Nachgelassene Fragmente Frühling – Sommer 1875«, 5 (58), *Digitale Kritische Gesamtausgabe Werke und Briefe [eKGWB]*, ⟨http://www.nietzschesource.org/#eKG WB⟩, letzter Zugriff am 01.11.2019. Zu Nietzsches Verhältnis zum Heroischen vgl. Christoph Schweer, *Heimweh, Heros, Heiterkeit. Nietzsches Weg zum Überhelden*, Würzburg 2018.

45 Heinz Dieter Kittsteiner, »Die Stufen der Moderne«, in: ders., *Wir werden gelebt. Formprobleme der Moderne*, Hamburg 2006, S. 25-57, hier: S. 46.

46 Ebd., S. 44-53; ders., »Die heroische Moderne. Skizze einer Epochengliederung«, in: *Neue Zürcher Zeitung* v. 10.11.2001.

47 Johan Huizinga, »Heroismus«, in: ders., *Im Schatten von morgen. Eine Diagnose des kulturellen Lebens unserer Zeit*, Bern, Leipzig ²1936, S. 129-139, hier: S. 134.

48 Vgl. Wolfgang Eßbach, »Radikalismus und Modernität bei Jünger und Bloch, Lukács und Schmitt«, in: Manfred Gangl, Gérard Raulet (Hg.), *Intellektuellendiskurse in der Weimarer Republik. Zur politischen Kultur einer Gemengelage*, Frankfurt/M., New York 1994, S. 145-160.

49 Marianne Weber, *Max Weber. Ein Lebensbild*, Heidelberg 1950, S. 712. Marianne Weber zitiert hier Jörg von Kapher, einen Studenten Webers: »Er war sachlich durch und durch. Der ganze Heroismus der Sachlichkeit, der ja wohl der Heroismus unsres Zeitalters ist, wurde in ihm lebendig. Und deswegen war seine Sachlichkeit ein solch unerschöpfliches Erlebnis. Deswegen waren seine sachlichen Erörterungen, sein Vortrag wie ein Kunstwerk, nicht in der Form, aber in ihrem Wesen ... Nicht was er vom Gegenstand sagte, wurde zum Wesentlichen, sondern der Gegenstand selbst schien vor uns hinzutreten in seiner Unerschöpflichkeit, und er war sein Interpret.« Zum Heroismus We-

bers vgl. Roslyn Wallach Bologh, *Love or Greatness. Max Weber and Masculine Thinking. A Feminist Inquiry*, London u. a. 1990, Kap. 7: »Modern Hero«, S. 101-121.

50 Max Weber, »Die protestantische Ethik und der Geist des Kapitalismus«, in: ders., *Gesammelte Aufsätze zur Religionssoziologie I*, Tübingen ⁹1988, S. 203.

51 Max Weber, »Wissenschaft als Beruf«, in: ders., *Gesammelte Aufsätze zur Wissenschaftslehre*, Tübingen ³1968, S. 582-613, hier: S. 612 f.

52 Max Weber, »Die ›Objektivität‹ sozialwissenschaftlicher und sozialpolitischer Erkenntnis«, in: ebd., S. 146-214, hier: S. 151.

53 Weber, »Wissenschaft als Beruf«, S. 605.

54 Ebd., S. 589. Vgl. Horst Thomé, »Der heroische Forscher«, in: Ralf Klausnitzer, Carlos Spoerhase, Dirk Werle (Hg.), *Ethos und Pathos der Geisteswissenschaften. Konfigurationen der wissenschaftlichen Persona seit 1750*, Berlin, Boston 2015, S. 93-101.

55 Max Horkheimer, »Dämmerung. Notizen aus Deutschland« (1934), in: ders., *Gesammelte Schriften*, Bd. 2, Frankfurt/M. 1987, S. 309-452, hier: S. 344 f. (»Heroische Weltanschauung«).

56 Ebd., S. 345.

57 Ernst Jünger, »Der heroische Realismus« (1930), in: ders., *Politische Publizistik 1919 bis 1933*, Stuttgart 2001, S. 553-557. Der Begriff geht auf Werner Best zurück (»Der Krieg und das Recht«, in: Ernst Jünger [Hg.], *Krieg und Krieger*, Berlin 1930, S. 135-161, hier: S. 152), der die entsprechende Haltung als »Bejahung des Kampfes auf verlorenem Posten für eine verlorene Sache« definiert: »[A]uf den guten Kampf kommt es an, nicht auf die ›gute Sache‹ und auf den Erfolg.« Vgl. zu diesem Topos auch Herbert Marcuse, »Der Kampf gegen den Liberalismus in der totalitären Staatsauffassung« (1934), in: ders., *Schriften*, Bd. 3: *Aufsätze aus der Zeitschrift für Sozialforschung 1934-1941*, Frankfurt/M. 1979, S. 7-44; Richard Herzinger, »Wachtposten in der Götternacht des Nihilismus. Der melancholische Heroismus der Konservativen Revolution«, in: Ludger Heidbrink (Hg.), *Entzauberte Zeit. Der melancholische Geist der Moderne*, München, Wien 1997, S. 184-209; Gilbert Merlio, »Der sogenannte ›heroische Realismus‹ als Grundhaltung des Weimarer Neokonservatismus«, in: Gangl/Raulet (Hg.), *Intellektuel-*

lendiskurse in der Weimarer Republik, S. 271-286; Christoph Schweer, »Nietzsche und der Heroismus der Konservativen Revolution«, in: Sebastian Kaufmann, Andreas Urs Sommer (Hg.), *Nietzsche und die Konservative Revolution*, Berlin, Boston 2018, S. 67-101.

58 Ernst Jünger, »Die totale Mobilmachung«, in: ders. (Hg.), *Krieg und Krieger*, S. 9-30. In die folgenden Ausführungen sind Überlegungen eingeflossen, die ich bereits an anderer Stelle veröffentlicht habe: »Die totale Mobilmachung (1930)«, in: Matthias Schöning (Hg.), *Ernst Jünger Handbuch. Leben – Werk – Wirkung*, Stuttgart 2014, S. 100-105.

59 Arno Schirokauer, »Garde-Ulanen – abgebaut!«, in: *Die Literarische Welt* 4:21/22 (1928), S. 1f., hier: S. 2.

60 Robert Musil, *Der Mann ohne Eigenschaften*, 1. Buch, Reinbek b. Hamburg 1978, S. 12f.

61 Jünger, »Die totale Mobilmachung«, S. 15.

62 Ebd., S. 14.

63 Ernst Jünger, »Die Totale Mobilmachung«, in: ders., *Blätter und Steine* (1934), zit. nach der Ausgabe: Leipzig 1942, S. 122-153, hier: S. 131. Der zitierte Passus ist in der Erstveröffentlichung des Essays von 1930 noch nicht enthalten.

64 Jünger, *Der Arbeiter*, S. 106.

65 Ernst Jünger, *In Stahlgewittern. Ein Kriegstagebuch*, Hamburg o. J. [1934], S. 9. Vgl. zu Jüngers Transformation des Heldenbilds auch Michael Gamper, *Der große Mann. Geschichte eines politischen Phantasmas*, Göttingen 2016, S. 348-350.

66 Vgl. Alfred von Martin, *Der heroische Nihilismus und seine Überwindung. Ernst Jüngers Weg durch die Krise*, Krefeld 1948, S. 112.

67 Ernst Jünger, »Vorwort des Herausgebers«, in: Friedrich Georg Jünger, *Aufmarsch des Nationalismus*, Berlin o. J. [1926], S. VII-XIII, hier: S. X.

68 Ernst Jünger, *Der Arbeiter. Herrschaft und Gestalt*, Hamburg [4]1941, S. 107f.

69 Ernst Jünger, *Der Kampf als inneres Erlebnis*, Berlin [3]1928, S. 112.

70 Ebd., S. 110.

71 Walter Benjamin, »Theorie des deutschen Faschismus. Zu der Sammelschrift ›Krieg und Krieger‹. Herausgegeben von Ernst

Jünger«, in: ders., *Gesammelte Schriften*, Bd. III, Frankfurt/M. 1972, S. 238-250, hier S. 240.

72 Hegel, *Grundlinien der Philosophie des Rechts*, S. 491.

73 Jünger, »Die totale Mobilmachung«, S. 30.

74 Jünger, »Der heroische Realismus«, S. 557.

75 Jünger, »Die totale Mobilmachung«, S. 13.

76 Harald Müller, *Der Krieg und die Schriftsteller. Der Kriegsroman der Weimarer Republik*, Stuttgart 1986, S. 232.

77 Friedrich Nietzsche, »Zur Genealogie der Moral«, § II, 2, *Digitale Kritische Gesamtausgabe Werke und Briefe [eKGWB]*, ⟨http://www.nietzschesource.org/#eKGWB⟩, letzter Zugriff am 01.11.2019. Vgl. dazu Heinz Dieter Kittsteiner, »Nietzsches ›souveränes Individuum‹ in seiner ›plastischen Kraft‹«, in: *Internationale Zeitschrift für Philosophie* 2 (1993), S. 294-316.

78 Peter Koslowski, *Der Mythos der Moderne. Die dichterische Philosophie Ernst Jüngers*, München 1991, S. 56.

79 Friedrich Nietzsche, »Zur Genealogie der Moral«, § III, 14; ders., »Jenseits von Gut und Böse«, § 212, *Digitale Kritische Gesamtausgabe Werke und Briefe [eKGWB]*, ⟨http://www.nietzsche source.org/#eKGWB⟩, letzter Zugriff am 01.11.2019.

80 Sven Olaf Berggötz, »Nachwort: Ernst Jünger und die Politik«, in: Jünger, *Politische Publizistik 1919 bis 1933*, S. 834-869, hier: S. 859 f.; ders., »Politische Publizistik 1923-1930«, in: Schöning (Hg.), *Ernst Jünger Handbuch*, S. 78-85.

81 Stefan Breuer, *Anatomie der Konservativen Revolution*, Darmstadt 1993.

82 Karl Prümm, *Die Literatur des Soldatischen Nationalismus der 20er Jahre (1918-1933). Gruppenideologie und Epochenproblematik*, 2 Bde., Kronberg 1974.

83 Stefan Breuer, *Grundpositionen der deutschen Rechten 1871-1945*, Tübingen 1999, S. 127-129.

84 Hans-Peter Schwarz, *Der konservative Anarchist. Politik und Zeitkritik Ernst Jüngers*, Freiburg 1962, S. 59.

85 Reinhard Brennecke, *Militanter Militarismus. Vergleichende Studien zum Frühwerk Ernst Jüngers*, Stuttgart 1992.

86 Schwarz, *Der konservative Anarchist*, S. 78 f.

87 Breuer, *Anatomie der Konservativen Revolution*, S. 89 f. Zum nationalsozialistischen Heroismus vgl. umfassend Sabine Behren-

beck, *Der Kult um die toten Helden. Nationalsozialistische Mythen, Riten und Symbole 1923 bis 1945*, Vierow b. Greifswald 1996.

88 Behrenbeck, *Der Kult um die toten Helden*, S. 596.

89 Ebd., S. 597.

90 Heinz Dieter Kittsteiner, »Die in sich gebrochene Heroisierung. Ein geschichtstheoretischer Versuch zum Menschenbild in der Kunst der DDR«, in: *Historische Anthropologie* 2 (1994), S. 442-461, hier: S. 455.

91 Ebd., S. 457.

92 Kittsteiner, »Die Stufen der Moderne«, S. 53.

93 So z. B. Maurice Merleau-Pontys existentialistischen Heroismus unmittelbar nach Ende des Zweiten Weltkriegs, der keine Durchhalteparolen ausgab, sondern das Ereignis der Freiheit feierte: »Der Held unserer Zeit ist weder ein Skeptiker noch ein Dilettant, noch ein Dekadent. Er hat einfach nur die Erfahrung des Zufalls, der Unordnung und des Scheiterns, die Erfahrung von 1936, des Spanienkriegs, des Juni 1940. Er ist in einer Zeit, in der Pflichten und Aufgaben im dunkeln liegen. Er verspürt besser denn je die Kontingenz der Zukunft und die Freiheit des Menschen. Wenn man es genau betrachtet, ist nichts sicher: weder der noch so ferne Sieg noch die anderen, die häufig Verrat geübt haben. Nie haben die Menschen eine bessere Bestätigung dafür erbracht, daß der Lauf der Dinge gewunden ist, daß dem Mut viel abverlangt wird, daß sie allein in der Welt und einander gegenüber einsam sind. Doch dann und wann kommen sie, in der Liebe oder in der Aktion, untereinander überein, und die Ereignisse entsprechen ihrem Willen. Dann und wann gibt es diese Glut, diesen Blitz, diesen Siegesmoment oder, wie Hemingways Maria sagt, diese *gloria*, die alles auslöscht« (»Der Held, der Mensch« [1945], in: ders., *Sinn und Nicht-Sinn*, München 2000, 249-255, hier: S. 255.).

94 Vgl. Alexandra Kaiser, *Von Helden und Opfern. Eine Geschichte des Volkstrauertags*, Frankfurt/M. 2010.

95 Vgl. Tobias Baur, *Das ungeliebte Erbe. Ein Vergleich der zivilen und militärischen Rezeption des 20. Juli 1944 im Westdeutschland der Nachkriegszeit*, Frankfurt/M. u. a. 2007.

96 Uwe Fleckner, »Der postheroische Held. Georg Baselitz und das Ende einer gescheiterten Ideologie«, in: Max Hollein, Eva

Mongi-Vollmer (Hg.), *Georg Baselitz. Die Helden* [Ausstellungskatalog Städel Museum Frankfurt am Main], München 2016, S. 46-54, hier: S. 51.

97 Hans Magnus Enzensberger, »Das Ende der Konsequenz«, in: ders., *Politische Brosamen*, Frankfurt/M. 1982, S. 7-30.

98 Ebd., S. 13, 11, 15, 27, 18; Enzensberger, »Zur Verteidigung der Normalität«, in: *Politische Brosamen*, S. 207-224; ders., »Mittelmaß und Wahn. Ein Vorschlag zur Güte«, in: ders., *Mittelmaß und Wahn. Gesammelte Zerstreuungen*, Frankfurt/M. 1988, S. 250-276.

99 Enzensberger, »Das Ende der Konsequenz«, S. 19 f.

100 Kittsteiner, »Die Stufen der Moderne«, S. 53.

101 Kittsteiner, »Gegen die postmoderne Fragmentierung der Geschichte – für eine neue ›große Erzählung‹«, in: *Divinatio. Studia culturologica series* 13 (2001), S. 91-106.

102 Enzensberger, »Mittelmaß und Wahn«, S. 263.

103 François Jullien, *Über die Wirksamkeit*, Berlin 1999, S. 17.

104 Herfried Münkler, *Der Wandel des Krieges. Von der Symmetrie zur Asymmetrie*, Weilerswist 2006, S. 313.

105 Vgl. Günther Anders, *Die Antiquiertheit des Menschen*, Bd. 1: *Über die Seele im Zeitalter der zweiten industriellen Revolution*, München 1956, S. 21-95.

106 Vgl. Evgeny Morozov, *Smarte neue Welt. Digitale Technik und die Freiheit des Menschen*, München 2013.

107 Herbert Simon, *Homo rationalis. Die Vernunft im menschlichen Leben*, Frankfurt/M., New York 1993, S. 44.

108 Andreas Reckwitz, *Die Gesellschaft der Singularitäten. Zum Strukturwandel der Moderne*, Berlin 2017.

4. Konturen des Postheroischen I: Subjekte

1 »Träumen kann ganz schön Kraft geben.« Interview mit Wir sind Helden (2005), ⟨https://www.plattentests.de/content.php?show=52⟩, letzter Zugriff am 01.10.2019. In dieses Kapitel sind Überlegungen eingeflossen, die ich bereits an anderer Stelle veröffentlicht habe: Ulrich Bröckling, »Ich, postheroisch«, in: *Zeitschrift für Ideengeschichte* 12: 3 (2018), S. 21-32.

2 ⟨https://corpuls.world/nohero⟩, letzter Zugriff am 01.06.2019. Vgl. dazu Andrea zur Nieden, »Helden oder Cyborgs? Datenbrillen und Wearables im Rettungsdienst«, in: *Denknetz-Jahrbuch*, Zürich 2017, S. 180-191, hier: S. 188 f.

3 Jan-Philipp Reemtsma, »Der Held, das Ich und das Wir«, in: *Mittelweg 36* 18:4 (2009), S. 41-64, hier: S. 62.

4 Sigmund Freud, *Neue Folge der Vorlesungen zur Einführung in die Psychoanalyse* (= *Gesammelte Werke*, Bd. XV, Frankfurt/M. 1999), S. 84 f.

5 Sigmund Freud, »Der Dichter und das Phantasieren«, in: ders., *Gesammelte Werke*, Bd. VII, Frankfurt/M. 1999, S. 211-223, hier: S. 219 f.

6 Vgl. Max Horkheimer u. a., *Studien über Autorität und Familie* (1936), Neudruck: Lüneburg 1987; Theodor W. Adorno u. a., *Der autoritäre Charakter. Studien über Autorität und Vorurteil* (1950), 2 Bde., Amsterdam 1969; Max Horkheimer, »Dämmerung. Notizen aus Deutschland« (1934), in: ders., *Gesammelte Schriften*, Bd. 2, Frankfurt/M. 1987, S. 309-452, hier: S. 344 f. (»Heroische Weltanschauung«).

7 Freud, *Neue Folge der Vorlesungen zur Einführung in die Psychoanalyse*, S. 86.

8 Erich Fromm, »Theoretische Entwürfe über Autorität und Familie. Sozialpsychologischer Teil«, in: Horkheimer u. a., *Studien über Autorität und Familie*, S. 124 f.

9 David Riesman, Reuel Denny, Nathan Glazer, *Die einsame Masse. Eine Untersuchung der Wandlungen des amerikanischen Charakters*, Darmstadt u. a. 1956, S. 55.

10 Ebd., S. 391 f.

11 Ebd., S. 170.

12 William H. Whyte, *Herr und Opfer der Organisation (The Organization Man)*, Düsseldorf 1958, S. 255.

13 Ebd.

14 Herbert Marcuse, *Der eindimensionale Mensch. Studien zur Ideologie der fortgeschrittenen Industriegesellschaft*, Darmstadt, Neuwied 1967.

15 Frank Böckelmann, *Die schlechte Aufhebung der autoritären Persönlichkeit* (1971), Freiburg 1987, S. 70. Dass Böckelmann, in den 1960er-Jahren Mitglied der Gruppe Subversive Aktion

und des Münchner SDS, inzwischen publizistisch auf die Seite der radikalen Rechten gewechselt ist – er verfasste unter anderem das Vorwort zu Björn Höckes autobiografischem Gesprächsband *Nie zweimal in denselben Fluss*, Lüdinghausen, Berlin 2018 –, ist ein Beispiel für die schlechte Aufhebung der antiautoritären Persönlichkeit.

16 Marcuse, *Der eindimensionale Mensch*, S. 80, 93.

17 Ebd., S. 90. Verehrt wurden die revolutionären Heroen des globalen Südens weniger als Vorbilder, deren Taten man nachahmen sollte, denn als exemplarische Verkörperungen eines Ethos der Befreiung: »Die gegebenen Verhältnisse mögen beträchtlich vom Ideal abweichen, die Tatsache bleibt, daß für eine ganze Generation ›Freiheit‹, ›Sozialismus‹ und ›Befreiung‹ nicht zu trennen sind von Fidel, Ché und den Guerillas – nicht weil ihr revolutionärer Kampf das Modell für den Kampf in den Metropolen liefern könnte, sondern weil sie die Wahrheit dieser Ideen im tagtäglichen Kampf von Männern und Frauen für ein Leben als Menschen zurückerobert haben: für ein neues Leben« (Herbert Marcuse, *Versuch über die Befreiung*, Frankfurt/M. 1969, S. 126).

18 Vgl. kritisch zur Heroisierung des 1967 in Bolivien ermordeten Guerillaführers aus konservativer Perspektive Hans Egon Holthusen, »Ché Guevara. Leben, Tod, Verklärung«, in: *Merkur* 25:259 (1969), S. 1051-1067.

19 Marcuse, *Der eindimensionale Mensch*, S. 11.

20 Vgl. für die USA John W. Gardner, *Excellence. Can We be Equal and Excellent Too?*, New York 1962.

21 Vgl. Luc Boltanski, Ève Chiapello, *Der neue Geist des Kapitalismus*, Konstanz 2003.

22 Martin Dornes, *Die Modernisierung der Seele. Kind – Familie – Gesellschaft*, Frankfurt/M. 2012, S. 318f.

23 Martin Dornes, *Macht der Kapitalismus depressiv? Über seelische Gesundheit und Krankheit in modernen Gesellschaften*, Frankfurt/M. 2016, S. 109.

24 Dornes, *Die Modernisierung der Seele*, S. 322f., mit Verweis auf Marcel Gauchet, »A New Age of Personality: An Essay on the Psychology of Our Times«, in: *Thesis Eleven* 60 (2000), S. 23-41.

25 Ebd., S. 350.

26 Dornes, *Macht Kapitalismus depressiv?*, S. 108.

27 Dornes, *Die Modernisierung der Seele*, S. 429.

28 Ebd., S. 325.

29 Dornes, »Überlegungen zum Strukturwandel der Psyche. Eine programmatische Skizze«, in: Rainer Forst u.a. (Hg.), *Sozialphilosophie und Kritik*, Berlin 2009, S. 611-633, hier: S. 631-633, mit Verweisen u.a. auf Richard Sennett, *Der flexible Mensch. Die Kultur des neuen Kapitalismus*, Berlin 1998; Alain Ehrenberg, *Das erschöpfte Selbst. Depression und Gesellschaft in der Gegenwart*, Frankfurt/M. 2004.

30 Vgl. aus der Fülle populärer Zeitdiagnosen exemplarisch Byung-Chul Han, *Müdigkeitsgesellschaft*, Berlin 2010; Manfred Spitzer, *Digitale Demenz. Wie wir uns und unsere Kinder um den Verstand bringen*, München 2014; Hans-Joachim Maaz, *Die narzisstische Gesellschaft. Ein Psychogramm*, München 2014.

31 Dornes, *Macht Kapitalismus depressiv?*, S. 110.

32 Dornes, *Die Modernisierung der Seele*, S. 351.

33 Paul Rebillot, Melissa Kay, *Die Heldenreise. Das Abenteuer der kreativen Selbsterfahrung*, Wasserburg 2011, S. 30.

34 Joachim Hammann, *Die Heldenreise im Film*, Frankfurt/M. 2007; Christopher Vogler, *Die Odyssee des Drehbuchschreibers. Über die mythologischen Grundmuster des amerikanischen Erfolgskinos*, Frankfurt/M. ⁶2010; Voytilla Stuart, *Myth and the Movies. Discovering the Mythic Structure of 50 Unforgettable Films*, Studio City 1999.

35 Vgl. Rebillot/Kay, *Die Heldenreise*; Angelika Höcker, *Business Hero. Eine Heldenreise in 7 Etappen*, Offenbach 2010; Franz Mittermair, *Neue Helden braucht das Land. Persönliche Entwicklung und Heilung durch rituelle Gestalttherapie. Das Handbuch für die »große Heldenreise«*, Wasserburg 2011; Stephen Gilligan, Robert B. Dilts, *Die Heldenreise. Auf dem Weg der Selbstentdeckung*, Paderborn 2013; Cristián Galvéz, *Logbuch für Helden. Wenn Männer neue Wege gehen*, München 2014.

36 ⟨http://heldenprinzip.de/universitaere-weiterbildung.html⟩, letzter Zugriff am 09.10.2019.

37 Nina Trobisch u.a., *Das Heldenprinzip®. Kompass für Innovation und Wandel*, Wiesbaden 2017, S. 24, 10.

38 Höcker, *Business Hero*, S. 12f.

39 Ebd., S. 13f.

40 Ebd., S. 15.

41 Vgl. Werner Sombart, *Händler und Helden. Patriotische Besinnungen*, Berlin 1915.

42 Das habe ich ausführlich beschrieben in: *Das unternehmerische Selbst. Soziologie einer Subjektivierungsform*, Frankfurt/M. 2007, S. 62-73.

43 Höcker, *Business Hero*, S. 15.

44 Ebd., S. 22.

45 Dornes, *Macht der Kapitalismus depressiv?*, S. 112.

46 Ebd., S. 108.

47 Gálvez, *Logbuch für Helden*, München 2014, S. 33.

5. Konturen des Postheroischen II: Management

1 Vgl. für einen Überblick Georg Eckert, »Händler als Helden. Funktionen des Unternehmertums in der Neuzeit«, in: *Historische Zeitschrift* 305:1 (2017), S. 37-69, Sophie Boutillier, Dimitri Uzinidis, Art. »Heroic Entrepreneur, Theories«, in: Elias G. Carayannis (Hg.), *Encyclopedia of Creativity, Invention, Innovation, and Entrepreneurship*, New York u. a. 2013, S. 838-850.

2 Eckert, »Händler als Helden«, S. 41.

3 Vgl. exemplarisch David Hamilton, »The Entrepreneur as Cultural Hero«, in: *Southwestern Social Science Quarterly* 38:3 (1957), S. 248-256; Ayala Malach-Pines u. a., »Entrepreneurs as Cultural Heroes. A Cross-Cultural, Interdisciplinary Perspective«, in: *Journal of Managerial Psychology* 20:6 (2005), S. 541-555; Dirk Baecker, *Postheroisches Management. Ein Vademecum*, Berlin 1994; ders., »Postheroische Führung«, in: ders., *Organisation und Störung. Aufsätze*, Berlin 2011, S. 269-288.

4 Joseph Schumpeter, *Theorie der wirtschaftlichen Entwicklung*, Leipzig 1912, S. 104. Für eine ideengeschichtliche Einordnung vgl. Hugo Reinert, Erik S. Reinert, »Creative Destruction in Economics: Nietzsche, Sombart, Schumpeter«, in: Jürgen G. Backhaus, Wolfgang Drechsler (Hg.), *Friedrich Nietzsche (1844-1900). Economy and Society*, Boston 2006, S. 55-85.

5 Schumpeter, *Theorie der wirtschaftlichen Entwicklung*, S. 133.

6 Joseph Schumpeter, *Theorie der wirtschaftlichen Entwicklung*, Berlin ⁷1987 (unveränderter Nachdruck der 4. Aufl., Berlin 1934), S. 137. Zur Geschichte des Mottos *Plus ultra* vgl. Hartmut Böhme, »Das Schumpetersche Paradox und die späte Triebtheorie Freuds«, in: Wolfram Bergande (Hg.), *Kreative Zerstörung. Über Macht und Ohnmacht des Destruktiven in den Künsten*, Wien 2017, S. 19-57, hier: S. 28-35.

7 Schumpeter, *Theorie der wirtschaftlichen Entwicklung* (1. Aufl.), S. 137f.

8 Schumpeter, *Theorie der wirtschaftlichen Entwicklung* (7. Aufl.), S. 138.

9 Schumpeter, *Theorie der wirtschaftlichen Entwicklung* (1. Aufl.), S. 158.

10 Ebd., S. 162f.

11 Ebd., S. 164.

12 Ebd., S. 174.

13 Ebd., S. 162.

14 Vgl. Michael Gamper, *Der große Mann. Geschichte eines politischen Phantasmas*, Göttingen 2016.

15 Joseph Schumpeter, Art. »Unternehmer«, in: *Handwörterbuch der Staatswissenschaften*, Bd. 8, Jena ⁴1928, S. 476-487, hier: S. 486.

16 Schumpeter, *Kapitalismus, Sozialismus und Demokratie* (1942), Tübingen ⁶1987, S. 209.

17 Ebd., S. 223.

18 Ebd., S. 216.

19 Ebd., S. 485.

20 Ebd., S. 488.

21 Vgl. dazu Ulrich Bröckling, *Das unternehmerische Selbst. Soziologie einer Subjektivierungsform*, Frankfurt/M. 2007.

22 Vgl. exemplarisch Garvan Whelan, Colm O'Gorman, »The Schumpeterian and Universal Hero Myth in Stories of Irish Entrepreneurs«, in: *Irish Journal of Management* 28:2 (2007), S. 79-107; Joseph J. Pilotta, »The Entrepreneur as Hero?«, in: Vicente Berdayes, John W. Murphy (Hg.), *Neoliberalism, Economic Radicalism, and the Normalization of Violence*, Cham u. a. 2015, S. 37-52.

23 Clayton M. Christensen, Kurt Matzler, Stephan Friedrich von den Eichen, *The Innovator's Dilemma. Warum etablierte Unternehmen den Wettbewerb um bahnbrechende Innovationen verlieren*, München 2011.

24 Vgl. Mathias Stuhr, *Mythos New Economy. Die Arbeit an der Geschichte der Informationsgesellschaft*, Bielefeld 2010.

25 Schon die Titel beschwören heroische Größe: Walter Isaacson, *Steve Jobs. Die autorisierte Biographie des Apple-Gründers*, München 2011; JR MacGregor, *Jeff Bezos. Die Macht hinter der Maske. Einblick und Analyse des Lebens und der Erfolge des reichsten Mannes dieses Planeten*, Sheridan 2018; Ashley Vance, *Elon Musk. Tesla, PayPal, SpaceX. Wie Elon Musk die Welt verändert*, München 2015.

26 Schumpeter, *Theorie der wirtschaftlichen Entwicklung*, 4. Aufl., S. 129.

27 David L. Bradford, Allan R. Cohen, *Managing for Excellence. The Guide to Developing High Performance in Contemporary Organizations*, New York u. a. 1984.

28 Ebd., S. 11.

29 Ebd., S. 13-17.

30 Ebd., S. 62 f.

31 Vgl. G. Eric Allenbaugh, »Coaching… A Management Tool for a More Effective Work Performance«, in: *Management Review* 72:5 (1983), S. 21-26.

32 Bradford/Cohen, *Managing for Excellence*, S. 62.

33 Ebd., S. 283-289.

34 Robert B. Reich, »Entrepreneurship Reconsidered: The Team as Hero«, in: *Harvard Business Review* 65:3 (1987). S. 77-83.

35 Joyce K. Fletcher, »The Paradox of Postheroic Leadership: An Essay on Gender, Power, and Transformational Change«, in: *The Leadership Quarterly* 15:5 (2004), S. 647-661; H. Peter Dachler, »From Individualism to Post-Heroic Practices in Organizational Research«, in: Chris Steyaert, Bart van Looy (Hg.), *Relational Practices, Participative Organizing*, Bingley 2010, S. 41-53.

36 Charles Handy, *The Age of Unreason*, London 1989, S. 132.

37 Baecker, *Postheroisches Management*; ders., »Müllers Vermutung. Episches Theater und postheroisches Management«, in:

Lettre International 43:IV (1998), S. 68-70; ders., Alexander Kluge, *Vom Nutzen ungelöster Probleme*, Berlin 2003; »Postheroisches Management 2.0«, in: *Revue für postheroisches Management* 1/07, S. 121-123; ders., *Die Sache mit der Führung*, Wien 2009; »Postheroische Führung«, in: Sven Grote (Hg.), *Die Zukunft der Führung*, Berlin, Heidelberg 2012, S. 475-491; ders., »Vom postheroischen Umgang mit Risiken in der Sozialen Arbeit«, in: Hanspeter Hongler, Simon Keller (Hg.), *Risiko und Soziale Arbeit*, Wiesbaden 2015, S. 47-62. Die *Revue für postheroisches Management* erschien zwischen 2007 und 2012 in insgesamt elf Ausgaben. Baecker übernimmt den Begriff postheroisches Management von Charles Handy, der ihn in *The Age of Unreason* ein einziges Mal erwähnt; das einige Jahre früher erschienene Buch von Bradford und Cohen, die das Konzept – wie beschrieben – systematisch entfalten, ist ihm offensichtlich nicht bekannt. Handys Definition, postheroisch handle ein Manager, der vor jeder Entscheidung fragt, »how every problem can be solved in a way that develops other people's capacity to handle it?« (S. 132), zitiert – ohne Verweis – nahezu wörtlich Bradford und Cohen, bei denen die Frage lautet: »How can each problem be solved in a way that further develops my subordinates' commitment and capabilities?« (S. 63).

38 Baecker, »Postheroische Führung«, S. 476.

39 Baecker, »Vom postheroischen Umgang mit Risiken«, S. 57.

40 Baecker, »Postheroische Führung«, S. 478.

41 Ebd.

42 Baecker/Kluge, *Vom Nutzen ungelöster Probleme*, S. 57.

43 Baecker, *Postheroisches Management*, S. 80.

44 Ebd., S. 81.

45 Baecker, *Die Sache mit der Führung*, S. 60.

46 Baecker, »Postheroisches Management 2.0«, S. 121.

47 Baecker, »Postheroische Führung«, S. 476 f.

48 Ebd., S. 477.

49 Baecker, »Müllers Vermutung«, S. 70.

50 Michel Foucault, *Geschichte der Gouvernementalität II: Die Geburt der Biopolitik*, Frankfurt/M. 2004, S. 342.

51 Friedrich August von Hayek, »Grundsätze einer liberalen Wirtschaftsordnung«, in: ders., *Freiburger Studien*, Tübingen 1969,

S. 108-125, hier: S. 120. Vgl. dazu auch Ulrich Bröckling, »Wettkampf und Wettbewerb. Konkurrenzordnungen zwischen Sport und Ökonomie«, in: ders., *Gute Hirten führen sanft. Über Menschenregierungskünste*, Berlin 2017, S. 243-259.

6. Konturen des Postheroischen III: Kriege

1 Carl von Clausewitz, *Vom Kriege*, Bonn [16]1952, S. 161.

2 John Keegan, *The Mask of Command*, London 1987; dt.: *Die Maske des Feldherrn. Alexander der Große, Wellington, Grant, Hitler*, Berlin 2000.

3 Keegan, *Die Maske des Feldherrn*, S. 455.

4 Ebd., S. 475.

5 Keegan, *The Mask of Command*, S. 351. Das Zitat ist in der deutschen Ausgabe, deren Schlusskapitel von der englischen Originalausgabe abweicht, nicht enthalten.

6 Keegan, *Die Maske des Feldherrn*, S. 501.

7 Vgl. Bernd Greiner, *Die Kuba-Krise. Die Welt an der Schwelle zum Atomkrieg*, München 2010.

8 Keegan, *Die Maske des Feldherrn*, S. 509.

9 Edward N. Luttwak, »Toward Post-Heroic Warfare«, in: *Foreign Affairs* 74:3 (1995), S. 109-122. Vgl. dazu vom selben Autor ferner »Where are the Great Powers?«, in: *Foreign Affairs* 73:4 (1994), S. 23-28; »Post-Heroic Military Policy«, in: *Foreign Affairs* 75:4 (1996), S. 33-44; sowie *Strategy. The Logic of War and Peace*, Cambridge, Ms. 2001, dt.: *Strategie. Die Logik von Krieg und Frieden*, Lüneburg 2003, insbesondere S. 101-116.

10 Luttwak, *Strategie*, S. 101.

11 Ebd., S. 102.

12 Ebd., S. 104.

13 Ebd.

14 Ebd.

15 Die *Youth-bulge*-These, die einen Zusammenhang zwischen dem demografischen Überschuss an jungen Männern und der Wahrscheinlichkeit bewaffneter Konflikte unterstellt, verhält sich komplementär zu Luttwaks Postheroismus-Diagnose. Vgl.

Gunnar Heinsohn, *Söhne und Weltmacht. Terror im Aufstieg und Fall der Nationen*, Zürich 2003.

16 Luttwak, »Toward Post-Heroic Warfare«, S. 115 f.

17 Luttwak, »A Post-Heroic Military Policy«, S. 41 f.

18 Luttwak, »Toward Post-Heroic Warfare«, S. 116 f.

19 Vgl. Martin van Crefeld, *Die Zukunft des Krieges*, München 1998; Mary Kaldor, *Neue und alte Kriege*, Frankfurt/M. 2000; Herfried Münkler, *Die neuen Kriege*, Berlin 2002; kritisch dazu Sven Chojnacki, »Wandel der Kriegsformen? – Ein kritischer Literaturbericht«, in: *Leviathan* 32:3 (2004), S. 402-424.

20 Von »postheroischen Gesellschaften« spricht Münkler erstmals in seinen Büchern *Die neuen Kriege*, S. 238, und *Der neue Golfkrieg*, Reinbek 2003, S. 140; systematisch entwickelt er die Zeitdiagnose in: *Der Wandel des Krieges*, Weilerswist 2006, S. 310-354; »Heroische und postheroische Gesellschaften«, in: *Merkur* 61:8/9 (2007), S. 742-752; sowie in *Kriegssplitter. Die Evolution der Gewalt im 20. und 21. Jahrhundert*, Berlin 2015, S. 143-253.

21 Herfried Münkler (Hg.), *Der Partisan. Theorie, Strategie, Gestalt*, Opladen 1990; ders., *Gewalt und Ordnung. Das Bild des Krieges im politischen Denken*, Frankfurt/M. 1992; ders., Johannes Kunisch (Hg.), *Die Wiedergeburt des Krieges aus dem Geist der Revolution. Studien zum bellizistischen Diskurs des ausgehenden 18. und beginnenden 19. Jahrhunderts*, Berlin 1999; ders., *Clausewitz' Theorie des Krieges*, Baden-Baden 2003; ders., *Über den Krieg. Stationen der Kriegsgeschichte im Spiegel ihrer theoretischen Reflexion*, Weilerswist 2003.

22 Vgl. Herfried Münkler, *Mitte und Maß. Der Kampf um die richtige Ordnung*, Berlin 2010; ders., *Macht in der Mitte. Die neuen Aufgaben Deutschlands in Europa*, Hamburg 2015.

23 Herfried Münkler, »Wir sind der Hegemon«, in: *Frankfurter Allgemeine Zeitung* v. 20.08.2015.

24 Münkler, *Kriegssplitter*, S. 179.

25 Münkler, *Der Wandel des Krieges*, S. 323.

26 Ebd., S. 329.

27 Ebd. Vgl. dazu auch Nina Leonhard, »Militär und Krieg in der postheroischen Gesellschaft: Implikationen einer Krisendiagnose zivil-militärischer Beziehungen«, in: dies., Jürgen Franke

(Hg.), *Militär und Gewalt: sozialwissenschaftliche und ethische Perspektiven*, Berlin 2015, S. 137-161, hier: S. 144.

28 Münkler, *Kriegssplitter*, S. 182 f.

29 Ebd., S. 183.

30 Herfried Münkler, »Die Kriege der Zukunft«, in: Wolfgang Knöbl, Gunnar Schmidt (Hg.), *Die Gegenwart des Krieges. Staatliche Gewalt in der Moderne*, Frankfurt/M. 2000, S. 52-71, hier: S. 65.

31 Münkler, *Der Wandel des Krieges*, S. 316, 313.

32 Ebd., S. 312 f. Vgl. Michael Howard, *Die Erfindung des Friedens. Über den Krieg und die Ordnung der Welt*, Lüneburg 2001, S. 99.

33 Münkler, »Die Kriege der Zukunft«, S. 65.

34 Münkler, *Die neuen Kriege*, Reinbek 2002, S. 239.

35 Münkler, *Kriegssplitter*, S. 185; Münkler zitiert hier Heinsohn, *Söhne und Weltmacht*, S. 16.

36 Münkler, »Schmerzlicher, blutiger und grausamer« [Gespräch mit Adam Soboczynski und Katja Nicodemus], in: *Die Zeit* v. 14. 08. 2014.

37 Vgl. dazu Ulrich Bröckling, »Heldendämmerung? Der Drohnenkrieg und die Zukunft des militärischen Heroismus«, in: *Behemoth* 8:2 (2015), S. 97-107. DOI: 10.6094/behemoth. 2015. 8. 2. 871.

38 Herfried Münkler, »Wir brauchen heroische Gelassenheit« [Interview mit Kai Lange], in: *Manager Magazin* v. 08. 09. 2006.

39 Münkler, »Unser Recht auf Feigheit«, in: *Süddeutsche Zeitung* v. 20. 01. 2015.

40 Herfried Münkler, »Militärisches Totengedenken in der postheroischen Gesellschaft«, in: Manfred Hettling, Jörg Echternkamp (Hg.), *Bedingt erinnerungsbereit. Soldatengedenken in der Bundesrepublik*, Göttingen 2008, S. 22-30, hier: S. 25.

41 Münkler, *Macht in der Mitte*, S. 191, 186.

42 Christopher Gelpi, Peter D. Feaver, Jason Reifler, *Paying the Human Costs of War: American Public Opinion and Casualties in Military Conflicts*, Princeton 2009; Peter D. Feaver, Charles Miller, »Provocations on Policymakers, Casualty Aversion and Post-Heroic Warfare«, in: Sibylle Scheipers (Hg.), *Heroism and the Changing Character of War. Toward Post-Heroic Warfare?*, Basingstoke 2014, S. 145-161. Ähnlich auch Christoph Schwarz,

»Krieg trotz Risikoaversion – Die fragwürdige These von der postheroischen Verfasstheit entwickelter Gesellschaften und die soziale Dimension strategischen Handelns«, in: Mandana Biegi u. a. (Hg.), *Demokratie, Recht und Legitimität im 21. Jahrhundert*, Wiesbaden 2008, S. 269-288.

43 Susan L. Carruthers, »›Casualty Aversion‹: Media, Society and Public Opinion«, in: Scheipers (Hg.), *Heroism and the Changing Character of War*, S. 162-187, hier: S. 183.

44 Nina Leonhard, »Die postheroische Gesellschaft und ihr Militär«, in: Matthias Junge (Hg.), *Metaphern soziologischer Zeitdiagnosen*, Wiesbaden 2016, S. 101-121, hier: S. 112.

45 Leonhard, »Militär und Krieg in der postheroischen Gesellschaft«, S. 151. Vgl. dazu auch Karl W. Haltiner, »Die Demilitarisierung der europäischen Gesellschaften und die Remilitarisierung ihrer Streitkräfte«, in: Thomas Jäger u. a. (Hg.), *Sicherheit und Freiheit. Außenpolitische, innenpolitische und ideengeschichtliche Perspektiven. Festschrift für Wilfried von Bredow*, Baden-Baden 2004, S. 226-241.

46 Vgl. Volker Heins, Jens Warburg, *Der Kampf der Zivilisten. Militär und Gesellschaft im Wandel*, Bielefeld 2004, S. 125 f.

47 ⟨https://www.bundeswehrkarriere.de/einzelkaempferlehr gang-ekl/153544⟩, letzter Zugriff am 02.04.2019.

48 Vgl. ⟨http://www.maz-online.de/Nachrichten/Kultur/kaemp fen-und-fuehren-neue-Plakat-Kampagne-der-Bundeswehr⟩; ⟨http://www.spiegel.de/karriere/bundeswehr-als-arbeitgeber-die-werbemaschine-a-1194461.html⟩, letzter Zugriff am 02.04. 2019.

49 Vgl. Judith Butler, »Gewalt, Trauer, Politik«, in: dies., *Gefährdetes Leben. Politische Essays*, Frankfurt/M. 2005, S. 36-68; dies., *Raster des Krieges. Warum wir nicht jedes Leid beklagen*, Frankfurt/M. 2010.

50 Vgl. Stephan Lessenich, *Neben uns die Sintflut. Die Externalisierungsgesellschaft und ihr Preis*, Berlin 2016.

51 Martin Shaw, *The New Western Way of War. Risk-Transfer War and its Crisis in Iraq*, Cambridge 2005; ders., »Risk-Transfer Militarism, Small Massacres, and the Historical Legitimacy of War«, in: *International Relations* 16:3 (2002), S. 343-359. Vgl. dazu auch Wolfgang Knöbl, »Das Militär in der ›postheroischen

Gesellschaft‹: Reflexionen zu den Auswirkungen kulturellen und sozialstrukturellen Wandels auf die Institutionen des staatlichen Gewaltmonopols«, in: Dieter Ose (Hg.), *Sicherheitspolitische Kommunikation im Wandel*, Baden-Baden 2008, S. 65-82.

52 Shaw, *The New Western Way of War*, S. 84-95.

53 Jo Becker, Scott Shane, »Secret ›Kill List‹ Proves a Test of Obama's Principles and Will«, in: *New York Times* v. 29.05. 2012.

7. Postheroische Helden

1 Vgl. zur Theoriegeschichte der Gegenüberstellung von heroischem und alltäglichem Leben Mike Featherstone, »The Heroic Life and Everyday Life«, in: *Theory, Culture & Society* 9:1 (1992), S. 159-182; zur Unterscheidung von exklusiven und inklusiven Heroismen Kristian Frisk, »What Makes a Hero? Theorising the Social Structuring of Heroism«, in: *Sociology* 53:1 (2019), S. 87-103.

2 Diakonisches Werk der Evangelischen Landeskirche in Baden e.V., *Unerhört! Diese Alltagshelden. Arbeitshilfe zur Woche der Diakonie 2019*, Karlsruhe o. J., S. 3.

3 ⟨https://www.heroicimagination.org⟩, letzter Zugriff am 04. 06.2019.

4 Vgl. Craig Haney, Curtis Banks, Philip G. Zimbardo, »Interpersonal Dynamics in a Simulated Prison«, in: *International Journal of Criminology and Penology* 1 (1973), S. 69-97; Philip Zimbardo, Craig Haney, W. Curtis Banks, *Das Stanford-Gefängnis-Experiment. Eine Simulationsstudie über die Sozialpsychologie der Haft*, Duderstadt 2005; Philip Zimbardo, *Der Luzifer-Effekt. Die Macht der Umstände und die Psychologie des Bösen*, Heidelberg 2008.

5 Ali Banuazizi, Siamak Movahedi, »Interpersonal Dynamics in a Simulated Prison: A Methodological Analysis«, in: *American Psychologist* 30 (1975), S. 152-160; Thibaud Le Texier, *Histoire d'un mensonge. Enquête sur l'expérience de Stanford*, Paris 2018; S. Alexander Haslam, Stephen D. Reicher, Jay J. Van Bavel, »Rethinking the Nature of Cruelty: The Role of Identity Leader-

ship in the Stanford Prison Experiment«, in: *PsyArXiv Preprints*, 2018, DOI: 10.31234/osf.io/b7crx.

6 Zimbardo, *Der Luzifer-Effekt*, S. 413.

7 Ebd., S. 449.

8 Philip Zimbardo, »The Banality of Evil, the Banality of Heroism«, in: John Brockman (Hg.), *What is Your Dangerous Idea? Today's Leading Thinkers on the Unthinkable*, New York 2009, S. 275f.; vgl. auch Zeno Franco, Philip Zimbardo, »The Banality of Heroism«, in: *Greater Good* 3:2 (2006), S. 30-35.

9 Zimbardo, *Der Luzifer-Effekt*, S. 415.

10 Ebd., S. 415-420.

11 Vgl. ⟨https://www.heroicimaginationproject.squarespace. com⟩, letzter Zugriff am 26.11.2019. Über einen von Zimbardo geleiteten Workshop in Ungarn berichtet Max Rauner, »Du Held«, in: *ZEIT Wissen* 3 (2019), S. 60-64.

12 Vgl. John M. Darley, Bibb Latané, »Bystander Intervention in Emergencies: Diffusion of Responsibility«, in: *Journal of Personality and Social Psychology* 8:4 (1968), S. 377-383; Bibb Latané, John M. Darley, »Bystander ›Apathy‹«, in: *American Scientist* 57:2 (1969), S. 244-268; eine neuere Untersuchung kommt zu abweichenden Ergebnissen: Richard Philpot u.a., »Would I be Helped? Cross-National CCTV Footage Shows that Intervention is the Norm in Public Conflicts«, in: *American Psychologist*, advance online publication, ⟨http://dx.doi.org/10.1037/amp0000469⟩, letzter Zugriff am 27.06.2019.

13 Vgl. John Platt, »Social Traps«, in: *American Psychologist* 28:8 (1973), S. 641-651.

14 Zimbardo beruft sich hier auf Carol Dweck, *Selbstbild. Wie unser Denken Erfolge oder Niederlagen bewirkt*, München 2017.

15 Zimbardo, *Der Luzifer-Effekt*, S. 424.

16 Ebd., S. 427, 429.

17 Ebd., S. 428.

18 Peter Sloterdijk, *Du mußt dein Leben ändern. Über Anthropotechnik*, Frankfurt/M. 2009, S. 28.

19 Karl-Heinrich Bette, *Sporthelden. Spitzensport in postheroischen Zeiten*, Bielefeld 2019, S. 22, 8, 37.

20 Ebd., S. 37.

21 Ebd., S. 40f.

22 Ebd., S. 47.

23 Ebd., S. 52f.

24 Ebd., S. 181.

25 Vgl. exemplarisch John Fiske, *Understanding Popular Culture*, London, New York 1989.

26 Teju Cole, »The Superhero Photographs of the Black Lives Matter Movement«, in: *New York Times Magazine* v. 26.07.2016, S. 16, ⟨https://www.nytimes.com/2016/07/31/magazine/the-superhero-photographs-of-the-black-lives-matter-movement.html⟩, letzter Zugriff am 25.06.2019.

27 Vgl. Peter Coogan, »Die Definition des Superhelden«, in: Lukas Etter, Thomas Nehrlich, Joanna Nowotny (Hg.), *Reader Superhelden*, Bielefeld 2018, S. 85-108, hier: S. 86-92.

28 Dietmar Dath, *Superhelden. 100 Seiten*, Stuttgart 2016, S. 38f.

29 Umberto Eco, »Der Mythos von Superman« (1964), in: Etter/Nehrlich/Nowotny (Hg.), *Reader Superhelden*, S. 275-300, hier: S. 292.

30 Jeff McLaughlin, *Comics as Philosophy*, Jackson 2005; Ben Saunders, *Do the Gods Wear Capes? Spirituality, Fantasy, and Superheroes*, New York 2011; Anthony Mills, *American Theology, Superhero Comics, and Cinema. The Marvel of Stan Lee and the Revolution of a Genre*, London 2013; James Kakalios, *Physik der Superhelden*, Berlin 2006.

31 Eco, »Der Mythos von Superman«, S. 279.

32 Dath, *Superhelden*, S. 84, 3, 69.

33 Georg Seeßlen, »Die Verachtung der Massen«, in: *Tages-Anzeiger* v. 24.06.2013.

34 David Graeber, »Über Batman und die Problematik der rechtsetzenden Gewalt«, in: ders., *Bürokratie. Die Utopie der Regeln*, Stuttgart 2016, S. 247-271, hier: S. 259.

35 Seeßlen, »Die Verachtung der Massen«.

36 Dath, *Superhelden*, S. 95.

37 Ebd., S. 99.

38 Max Horkheimer, Theodor W. Adorno, *Dialektik der Aufklärung. Philosophische Fragmente*, Amsterdam 1947, S. 167.

39 Vgl. Dani Rodrik, »Populism and the Political Economy of Globalization«, in: *Journal of International Business Policy* 1:1 (2018), S. 12-33; Philip Manow, *Die politische Ökonomie des Populismus*, Berlin 2018, Kap. 3.

40 Max Weber, »Politik als Beruf«, in: ders., *Gesammelte Politische Schriften*, Tübingen ³1958, S. 505-560, hier: S. 560.

41 Uwe Schimank, »Nur noch Coping: Eine Skizze postheroischer Politik«, in: *Zeitschrift für Politikwissenschaft* 21:3 (2011), S. 455-463, hier: S. 456f.

42 Jochen Hoffmann, Juliana Raupp, »Politische Personalisierung. Disziplinäre Zugänge und theoretische Folgerungen«, in: *Publizistik* 51:4 (2006), S. 456-478, hier: S. 463.

43 Vgl. Ernesto Laclau, *On Populist Reason*, London, New York 2005, S. 99f.

44 Jan-Werner Müller, »Was ist Populismus?«, in: *Zeitschrift für politische Theorie* 7:2 (2016), S. 187-201, hier: S. 190.

45 Eine Figur, die Leo Löwenthal und Norbert Guterman bereits am Beispiel faschistischer Agitatoren der 1940er-Jahre beschrieben haben: »Falsche Propheten. Studien zur faschistischen Agitation« (1949), in: Leo Löwenthal, *Zur politischen Psychologie des Autoritarismus* (= *Schriften*, Bd. 3), Frankfurt/M. 1982, S. 9-159, hier: S. 128-132. Vgl. dazu auch Benjamin Moffitt, *The Global Rise of Populism. Performance, Political Style, and Representation*, Stanford 2016, S. 55-68.

46 »Der Mann, der Salvini ins Gespräch bringt«, in: *Süddeutsche Zeitung Online* v. 27.06.2019, ⟨https://www.sueddeutsche.de/politik/salvini-lega-nord-social-media-1.4498407⟩, letzter Zugriff am 12.07.2019.

47 Vgl. dazu Ulrich Bröckling, »Gewaltdrohung und Schutzversprechen. Zur Theorie des Rackets«, in: *WestEnd. Neue Zeitschrift für Sozialforschung* 15:2 (2018), S. 139-152.

48 Georg Seeßlen, »Die junge Frau als Heldin. Oh Captain, mein Captain«, in: *Jungle World* v. 26.07.2019.

49 Ebd.

8. Schluss: Das Heroische »kaputtdenken«?

1 Immanuel Wallerstein, *Die Sozialwissenschaft »kaputtdenken«. Die Grenzen der Paradigmen des 19. Jahrhunderts*, Weinheim 1995, S. 5.

2 Christian Schneider, »Heldenland ist abgebrannt« [Interview

mit Oliver Link], in: *Brand Eins* 13:8 (2011), S. 36-42, hier: S. 42.

3 Ebd., S. 38.

4 Hans-Magnus Enzensberger, »Die Helden des Rückzugs. Brouillon zu einer politischen Moral der Entmachtung« (1989), in: ders., *Zickzack. Aufsätze*, Frankfurt/M. 1999, S. 55-63, hier: S. 61f.

5 René Descartes, *Von der Methode des richtigen Vernunftgebrauchs und der wissenschaftlichen Forschung* (1637), Hamburg 1978, S. 20.

6 Vgl. Michel Serres, »Ich denke mit den Füßen« [Gespräch mit Martin Legros], in: *Philosophie Magazin* 5 (2016), S. 68-73, hier: S. 68f.

7 Odo Marquard, »Schwierigkeiten mit der Geschichtsphilosophie«, in: ders., *Schwierigkeiten mit der Geschichtsphilosophie. Aufsätze*, Frankfurt/M. 1982, S. 13-33, hier: S. 13.

8 Vgl. Tobias Schlechtriemen, »The Hero and a Thousand Actors. On the Constitution of Heroic Agency«, in: *helden. heroes. héros. E-Journal zu Kulturen des Heroischen* 4:1 (2016), DOI 10.6094/ helden.heroes.heros./2016/01/03, S. 17-32.

9 Rebecca Solnit, »When the Hero is the Problem. On Robert Mueller, Greta Thunberg, and Finding Strength in Numbers«, in: *Literary Hub* v. 02.04.2019, ⟨https://lithub.com/rebec ca-solnit-when-the-hero-is-the-problem/⟩, letzter Zugriff am 25.07.2019.

10 Ebd.

11 Hannah Arendt, *Was ist Politik? Fragmente aus dem Nachlass*, München 2003, S. 9.

12 Vgl. Judith Butler, »Gewalt, Trauer, Politik«, in: dies., *Gefährdetes Leben. Politische Essays*, Frankfurt/M. 2005, S. 36-68, dies., *Raster des Krieges. Warum wir nicht jedes Leid beklagen*, Frankfurt/M. 2010.

13 Claude Lefort, »Die Frage der Demokratie«, in: Ulrich Rödel (Hg.), *Autonome Gesellschaft und libertäre Demokratie*, Frankfurt/M. 1990, S. 281-297, hier: S. 293.

14 Ursula K. Le Guin, »The Carrier Bag Theory of Fiction«, in: Cheryll Glotfelty, Harold Fromm (Hg.), *The Ecocriticism Reader. Landmarks in Literary Ecology*, Athens, London 1996, S. 149-

154. Den Hinweis auf diese Geschichte verdanke ich Jonas Metzger, »Wir brauchen neue Narrative. Vom Ende der Heldengeschichte«, in: Michaela Fink, Jonas Metzger, Anne Zulauf (Hg.): *Was wird aus der Hoffnung? Interdisziplinäre Denkanstöße für neue Formen des Miteinanders. Für Reimer Gronemeyer zum 80. Geburtstag*, Gießen 2019, S. 273-281.

15 Le Guin, »The Carrier Bag Theory of Fiction«, S. 150, 152.

16 Ebd., S. 153.

17 Donna J. Haraway, *Unruhig bleiben. Die Verwandtschaft der Arten im Chthuluzän*, Frankfurt/M., New York 2018, S. 60.

18 Le Guin beruft sich auf Elizabeth Fisher, *Women's Creation. Sexual Evolution and the Shaping of Society*, New York 1979.

Namenregister